大学生心理健康教育与指导

主 编 刘卫锋
副主编 刘娟 王超 高晓瑞
编 委 方芳 王飓雨 郭豪杰

南京大学出版社

前　言

习总书记在十九大报告中提到,要加强社会心理服务体系建设,培育自尊自信、理性平和、积极向上的社会心态。2018年7月,教育部颁发了《高等学校学生心理健康教育指导纲要》(教党〔21841〕号),提出基本形成教育教学、实践活动、咨询服务、预防干预"四位一体"的心理健康教育工作格局,并在推进心理健康知识教育层面,进一步强调健全心理健康教育课程体系,实现大学生心理健康教育的全覆盖。大学生作为中国特色社会主义事业的建设者和接班人,良好的心理健康水平和完善的心理素质有助于其成长成才。

为了更好地服务高职院校的大学生,我们组织编写了适合高职大学生使用的《大学生心理健康教育与指导》教材。在立足于高职院校学生身心发展特点的基础上,教材力求体现操作性、参与性、实用性和可读性的特点,使大学生掌握心理健康知识,学会自我心理调适的方法,提高心理健康水平,增强社会适应能力。

本教材不仅结合了最新的心理健康教育研究成果和研究进展,更是结合高职院校大学生重视实践的特点,将易于组织和实施的心理分析活动和心理素质拓展活动进行汇编,并详细分析了项目操作指南,使大学生不仅可以学到心理健康的理论知识,更可以在组织自我成长活动和团体活动中,将心理理论知识应用到实践中,体验自我成长,领会团队精神,真正做到学以致用。

《大学生心理健康教育与指导》全书分成十章,第一章、第二章为心理健康概述、自我意识与完善,由王超负责编写;第三章为人格与塑造,由郭豪杰负责编写;第四章为人际关系调节,由王飔雨负责编写;第五章为情绪与调节,由方芳负责编写;第六章、第七章为学习心理和爱情心理,由刘娟负责编写;第八章为压力管理,由郭豪杰负责编写;第九章为择业与就业心理,由高晓瑞负责编写。前九章内容主要是帮助大学生认识自我、了解自我,帮助大学生处理大学生活中常见的心理困惑,从而改善学习效率、培养积极品质,形成积极向上、理性平和的心态,更好地面对学习和生活。前九章中每一章节都通过实际发生的案例进行导入,并对其心理问题分析,帮助学生更好地理解所要讲述的内容。同时每章穿插相关心理知识链接、心理测验或者最新研究进展等帮助读者更好地理解课程重点和难点,并根据每章主题向学生推荐相关的心理电影和心理活动,使学生能够拓展心理知识。第十章为大学生心理素质拓展训练,由高晓瑞负责编写,包括素质拓展概述、素质拓展项目实施过程、心理素质拓展具体项目介绍等内容,学生可以根据活动指南自我学习,同时在素质拓展实践课程中,在老师的指引下进行素质拓展活动。

本书主编为刘卫锋,副主编为刘娟、王超、高晓瑞,编委人员为方芳、王飔雨、郭豪杰。本书在编写过程中,参考和借鉴了国内外专家、学者的大量研究成果,在此表示感谢。由于本书的篇幅有限及编者们的能力所限,难免存在不足和有误之处,敬请广大读者批评指正。

编写组

二〇二一年六月

目　录

第一章　从心开始，探索幸福 ……………………………………………………… 001
　　第一节　心理学与生活 ……………………………………………………………… 001
　　第二节　心理问题识别 ……………………………………………………………… 008
　　第三节　了解心理咨询 ……………………………………………………………… 016
　　第四节　心理知识拓展 ……………………………………………………………… 024

第二章　了解自我，悦纳自我 ………………………………………………………… 026
　　第一节　自我意识概述 ……………………………………………………………… 026
　　第二节　大学生自我意识发展的特点 …………………………………………… 031
　　第三节　大学生健康自我意识的培养 …………………………………………… 038
　　第四节　心理知识拓展 ……………………………………………………………… 044

第三章　塑造人格，铸就美好 ………………………………………………………… 047
　　第一节　人格概述 …………………………………………………………………… 047
　　第二节　大学生常见的人格缺陷与人格障碍 ………………………………… 056
　　第三节　大学生健康人格的塑造 ………………………………………………… 061
　　第四节　心理知识拓展 ……………………………………………………………… 070

第四章　人际交往，沟通心灵 ………………………………………………………… 073
　　第一节　大学生人际关系 …………………………………………………………… 073
　　第二节　网络时代的大学生人际交往 …………………………………………… 079
　　第三节　大学生常见人际交往困惑 ……………………………………………… 083
　　第四节　大学生人际交往与沟通技能培养 …………………………………… 085
　　第五节　心理知识拓展 ……………………………………………………………… 094

第五章　管理情绪，掌握人生 ………………………………………………………… 096
　　第一节　情绪与情感概述 …………………………………………………………… 096

  第二节 大学生情绪管理 …… 103
  第三节 心理知识拓展 …… 121

第六章 科学用脑,高效学习 …… 123
  第一节 学习及学习心理概述 …… 123
  第二节 学习策略 …… 126
  第三节 大学生学习心理问题与调试 …… 138
  第四节 心理知识拓展 …… 148

第七章 正视爱情,助力幸福 …… 151
  第一节 爱情的真谛 …… 152
  第二节 大学生恋爱观 …… 157
  第三节 大学生恋爱心理调适 …… 160
  第四节 素质拓展培养实践 …… 170

第八章 正视压力,轻松前行 …… 172
  第一节 压力概述 …… 173
  第二节 大学生压力管理 …… 178
  第三节 大学生压力、挫折的应对策略 …… 181
  第四节 心理知识拓展 …… 187

第九章 正确择业,成功就业 …… 190
  第一节 择业心理概述 …… 190
  第二节 大学生择业的主要心理冲突 …… 193
  第三节 大学生择业心理问题的调适 …… 197
  第四节 心理知识拓展 …… 209

第十章 大学生心理素质拓展训练 …… 212
  第一节 心理素质拓展概述 …… 212
  第二节 心理素质拓展训练实施过程 …… 216
  第三节 素质拓展项目汇编 …… 218

第一章　从心开始,探索幸福

> 人之幸福,全在于心之幸福。
>
> ——歌德

案例导入

这就是大学生活?

咨询室中,大一小文很沮丧,她自言自语道:"这就是大学生活?"小文来自一个大城市。她是家中的独生女,一直以来,父母对她呵护备至,不仅生活上提供"全程一条龙",从小到大也没有做过家务。在其他方面,父母也是以她为中心,唯她是从,溺爱有加。进入大学,还在军训的她就很想家,不能忍受宿舍的集体生活,无法安心军训和学习,后悔不该来这里上大学,甚至想退学,父母担心出问题,也一直在校外租住。

案例分析

小文是因典型的心理原因导致的环境适应问题和人际关系紧张。由于没有经历过集体生活,以及父母的过度保护和溺爱,自我为中心的她很难快速融入大学生活,进而产生消极情绪和厌学心理。

第一节　心理学与生活

一、什么是心理学

任何一门学科都有其特定的研究对象和探索领域,心理学是研究人的心理活动发生、发展及其变化规律的科学。人的心理是由心理过程和个性心理两大部分组成。心理过程和个性心理是人的心理活动的基本形式,也是人的心理活动表现的重要方面。只要人处于清醒状态,这一精神现象随时在外界现实的影响下,通过感觉器官和大脑不断地产生、发展。

(一) 心理过程

心理过程是指心理活动的动态过程,即人脑对客观事物的反映过程。人的心理过程就其性质和功能的不同,可分为认识过程、情感过程和意志过程。认识过程是在大脑作用下人们输入、储存、加工和编码各种信息的过程,即人脑对客观事物的现象和本质的反映过程,包括感觉、知觉、记忆、想象、思维等过程。人们在认识客观事物的过程中,绝不会是无动于衷的,也不会是冷酷无情的,而总是持有一定的态度和倾向,产生着某种主观的体验。例如,我们对祖国名山大川的赞美;对外国侵略者的刻骨仇恨;对取得成绩的喜悦。这些在自我认识基础上产生的喜、怒、哀、乐等态度体验,心理学上称之为情感过程。人们不仅能对客观事物进行感知和认识,产生相应的情绪和情感体验,还能在此基础上进行有意识地变革客观环境的活动。人类不仅能认识客观世界,还能改造世界。在改造世界的过程中,人总是具有自觉的目的和动机,有实现目标的坚定信念和决心,有战胜困难与挫折的顽强毅力和胆识。意志是人的心理、意识的能动性的具体体现,它是人特有的一种心理活动形式。

(二) 个性心理

个性心理,人的心理不仅有各种各样的心理过程,而且在具体人身上表现出鲜明的个性特点,正所谓"人心不同,各如其面"。由于每个人所处的社会环境、生活条件以及所受的教育程度不同,因此,人与人之间在心理风格和面貌上存在着差别,形成了个性心理的差异。人的个性心理的差异主要表现在以下两个方面。

1. 个性倾向性

个性倾向性是指一个人具有的意识倾向和对客观事物的稳定态度。个性倾向性是人从事各项活动的基本动力,决定着人的行为方向,其中主要包括需要、动机、兴趣、理想、信念、世界观。在个性倾向性的成分中,需要是基础,对其他成分起调节支配作用;信念、世界观居于最高层次,决定着一个人总的思想倾向。心理倾向在个性倾向中,随一个人的成熟与发展的阶段不同而不同。在儿童期,支配其心理活动与行为的主要心理倾向是兴趣;在青少年期理想上升到了主导地位;到中年期,人生观和世界观支配着人的整个心理和行动,成为其主导的心理倾向。

2. 个性心理特征

个性心理特征是指一个人身上经常表现出来的本质的、稳定的心理特点,这种稳定的心理特征是个性倾向性稳定化和概括化的结果。个性心理特征包括能力、气质和性格。能力是先天遗传素质和后天环境教育的合金。例如,有的人记忆力强,有的人擅长绘画、雕刻,有的人擅长音乐、舞蹈、相声等,这些都是个体能力方面的差异特征。

气质是人们平常所说的性情或脾气。例如,有的人活泼好动,有的人则沉默寡言;有的人性子急,有的人性子慢;有的人脾气暴躁,有的人则性情温和;有的人反应敏捷,做事雷厉风行,有的人则动作迟缓,办事拖拖拉拉等。这些表现在人的情绪与行为活动中的动力性方面的个性特征,就是气质。性格是人在行为方式中表现出来的稳定的心理倾向。一个人具有的态度和行为方式反映了其独特的性格特征。例如,有的人胸怀宽广,有的人则心地狭隘;有的人谦虚谨慎,有的人则骄傲自大;有的人热情友善,有的人则冷酷无情;有的人自尊自强,有的人则自暴自弃;有的人勇敢无畏,有的人则怯懦怕死等。所有这些方面的差异都是人们性格特征的差异。

由于心理学是以人的心理活动规律为自己的研究对象,揭示人的心理活动发生、发展及其变化规律的科学。因此,学习心理学的知识,有助于人们在今后实践活动中,掌握不同人的心理特征,有的放矢地进行教育、转化和培养工作,可以不断提高学生的思想觉悟和道德水平,帮助学生更好地学习科学文化知识和掌握技能。

二、心理学的应用领域

心理学的研究范围从认知心理学、生理心理学等基础心理研究到管理心理学、工业心理学、社会心理学等应用心理研究,涉及各个领域,对我们的生活和学习产生较大的影响。

(一) 心理学与记忆

心灵便利贴

为什么有的人记忆力好,有的差?认知心理学家研究发现,人的记忆分为瞬时记忆、短时记忆和长时记忆,短时记忆是指外界刺激以极短的时间一次呈现后,保持时间在1分钟以内的记忆,它的容量非常有限,只有转化为长时记忆,才能得到保存。因此可以通过复述、赋予信息意义、做笔记等方法使记忆保存时间更长。

"快速扑克牌记忆"是最短的时间内记住一副52张扑克牌的顺序,打乱次序后,重新调整摆好。你觉得自己要用多长时间才能实现?"最强大脑"第二季中,中国脑力战队的队长王峰以一敌二,在快速扑克牌与100副骰子两项记忆对决较量中,王峰仅用了19秒80,就把52张扑克牌全部准确记住,刷新了世界纪录。他是怎么做到的呢?据说这是运用记忆宫殿来记忆扑克牌,在熟悉52个扑克编码的基础上,需要准备26个地点桩。进行记忆的时候,在每个地点上放2张牌,把这2张牌的图像与地点进行紧密的联结,26个地点刚好放下52张扑克牌。回忆的时候,把这26个地点在大脑中过一遍,就能快速地回想起相应的52张扑克牌。

(二) 心理学与学习

学生的成绩好坏,影响因素很多,例如学生的智商、练习、意志力、教师的教学方法、教学技能等,美国心理学家通过一个实验证明,教师的期望对学生的学业成绩影响也非常大。这个实验来自1968年,美国心理学家罗森塔尔和助手们来到一所小学,从一至六年级各选了3个班,对这18个班的学生进行了"未来发展趋势测验"。之后,罗森塔尔以赞许的口吻将一份"最有发展前途者"的名单交给了校长和相关老师,并叮嘱他们务必要保密,以免影响实验的正确性。其实,罗森塔尔撒了一个"权威性谎言",因为名单上的学生是随便挑选出来的。8个月后,罗森塔尔和助手们对那18个班级的学生进行复试,结果奇迹出现了:凡是上了名单的学生,个个成绩有了较大的进步,且性格活泼开朗、自信心强、求知欲旺盛、更乐于和别人打交道。然而那份名单是随意挑选的,这就是他人期望和暗示的作用,后来该效应被称为"罗森塔尔效应"。

(三)心理学与人际关系

社会心理学是研究个体和群体的社会心理现象的心理学分支。个体社会心理现象指受他人和群体制约的个人的思想、感情和行为,如人际知觉、人际吸引、社会促进和社会抑制、顺从等。例如,为什么你对一个人好,他会认为理所应当,并不断向你提出要求?社会心理学总结为"登门槛效应",是指一个人一旦接受了他人的一个微不足道的要求,为了避免认知上的不协调,或想给他人以前后一致的印象,就有可能接受更大的要求。这种现象,犹如登门槛时要一级台阶、一级台阶地登,这样能更容易更顺利地登上高处。

(四)心理学与大脑

人都会衰老,尤其过了50岁之后,大脑衰老的速度增加,阿尔茨海默病被认为是21世纪威胁人类健康的最可怕疾病,会持续损伤大脑,使患者渐渐丧失认知能力,逐步失去记忆能力和反应能力,且目前没有有效的药物可以治疗。为什么会发生这种病情呢?这可能要从脑神经作用和功能来着手。以阐明脑的工作原理为目标的脑科学是21世纪最重要的科学前沿领域之一,2013—2014年,美国、欧盟和日本先后启动了大型脑研究计划。我国也即将启动"脑科学与类脑科学研究计划",包括对于认知功能的神经基础进行探索的基础研究,也包括建立脑疾病诊断与干预方法的应用研究,还包括用脑科学来启发计算方法与设备的开发。中国科学院院士蒲慕明认为,要理解脑是怎样工作的,需要三种图谱:一是"细胞类型图谱",也就是说要鉴定各种细胞并确定它们在脑中各个区域的分布,以及每种细胞类型的分子表达模式。通过把不同细胞类型中特异性表达的分子作为标志物,就可以绘制第二种图谱——"连接图谱",连接图谱是表示脑中所有神经元相互之间连接关系的图谱。"连接组"的绘制经常被拿来与对生物体中所有基因进行测序的项目——"基因组"绘制相比较。三是"活动图谱",它指的是表示脑中与特定状态相联系的所有神经元的放电模式的图谱。

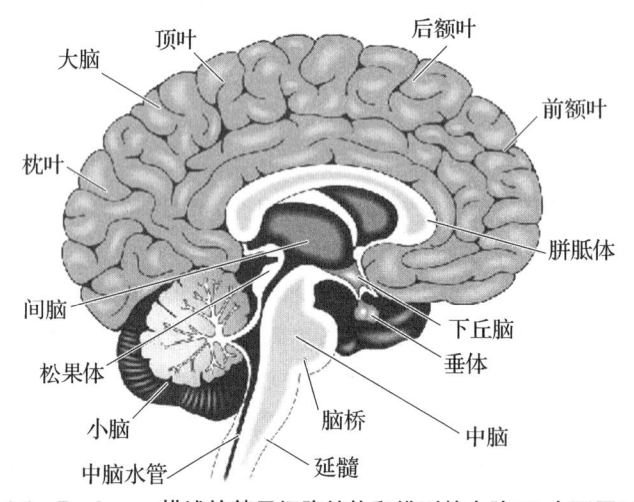

图1.1 Brodmann描述的基于细胞结构和排列的大脑52个不同区域

只有当"连接组"的信息与"细胞类型图谱"和"活动图谱"的信息相结合,我们才能够充分理解脑功能的神经环路基础。

(五)心理学与健康

有些同学在重要考试前,会有拉肚子、失眠等现象,影响了考试的发挥。还有一些同学经常处于压力之下,会有口腔溃疡、胃疼等症状;长期的失眠可能会产生神经衰弱,甚至是抑郁症;频繁的焦虑,可能会患上神经性头疼,这些疾病被称为心身疾病。心身疾病的发病三要素有:未解决的心理冲突、器官脆弱易感倾向和自主神经过度活动性,简单来说就是潜意识的心理冲突导致神经系统功能改变从而引起脆弱器官病变。例如:心理冲突导致迷走神经功能亢奋,易导致哮喘、消化溃疡等疾病。

知识链接

真智力理论

20世纪80年代开始,科学家尤其是心理学家以心理测量学为基础,通过因素分析探索智力的构成因素,进而认识智力的内核。比如斯皮尔曼的二因素论、桑代克的三因素论等。20世纪末21世纪初加德纳的多元智力理论、斯腾伯格的智力三元理论、萨拉维和梅耶尔的情绪智力理论和帕金斯的"真智力"理论获得越来越多人的支持。

大卫·帕金斯是当代对智力理论做出贡献的美国著名心理学家,他在1995年做了关于IQ测量及提高IQ的大量研究之后,提出"真智力"理论,他认为IQ有三个主要成分:神经智力、经验智力及反省智力。神经智力指神经系统的有效性和准确性;经验智力指个人积累的不同领域的知识和经验;反省智力指解决问题学习和完成挑战智力任务的广泛的策略。智商测试并不能反映一个人的智力,现在的智商测试测量的主要是神经智力和经验智力,还有更多的智力领域没有涉及,如求知欲、自控能力、创造力和沟通能力等。真正的聪明=(神经智力+经验智力)×反省智力,因此,反省智力在三者中最为重要,它可以统筹调配其他两种智力资源。反省智力最具可学习性,能最快地得到发展,是实施教育的最好目标。这就为智力的教育问题点燃了一盏明灯。举一个实例,一个班上有两个学生,一个学生的天赋更好,即神经智力更好一些。他们同时开始学数学,神经智力好的孩子学数学的时候前期会学得很快,稍微迟缓一点的小孩就学得比较慢一点。但是,假设神经智力好的孩子反省智力没有第二个孩子好,他看不到长远的目标,缺少韧性,满足于老师给的作业题,而且很容易就能得到好的成绩和表扬,就像龟兔赛跑里的兔子一样。而反省智力好的另一个孩子,知道现在暂时落后,但不用跟人比较,而是要完善自己,找到策略,绕过困难。因此一个学期或一两年后,后者会胜出。对于长跑的人生而言,反省智力高的人成功的概率更大。

三、大学生心理健康的标准

美国人本主义心理学家马斯洛和米特尔曼在20世纪50年代初提出了心理健康者的10

条标准,受到心理卫生界的普遍重视,并被广泛引用。这10条标准是:① 有充分的安全感;② 充分了解自己;③ 生活的目标切合实际;④ 与现实环境保持接触;⑤ 能保持人格的完整与和谐;⑥ 具有从经验中学习的能力;⑦ 能保持良好的人际关系;⑧ 适度的情绪表达与控制;⑨ 在不违背社会规范的条件下,对各个人的基本需要做恰当的满足;⑩ 在不违背团体的要求下,能做有限度的个性发挥。

上述十条标准相对较高,我国学者王登峰、张伯源在《大学生心理卫生与咨询》中提出了大学生心理健康的8条标准:① 了解自我,悦纳自我;② 接受他人,善于与人相处;③ 正视现实,接受现实;④ 热爱生活,乐于工作;⑤ 能协调和控制情绪,心境良好;⑥ 人格完整和谐;⑦ 智力正常,智商在80分以上;⑧ 心理行为符合年龄特征。

综合国内外专家学者的观点,根据我国大学生的年龄特征和角色特征等实际情况,我们认为,一个心理健康的大学生应符合以下标准:

(一) 智力正常

智力正常是心理健康学生的标志,也是大学生正常学习和生活的基本心理条件,也是适应周围环境变化所必需的心理基础。心理健康的大学生能在学习中保持强烈的求知欲,并且有明确的学习目标,乐于接受新鲜事物和勇于迎接挑战。

因此,衡量大学生的智力是否正常,关键在于其是否正常地、充分地发挥了自我效能,即有强烈的求知欲,乐于学习,能够积极参与学习活动。

(二) 自我意识明确

明确的自我意识是大学生心理健康的重要条件。心理健康的大学生了解自己,对自己的认识比较接近于现实,有自知之明,能摆正自己的位置,善于自我接纳;既不妄自尊大而做力所不及的工作,也不妄自菲薄而甘愿放弃可能发展的机会;自信乐观,生活目标与理想切合实际,不苛求自己,能扬长避短。

(三) 情绪健康

情绪影响人的健康,影响人的工作效率,影响人的人际关系。心理健康的大学生对生活和未来充满希望,愉快情绪多于负面情绪,乐观开朗、富有朝气,对生活充满希望;情绪较稳定,虽然也有悲、忧、哀、愁等消极体验,但能主动调节,既能克制又能合理宣泄自己的情绪,情绪的表达既符合社会的要求又符合自身的需要;情绪反应与环境相适应,在不同的时间和场合能恰如其分地表达情绪。

(四) 意志健全

心理健康的大学生有独立的生活能力,具有坚强的意志力和承受挫折的能力,能够有意识地锻炼和培养自己良好的意志特征,并具有克服困难、锲而不舍、勇往直前的精神。无论在情感上,还是在实际生活中都较少有依赖心理,自主性强;不管处于什么社会生活环境下都能主动同社会保持接触,让自己融入社会,自觉用社会规范来约束自己,使自己的行为符合社会的要求。

（五）人格完整

人格是指人的整体精神面貌，人格完整指构成人格的要素，如气质、能力、性格和理想、信念、人生观等各方面平衡发展。心理健康的大学生的所思、所做、所言协调一致，具有积极进取的人生观，并以此为中心能把自己的需要、愿望、目标和行为统一起来。

（六）人际关系和谐

一个心理健康的大学生必然是一个善于与人沟通和交往的人。在交往中，不仅能接纳自我，而且能接纳他人，能用尊重、信任、友爱、宽容、理解的态度与人相处；能分享、接受和给予别人爱和友谊，与集体保持协调关系，能与他人同心协力，合作共事，乐于助人。在交往中具备良好的沟通能力和技巧，能建立和谐的人际环境。

（七）有正常的社会适应能力

社会适应就是指个体能够面对现实，接受现实，并能主动适应社会。心理健康的大学生在环境改变时能面对现实，对环境做出客观分析，以有效的方法应对环境中的各种困难，使个人行为符合新环境的要求；能和社会保持良好的接触；对生活现状有清晰的认识，能及时修正自己的需要和愿望，使自己的思想、行为与社会协调一致。

（八）心理行为符合年龄特征

心理健康的大学生其行为表现符合大学生的特点和性格特征，或充满朝气和活力，精力充沛；或勤学好问，反应敏捷。相反，如果一个大学生总是显得老气横秋，心事重重，唉声叹气，情绪喜怒无常，这就是心理不健康的表现。

心灵便利贴

心理健康的几种认知误区

误区一：身体这么好，怎么可能有心理问题？

这是对健康的一种典型误解。身体健康是指一个人无躯体病，但这并不等于是健康。世界卫生组织（WTO）指出健康包括身体健康、心理健康和良好的社会适应能力。

误区二：只要不是心理变态就是心理健康

心理变态是心理不健康的极端形式。人的心理可以分为三个区：白色区、灰色区、黑色区。白色区是健康的心理，黑色区是不健康的心理，而介于前两者之间的就是灰色心理。如果灰色心理调节得好就能变回白色心理，但是如果不能排除烦恼，灰色则会越来越灰，甚至变成不健康的黑色心理。心理健康是有一定标准的。衡量大学生心理是否健康的标准主要有：智力正常、情感饱满稳定、意志坚强、正确对待自己、有和谐的人际关系、能适应所处的社会环境等。

误区三：有心理问题的人是不正常的

有的同学对心理问题这一字眼十分过敏的同时又不屑一顾，喜欢用"可笑"这个词来取笑别人，其实这是不对的，原因是他们并不明白什么是心理问题。人们经常会有心理困惑，困惑不排除则会演变为心理问题，心理问题再得不到较好的解决则很容易产生心理疾病。大学生心理处于一个渴望独立却不能独立的心理断乳期，学习的压力、人际交往的烦恼、生活上的琐事都会给自己造成一定的压力，所以有这样那样的烦心事是正常的，有一定的烦心事是正常的，有一些心理困惑也是在所难免的。

第二节　心理问题识别

生活中每个人实际上都有各种各样的心理问题，无论它是男性、女性，有文化还是没有文化，也无论它是高级领导、明星大腕，还是一般平民百姓，都会遇到挫折，会产生烦恼，积压久了，就成为心理问题。但是，心理问题并不等于心理障碍或者心理疾病。因此我们说，每个人都是有心理问题的，有心理问题并不是不正常；但是如果觉得自己时时刻刻都是快乐的，没有压力、苦恼、困扰紧张等负面情绪，反而是不正常的。一个人是正常还是不正常，要看他是否能够进行正常的学习、工作、生活、社会交往等。

一、什么是心理问题

一般的心理问题几乎是随处可见的。比如，刚进入大学觉得哪里都不适应，心里总觉得不开心；好朋友无缘无故向自己发了一通火，心里很委屈；自己一向学习不错，但是高考发挥失常，没有进入自己想去的学校等，所有这些都属于心理问题，只不过问题的大小不同，持续时间的长短不同，给人带来的影响不同。然而有心理问题和心理不健康是不同范畴的概念。

心理健康与不健康之间并没有一条绝对的分界线，而是一种连续过渡、不断变化的状态。长期以来，人们习惯于把人的精神正常与否看作是黑白分明的事情：要么正常，要么就是精神病患者，这是一种误解。对此，著名心理学家岳晓东博士提出"灰色区"理论。该理论认为：人的心理正常与异常没有一个明确的界限，而是一个连续变化的过程。如果把心理正常比作白色，把精神病比作黑色，那么，在白色与黑色之间有一个巨大的"灰色区"。灰色区又可进一步划分为浅灰色区和深灰色区：浅灰色区只有心理冲突而无人格变态，其突出表现为失恋、丧亲、人际关系失调、学习工作不顺心等生活矛盾带来的心理不平衡与精神压抑，是心理咨询的对象；深灰色区是各种变态人格和神经症，如强迫症、恐惧症、癔症、性别倒错等症状，是心理治疗的对象。

所有人的心理健康状况都可以从这一"健康图谱"中找到自己的位置。完全健康，即处于白色区的人是非常少的，大部分的人处于灰色区和黑色区——问题区。

灰色带理论

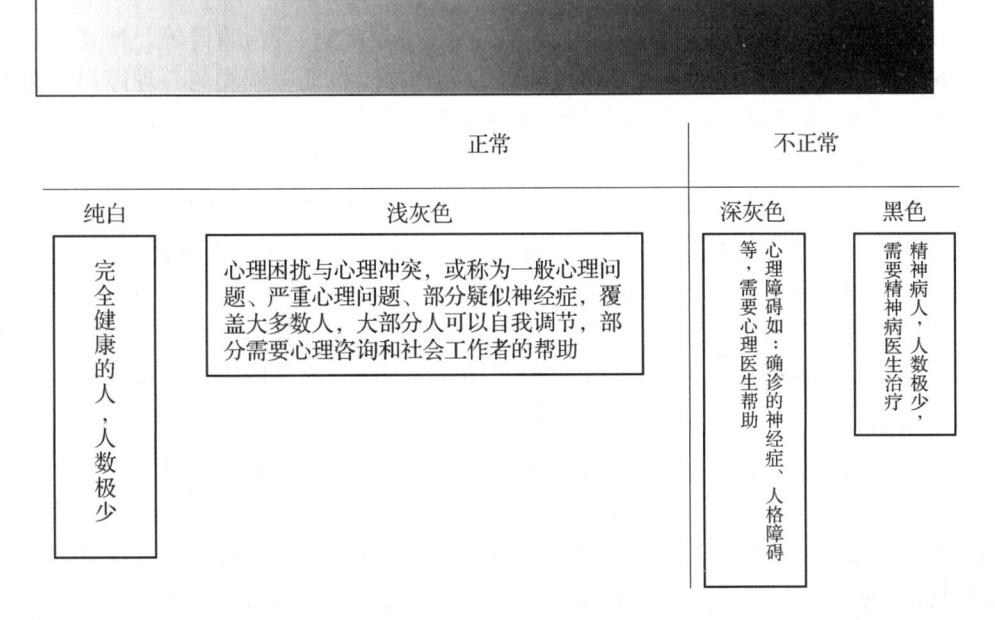

	正常		不正常	
纯白	浅灰色		深灰色	黑色
完全健康的人，人数极少	心理困扰与心理冲突，或称为一般心理问题、严重心理问题、部分疑似神经症，覆盖大多数人，大部分人可以自我调节，部分需要心理咨询和社会工作者的帮助		心理障碍如：确诊的神经症、人格障碍等，需要心理医生帮助	精神病人，人数极少，需要精神病医生治疗

这四种区域没有明显的界线，是渐进的，如果浅灰色人群不能及时得到帮助，会发展进入深灰色状态。人生是一个连续变化的过程，从个体来说，一个人的心理健康与否并非恒定不变。从群体来说，人类的心理健康不是黑白分明，而是两极小，中间大，因此，人们不要忽视了灰色区域的存在，应该对心理问题及时进行矫正。

二、心理问题的分类

根据灰色带理论，我们按照心理问题严重程度从重到轻依次把纯黑、深灰、浅灰各区包括的主要的心理障碍概要介绍如下：

（一）纯黑区

纯黑区代表的是精神病。世界卫生组织公布的《国际疾病分类》第9版中，对精神病的定义是："精神功能受损程度已达到自知力严重缺乏，不能应付日常生活要求或保持恰当接触。"临床常见的精神病有精神分裂症、情感性精神病、反应性精神病等。

精神疾病主要有三个方面的异常表现：第一，病人的反应机能受到严重损害，对客观现实的反映是扭曲的，可能出现精神失常现象，如幻觉、妄想、思维混乱、行为怪异、情感失常等，因而丧失正常的言行；第二，社会功能严重损失，如不能正常处理与他人的关系，不能正常参与社会活动，甚至对公众生活产生危害；第三，不能正确理解自身的现状，不承认自己有病，对自己的处境完全丧失自制力，不主动寻求医生的帮助。致病因素有多方面：先天遗传、个性特征及体质因素、器质因素、社会性环境因素等。大学生中常见的精神分裂症、躁狂抑郁性精神病等。该类型的疾病已经超过单纯的心理治疗范围，需要到专门的精神病院或精神科进行以药物治疗为主，心理治疗为辅的治疗方案。

（二）深灰区

深灰区主要包括各种类型的神经症、人格障碍、心身疾病、行为障碍等。神经症也称神经官能症，它是一组没有查出任何器质性原因的大脑神经机能失调类的心理障碍。患者有强烈的心理冲突，并感到精神痛苦，力图摆脱却又无能为力。

需要指出的是神经症并非神经上有病，而是心理障碍。另外，神经症与精神病不是一回事。精神病是一种因大脑功能紊乱而突出表现为精神失常的心理障碍，症状多为感觉、知觉、记忆、思维及行为发生异常的状态，出现妄想、幻觉等，具体表现为精神分裂症、躁动症等。与神经症相比较，精神病的心理障碍表现程度严重，患者思维、情绪异常，不能自知，没有精神痛苦且无求治要求，不能正常生活、学习和工作。而神经症程度轻，能自知，并感到精神痛苦，有求治要求，能正常工作、生活和学习，但效率较低。常见的神经症有以下几种：

1. 强迫症

强迫型神经症是一种以强迫症状为主要临床表现的神经症。其特点是有意识的自我强迫和自我反强迫同时存在，二者的冲突使病人焦虑和痛苦。常见的有强迫观念、强迫意向和强迫行为。例如有的人反复思考动物为什么要分雌雄；见到汽车就联想到车祸时恐怖的情景，感到非常焦虑；有的人反复检查门窗是否锁上，煤气是否关紧；有的人害怕不洁而不厌其烦地洗手或洗衣服。患有强迫症的人通常无安全感，无完善感，无确定感。他们的行为与生活习惯刻板，墨守成规，享乐能力低下，活动能力差，工作与学习效率低，性格往往有缺陷，如缺乏自信、过于谨慎、保守、主动性差等。

强迫症的发病原因一方面是由于患者的性格缺陷造成的，也有可能和遗传因素有关。有研究显示，强迫症在单卵双生子中的同病率高于双卵双生子；另一方面也与以往的生活经历、精神打击和幼年时期的遭遇有关。强迫症的根治需要药物治疗、心理治疗和行为治疗相互配合，其中行为治疗对强迫症有一定效果，心理治疗对增强患者自信心、缓解症状也有重要作用。

关于强迫

不知道从什么时候起，婷婷变得喜欢待在厕所里不停地洗东西，而且洗澡的时间也越来越长，家里的水费日益见涨，这可愁坏了婷婷妈。一日，婷婷妈仔细观察了一下婷婷的洗涤行为，才惊讶地发现婷婷过度洗涤的行为已经达到病态了。一日，婷婷的背包沾上了油渍，于是就拿到厕所的水池子清洗，由于是厕所的水池，婷婷觉得有点脏，清洗的时候水池的水溅到婷婷的胳膊上，婷婷又开始不停地反复冲洗胳膊，就这样来回不停地折腾。一点小油渍就洗了不下半个小时，婷婷妈很生气，上前来阻拦她，碰到了婷婷的手，她一下子觉得自己的手也洗不干净了。再后来，婷婷又觉得洗手的时候水还会溅到自己的脸上，又要洗脸，简直是要了命了。这样一来，她洗澡、洗衣服都要洗很久，如果不洗到自己满意的话，是绝对不会停下来的。婷婷也知道这样浪费了很多时间和水资源，也想控制自己停下来，但是越想控制就洗得越久。

2. 焦虑症

焦虑症是一种以焦虑反应为主要症状的神经症，是个体在面临不良刺激或预感到会出现挫折情境时所产生的一种复杂的消极或不愉快的情绪状态。该症以焦虑情绪为主要症状。这种焦虑并非是由实际威胁所引起的,不针对具体的人或事,紧张焦虑程度与现实情况不符,表现为难以言说的紧张感,伴随担心着急、坐立不安、害怕惶恐,好像灾难即将降临似的。同时伴有躯体症状:头晕、胸闷、心悸心慌、呼吸困难、口干、尿频尿急、内分泌失常、运动性不安、睡眠障碍等。焦虑症在临床上可分为急性焦虑(惊恐发作)和慢性焦虑(广泛性焦虑)。

急性焦虑:患者常出现无明显原因的、突然发作的强烈紧张、极度恐惧、濒临死亡感,同时伴有剧烈的心慌、心悸、气急、呼吸困难、胸闷胸痛,失控地发抖,出大汗等。发作时间通常可持续数分钟。当一个人反复出现无预期的惊恐发作,并且开始持续地担心再次发作的可能性时,急性焦虑的诊断就成立了。

慢性焦虑:主要表现为长时间、经常感到无明显原因、无固定内容的恐惧和提心吊胆或精神紧张,总预感会发生什么不幸而处于警觉状态。同时伴有坐卧不宁、心惊肉跳、心慌、头痛、背痛、全身颤抖等躯体反应。患者常因不明原因的惊恐感而意志消沉、忧虑不安,夜间入睡困难。

关于焦虑

某男,19岁,大一新生,出生于农村家庭,家庭经济困难,从小养成勤奋好学、艰苦朴素的生活习惯。上大学后同学们背地里叫他"铁公鸡"。深秋时,天气渐冷,大家都翻箱子找毛衣,该生却取出一件叠得整齐的棉袄,旁边的同学不解,问他取棉衣做什么,他回答"降温好穿,每天只有在午饭时才买最便宜的菜,也不参加同学之间的聚会"。这句话引起全寝室同学的哄堂大笑。

晚上睡觉时,他躺在床上翻来覆去睡不着,焦虑不安,头上直冒冷汗。从此,每天都感到焦躁不安,整体提心吊胆,并有心慌、胸闷、出汗等症状,时而出现莫名其妙的恐惧、坐立不安,不能学习,正常生活也受到影响。

3. 抑郁症

抑郁症又称抑郁障碍,以显著而持久的心境低落为主要临床特征,是心境障碍的主要类型。临床症状表现为认知效能下降。注意力不集中,记忆力下降,看事物有一种暗淡之感,思维变得不积极活跃;动力缺失。对事物的兴趣下降,萎靡不振,常感精力不足,对什么都打不起精神,没有热情;消极的情感活动。自觉心情不畅、心境不好,容易哭泣、消沉、悲观沮丧;自我评价下降。常感自卑,对前途悲观失望,有的有自罪自责倾向、自杀企图。

关于抑郁

抑郁症又称抑郁障碍,以显著而持久的心境低落为主要临床特征,是心境障碍的主要类型。抑郁症患者一般情绪消沉、闷闷不乐,或者悲痛欲绝、自卑抑郁,甚至悲观厌世。我国抑郁症患者约为3 000万人,就诊率极低,如果一个人患上了抑郁症,那么必须经过哪些治疗可以帮助抑郁症患者寻找希望之光呢?

在抑郁症的治疗上,主要是三大方面的治疗,其中最重要的一个治疗手段就是药物治疗,即抗抑郁药物治疗。首都医科大学附属北京安定医院副院长李占江表示,目前看来,抗抑郁药物进展非常快,现在有很多效果不错、副作用较小的药物用来治疗抑郁症,所以说,药物治疗是治疗抑郁症很重要的手段。

第二个抑郁症治疗手段是心理治疗,其中有很多的心理治疗的流派和方法,现有医学研究发现,在抑郁症的治疗上,认知行为治疗效果非常显著。另外,还有一种叫作人际关系治疗。目前来说,这两种心理治疗方法的效果是比较被各方肯定的。第三种治疗方法叫物理治疗,大家可能平时也听说过,并因此对精神专科医院有一些误解,这种疗法就是电休克治疗。这种治疗方法通过给病人通电,引起类似于电解氧的现象,通过大脑去电极化,从而治疗抑郁症。这种治疗方法对于有着严重的自杀观念和自杀行为的病人来说是一种效果较好的治疗方法。当然,现在电休克治疗经过了改良,在医院里面经过麻醉以后才做,安全性可以得到保证。实际上,除了上述三种治疗方法之外,我们国家传统的医学还有一些治疗抑郁症的方法,其中包括一些中药治疗,也有一些针灸治疗。

4. 人格障碍

人格障碍是指人格的畸形发展,形成了一种特有的、明显的、偏离所处的社会文化背景,及多数人认可的认知行为模式。人格障碍来访者具有明显偏离正常且根深蒂固的行为方式,具有适应不良的性质,其人格在内容上、质上或整个人格方面异常,由于这个原因,病人遭受痛苦和/或使他人遭受痛苦,或给个人或社会带来不良影响。他们给人以与众不同的特异感觉,在待人接物方面表现尤为突出。人格障碍通常开始于童年、青少年或成年早期,并一直持续到成年乃至终生。人格障碍一般于早年开始,此类偏离正常的人格,一旦形成以后即具有恒定和不易改变性,他们智力并不低下,但人格的某些方面非常突出和过分地发展,而且本人对自己人格缺陷缺乏正确的判断,如具备以上特征,又能排除器质性疾病和精神病所致的人格改变,则确定人格障碍并不困难。人格障碍的类型有偏执型人格障碍、反社会型人格障碍、冲动型人格障碍、强迫型人格障碍、焦虑型人格障碍、表演型人格障碍等(详见第三章)。

(三) 浅灰区

浅灰区代表的是正常人在成长过程中遇到的一些心理冲突,如失恋、丧亲、夫妻纠纷、离异、人际冲突、工作压力、学业问题等生活矛盾而带来的心理失衡与情绪困扰,是每个人在成长过程中都可能遇到的、暂时的、程度比较轻的心理问题,不伴随人格变态,也没有严重的临床症状,是一种心理的亚健康状态。通常出现该类型的心理问题,可以通过自身的调节加以解决,也可以通过心理咨询解决。

1. 严重心理问题

有部分来访者,长期处于困惑、内心冲突之中,或者遭到比较严重的心理创伤而失去心理平衡,心理健康遭到不同程度的破坏,尽管他们的精神仍然是正常的,但心理健康水平却下降许多,出现了严重程度不同的心理问题,甚至达到"可疑神经症"的状态:痛苦情绪持续时间较长,在两个月以上,半年以下,内容已经充分泛化,即与最初刺激相类似、相关联的刺激,也会引起来访者的痛苦。

此类来访者是心理咨询重点关注的内容，因为来访者非常痛苦，而且出现了泛化，严重影响社会交往功能。在咨询师的帮助下，能够走出困境，恢复生活的信心和社会功能。

2. 一般心理问题

一般心理问题来访者出现心理问题的原因是由现实因素，如：现实生活、工作压力、处事失误等因素激发，产生内心冲突，并因此体验到不良情绪（如厌烦、后悔、懊丧、自责等），这种不良情绪不间断地持续满一个月，或不良情绪间断地持续两个月仍然不能自行化解，情绪反应能在理智控制之下，不影响正常的生活、学习和社会交往，但效率有所降低，情绪反应尚未泛化的心理不健康状态。

知识链接

此类来访者也是心理咨询重点关注的内容，而且人数众多，此类来访者有的能够自愈，但是有的如果没有经过心理疏导，可能会发展为严重心理问题，甚至走向心理障碍。大多数此类来访者在咨询师的帮助下，能够迅速恢复心理健康。

	一般心理问题	严重心理问题
情绪反应强度	由现实生活、工作压力等因素而产生内心冲突，引起的不良情绪反应，有现实意义且带有明显的道德色彩。	是较强烈的、对个体威胁较大的现实刺激引起心理障碍，**体验着痛苦情绪**。
情绪体验持续时间	求助者的情绪体验时间不间断地持续1个月或者间断地持续2个月。	情绪体验**超过2个月，未超过半年**，不能自行化解。
行为受理智控制程度	不良情绪反应在理智控制下，不失常态，基本维持正常生活、社会交往，但效率下降，没有对社会功能造成影响。	遭受的刺激越大，反应越强烈。多数情况下，**会短暂失去理智控制**，难以解脱，对生活、工作和社会交往有一定程度影响。
泛化程度	情绪反应的内容对象没有泛化。	情绪反应的**内容对象被泛化**。

另外，精神正常的、心理健康的人群，在现实生活中同样会面对许多问题，如恋爱、婚姻家庭问题，择业求学问题，社会适应问题等。他们面对上述自我发展问题时，需要做出理想的选择，以便顺利度过人生各个阶段。这时候，心理咨询师可以从心理学的角度，向他们提供心理学帮助，这类咨询叫作发展性咨询。大学生正处于青春迷茫期，在面对情感、人际交往和择业就业等诸多问题时，会不知所措，甚至做出许多不理智的行为和选择。但是，如果这时候求助于心理咨询，在心理咨询师的帮助下，了解自我、相信自我，做出最理智的选择和行为，能够顺利地渡过难关、解决困惑。

三、大学生常见心理问题

一些调查资料表明我国大学生心理卫生状况令人担忧，心理健康状况不良者比例颇高。据北京十六所大学调查，因精神疾病休学、退学人数占总休学、退学人数的37.9%和64.4%。那些心理状况不佳的大学生，除少数因患有严重的心理疾病无法坚持学习而不得不退学、休学外,多数仍在继续学习。然而他们的学习效率、生活质量、健康状况已受到严重影响。至于不同程度的心理卫生问题(如抑郁、焦虑、紧张、无聊、空虚、偏执等)则或多或少地影响着大学生的学习、生活。大学生中存在的厌学、恐学、考试恐惧症等,有相当部分与心理健康状况不良直接有关。大学生常见的心理困扰表现在以下几个方面。

(一) 入学适应方面的心理困扰

这一问题在刚入大学的新生中较为常见。对于绝大多数新生来讲,面临的都是陌生的校园、生疏的面孔和全新的生活、学习方式。这对首次远离家乡、离开长期依赖的父母和熟悉的生活环境的大学生来说,通常会产生不同程度的压力和心理上的不适应,并伴有焦虑、苦闷和孤独等心理现象发生。在一些适应能力较差的大学生中表现得尤为明显,且往往会出现食欲不振、失眠、烦躁及注意力不集中等症状,个别严重者甚至不能坚持学习以致提出退学。

(二) 自我意识方面的心理困扰

自我意识是影响大学生心理健康的重要因素。人的所有行为无不受意识左右,自我意识是大学生认识自我、发展自我、完善自我的重要条件,但由于自我意识认知与建构过程相对漫长,大学生在求学发展中遇到各种冲突和矛盾时,往往会使人出现意识偏差,甚至陷入认知矛盾的状态,如理想自我和现实自我的矛盾,满足感和空虚感的矛盾,独立性和依赖性的矛盾,理智和情感的矛盾等。这些矛盾解决不好,往往会造成不良的心理反应。

(三) 学习方面的心理困扰

大学的教育目标、教学内容、教学方式都与高中有明显的差异。这就要求大学生必须改变高中的学习模式和方法,调整学习目的,端正学习态度,掌握大学生使用的学习策略,学会科学用脑,掌握自学方法,以适应全新的大学学习生活。但很多大学生由于学习目标不清,学习动力不足,学习方法不当,或因误选专业而对专业缺乏兴趣等原因,导致成绩不佳,同时引发考试焦虑,甚至导致厌学、弃学等问题。

(四) 人际交往方面的心理困扰

"踏着铃声进出课堂,宿舍里面不声不响,互联网上述说衷肠。"这句顺口溜实际上反映了相当一部分大学生的交际现状。现代大学生的交际困难主要表现为不会独立生活,不知道如何与人沟通,不懂交往的技巧与原则。由于认识、情绪和个性因素的影响,再加上缺乏人际交往的经验与技巧,在交往中往往会遇到各种困难与挫折,从而产生焦虑等心理问题,影响其健康成长。例如有的同学有自闭倾向,不愿与人交往;有的同学为交际而交际,不惜牺牲原则随波逐流。

(五) 恋爱与性方面的心理困扰

大学生由于性生理逐渐发育成熟,性意识的觉醒与性心理的发展促使其渴望了解异性,向往爱情。但由于缺乏经验与指导,有些大学生在恋爱中出现了单相思、三角恋爱,陷入被动恋爱或失恋等苦恼之中。也有一些大学生因对性知识和性行为的不恰当理解与认识,造成诸多心理压力,如因性压抑、性自慰而产生羞耻感、极度自责和恐惧感等。

(六) 情绪情感方面的心理困扰

良好的情绪、情感状态是大学生心理健康的重要保证。良好的情绪和情感状态应以稳定、乐观的心态为主,对于不良情绪应具有调节、节制能力。但由于大学生的情绪、情感具有两极性、矛盾性的特点,情绪易波动起伏、好冲动、自制力不强。一旦遇到挫折,往往容易产生抑郁、焦虑、恐惧、紧张、妒忌等不良情绪,影响大学生的心理健康。

(七) 个性方面的心理困扰

个性发展不良导致的心理问题,在大学是常见现象,尤其是当代大学生很多是生长于我国独生子女政策的实施时期,幼儿时期家庭教育的不当导致相当部分大学生在性格方面存在不同程度的问题,主要表现为自卑、怯懦、猜疑、偏激、孤僻、抑郁、自私和任性等,有的甚至发展为人格障碍。

(八) 求职择业方面的心理困扰

大学生毕业前夕,最大的心理压力来自求职择业。大学生在求职择业过程中,由于缺乏经验与准备,导致职业渠道不畅,有的脱离社会发展需要盲目择业,导致难以找到合适的工作;有的过高估计自己,造成就业困难等。这些问题往往会引发毕业生的心理问题。

> **心灵便利贴**
>
> 敌意中长大的孩子,学会了争斗;虐待中长大的孩子,学会伤害别人;
> 支配中长大的孩子,学会了依赖;干涉中长大的孩子,被动和胆怯;
> 娇宠中长大的孩子,学会了任性;否决中长大的孩子,他反对社会;
> 忽视中长大的孩子,他情绪孤僻;专制中长大的孩子,他喜欢反抗;
> 民主中长大的孩子,领导能力强;鼓励中长大的孩子,学会了自信;
> 公平中长大的孩子,抱有正义感;宽容中长大的孩子,学会了耐心;
> 赞赏中长大的孩子,学会喜欢自己;爱之中长大的孩子,会爱人如己。

四、大学生常见心理问题原因

(一) 早期经验和家庭环境

许多心理学家都相信,个体的早期经验对其心理发展有着十分重要的作用。有研究表明,儿童早期与父母的关系以及父母对儿童的态度也是影响个体心理健康的重要因素。有研究表明,患有焦虑症、抑郁症、强迫症、恐怖症的个体其父母更少表现出情感温暖,可能存在较多的拒绝态度、过分的保护或者过度的惩罚。在个体的早期发展中,父母的支持和鼓励更容易使个体建立对最初接触者的信任感和安全感,这种信任感和安全感保证了子女成年后与他人顺利交往。

(二) 生活事件

生活事件是人们在日常生活中遇到的各种社会生活的变动,如搬家、升学、结婚、亲人亡故等。研究表明,即使中等强度的应激事件,如果连续发生,则对个体抵抗力的影响就可以累加,最终导致心理障碍。这在慢性压力累积为应激障碍中较为常见。

(三) 个性特征

每个人都有自己独特的人格特点,并形成不同的应激方式和归因特点。因此,特殊的人格往往成为导致某种心理问题或心理障碍的内在因素之一。例如强迫症患者可能具有强迫型人格特征,表现为谨小慎微、追求完美、责任心过重、自我克制、优柔寡断、敏感多疑等。这也是为什么同一种致病因素作用于不同的人身上时会产生不一样的结果。因此,培育健全的人格特征是预防心理障碍的重要任务。

第三节　了解心理咨询

"心理咨询"一词,译自英语 counseling,也有的译为"咨商"或"辅导"。《美国精神病学语汇表》的定义为:"是一种谈话和讨论的治疗方法,其中咨询师向来访者就一般或特定的个人问题提供建议或辅导。"朱智贤将心理咨询定义为"对心理失常的人,通过商谈的程序和方法,使其对自己与环境有一个正确的认识,以改变其态度与行为,并对社会生活有良好的适应。"虽然学者们对心理咨询下过多种定义,结合心理咨询的发展历史和我国的实际情况,可以对其定义为:心理咨询是指由受过心理学专门训练的专业人员运用心理学知识、理论和技术,针对来访者的各种适应与发展问题,通过与来访者协商、交谈、启发和指导的过程,帮助来访者达到自立自强、增强心理健康水平和提高社会适应能力的目的。由于心理咨询业在国内还处在起步阶段,人们对它的认识还存在误区。

一、对心理咨询的常见误解

近年来心理咨询业在我国大、中型城市如火如荼般迅速发展起来,这大大促进了心理健康知识普及的速度,提高了人们对心理健康的重要性的认识,但很多人仍对心理咨询存在一些认识误区,主要表现在以下几个方面。

(一) 我的问题不严重,不需要心理咨询

有些学生认为自己的心理问题并不严重,可以向家长、朋友、老师等寻求安慰,一般心理问题可以通过自己调节和亲人帮助来解决,但是严重心理问题很难通过自身调节来解决,需要专业的帮助。这是因为当人类面对外界压力时,往往需要动用精神力量来支撑和抗争,但

是往往精神世界会陷入危机,变得脆弱甚至不堪一击。其实就像都有过患"感冒"的经历一样,每个人在人生的不同阶段都曾存在或轻或重的心理困惑,很多人都有过愤怒、郁闷、焦虑、烦躁、躲避、恐惧、厌食、失眠、注意力不集中、难以适应新环境等体验。很多人认识到自己有心理问题,但仅仅依靠自己的意志力同心理问题抗争,结果往往越克服越厉害,越抗争越严重,还会引发躯体疾病,严重影响工作和生活。心理咨询帮助的对象就是日常生活当中的正常人,那种认为只有负面情绪累积到"病"的境地才要咨询的看法是错误的,如果目前出现的问题开始无力解决,影响到工作和生活,就应该求助于心理咨询,如果发展到严重干扰生活的状态,那更应接受心理咨询和治疗。

(二)心理问题等于精神病

有不少大学生明知自己存在不健康心理或行为,却不愿意主动寻求专业帮助。主要因为许多大学生不能够正确认识心理咨询,认为心理问题就是我们通常所说的精神病,为了证明自己得的不是精神病或不被人耻笑,便忍受着痛苦,拒绝找心理咨询师咨询,由于过分的压抑自己,结果导致心理问题越来越严重,最终真的发展成精神病。其实,心理问题和精神病是完全不同的两个概念,精神病患者往往没有自知力,没有摆脱痛苦的意向,而有心理问题的人往往对自己的问题有很清楚的了解,摆脱痛苦的愿望也很强烈。因此将心理问题与精神病画等号是错误的。

(三)心理咨询就是聊天

谈话是心理咨询的主要形式,并不是一般意义的聊天。心理咨询的谈话可以分为以诊断求助者心理问题为目的摄入性谈话,和以纠正求助者错误认知观念为目的的咨询性谈话。它和漫无目的的聊天有本质的不同。除了谈话以外,心理咨询还有其他方法和手段,比如心理测验、音乐干预、绘画干预、角色扮演、沙盘游戏、团体活动等形式。

心灵便利贴

沙盘游戏

沙盘游戏,也称为箱庭疗法,是在心理咨询师的陪伴下,让来访者从摆放各种微缩沙具的架子上,自由挑选小沙具,摆放在盛有细沙的特制的容器(沙盘)里,创造出一些场景,然后由咨询师和来访者一起探索其中蕴含的心理意向。沙盘游戏治疗以心理分析之无意识理论为基础,注重共情与感应,在"沙盘"中发挥原型和象征性的作用。沙盘游戏为来访者创造一个"自由与受保护的空间",来访者在沙盘中运用沙具来表达自己的无意识世界,可以使来访者的"自我自愈力"得以发挥。来访者

图1.2 主题为"收获"的沙盘作品

在整个沙盘制作过程中,治疗者只需要采取"静默的见证者"接纳的、共感理解的、赏识的态度在旁边陪伴着。沙盘游戏的主要功能和作用包括:心理诊断与综合性心理评估;各种心理压力、紧张和焦虑的辅导与缓解;各种心身疾病的专业性心理分析与治愈;同时,沙盘游戏治疗也可以作为一种综合性的心理教育技术,可以在心理健康的维护与人格发展,艺术表现与创造力的培养和生活质量的提高中发挥积极的作用,引导来访者获得以自性化为目标的人格发展与心性完善。

(四)心理咨询可以一次解决问题

有许多来访者急于解决自己的问题,希望一次咨询就能够彻底解决自己的心理问题,这种心情可以理解,但却不符合事物发展的规律。许多心理问题的形成往往是日积月累的结果,很自然,问题的解决也需要一个过程,通常,一般性心理问题的解决需要1—3周的时间;较严重的心理问题需要1—3个月的时间;严重心理问题或神经症性心理问题的解决需要3个月以上的时间,平均每周一次或两次。另外,每次心理咨询是有时间限制的,一般来说,每次心理咨询时间为50分钟至一个小时。

(五)心理咨询是万能的

心理咨询并不是什么都可以解决的,能否解决问题与来访者是否愿意改变有很大的关系。在咨询中我们经常碰到把问题交给咨询师,自己就等着好转的来访者,结果显示,这种人的变化通常不是很乐观。来访者需要为自己的问题付出努力才能解决,而不能一味依靠咨询师。并且,心理咨询也是一个连续的过程,中国人讳疾忌医的现象不是一两代人了,通常来寻求心理咨询帮助的时候都已经非常严重了,这就需要更长的时间来进行咨询和成长。一些来访者不愿意承认自己得了精神疾病,便将康复的希望全部寄托于心理咨询,因此就拒绝吃药,希望仅通过心理咨询解决问题。其实此类疾病的产生既有心理方面的原因,也有生理方面的原因。如果单依靠心理咨询则不能够彻底解决问题,一般先要以药物控制症状,同时结合心理咨询治疗,方能取得较明显的效果。因此,此类来访者必须遵守医生的嘱咐,按时吃药,再配合心理咨询,长期坚持方能康复。

(六)阅读心理问题自助书籍可以解决自己的心理问题

心理问题的解决首先需要正确诊断。求助者由于缺乏专业知识和能力,对自己的心理问题性质、类型和病因缺乏正确判断,往往导致求助者夸大或者错误诊断自己的心理问题,结果是自己的问题没有得到解决,反而增加了新的烦恼。许多求助者就是因为对症状的诊断不了解而随意给自己诊断为强迫症、恐怖症等带来更大的烦恼。其次,心理自助书籍往往对心理问题提出一般性的解决方案和策略,这种策略对读者缺乏针对性。每个人问题的形成原因、每个人的性格和能力、每个人解决问题的资源都是不同的,每个人问题的解决方案往往不可能照搬书上的解决方案。

(七)心理咨询就是做思想工作

不少学生认为心理咨询就是思想政治工作,心理咨询师是辅导员或者老师请来窥探学生内心秘密,说服学生的人。心理咨询的基本理念是肯定来访者的情绪,一起去寻找情绪背后的原因,当把原因解决后,情绪自然好转;思想政治工作的理念是否定来访者的情绪,通过事实、道理去让当事人觉得我没必要产生这种情绪,从而产生情绪的改变。举例来说,一个人说我失恋了很难受。心理咨询师会说:"是的,你很难受。失恋了,多年的伴侣离你而去,你心里真的很难受。"然后接着引导他把难受的情绪释放出来,并引导他看到这个难受背后的深层次原因:丧失对他的影响、伴侣对他的负性评价的影响(假设是伴侣弃他而去的)等;而思想政治工作则会说,"失恋嘛,没什么好难受的。你看现在的单身的那么多,什么时候你又会找到一个了。我们单位的某某不是对你就有点意思吗?考虑考虑吧。"

(八)去做心理咨询是见不得人的

许多同学觉得去做心理咨询是一件很难为情的事,总是躲躲闪闪的,生怕别人看见,更有甚者反复犹豫是否去做心理咨询,结果是旧病未了又添新病。其实心理咨询绝不是什么见不得人的事,只是因为这个新事物在这个兴起的时间并不长,了解它的人不太多,能接受它的人就更少了。另外,许多人对心理咨询也有这样或那样的顾虑,这也导致了他们不敢去做心理咨询。哈佛大学博士岳晓东认为:"心理咨询是一种享受而不是痛苦,是明智的选择而不是愚蠢的做法。"

二、心理咨询的基本原则

(一)保密性原则

咨询人员保守来访者的内心秘密,妥善保管来往信件、测试资料等材料。如因工作需要不得不引用咨询事例时,应对材料进行适当处理,不得公开来访者的真实姓名、单位或住址。

知识链接

全国大学生心理健康日

5月25日是全国大学生心理健康日。"5·25"的谐音即为"我爱我",提醒大学生"珍惜生命,关爱自己"。核心内容是:关爱自我,了解自我,接纳自己,关注自己的心理健康和心灵成长,提高自身心理素质,进而爱别人,爱社会。

2000年,由北京师范大学心理系团总支、学生会倡议,随后十多所高校响应,并经有关部门批准,确定5月25日为"北京大学生心理健康日"。"5·25"是"我爱我"的谐音,对此,发起人的解释是:爱自己才能更好地爱他人。2004年团中央学校部、全国学联共同决定将5月25日定为全国大学生心理健康日。

把这样一个意义重大的日子定在5月25日,是用心挑选的。首先,5月4日是五四青年节,长久以来,5月本身就被人们赋予了和年轻人一样的活力和激情。作为新一代的年轻人,首选的时间当然是5月。其次,鉴于现在的大学生缺乏对心理健康知识的了解,由此导致缺乏对自己心理问题的认识,所以,"心理健康日"活动就是要提倡大学生爱自己,珍爱自己的生命,把握自己的机会,为自己创造更好的成才之路,并由珍爱自己发展到关爱他人,关爱社会。

(二) 理解支持原则

咨询人员对来访者的语言、行动和情绪等要充分理解,不得以道德的眼光批判对错,要帮助来访者分析原因并寻找出路。

(三) 积极心态培养原则

咨询人员的主要目的是帮助来访者分析问题的所在,培养来访者积极的心态,树立自信心,让来访者的心理得到成长,自己找出解决问题的方法。

(四) 时间限定的原则

心理咨询必须遵守一定的时间限制。咨询时间一般规定为每次 60～90 分钟左右(初次受理时,咨询可以适当延长),原则上不能随意延长咨询时间或间隔。

(五) "来者不拒、去者不追"的原则

原则上讲,到心理咨询室来咨询的来访者必须出于完全自愿,这是确立咨访关系的先决条件。没有咨询愿望和要求的人,咨询者不会去主动找他(她)并为其心理咨询。只有自己感到心理不适,为此而烦恼并愿意找咨询人员诉说烦恼以寻求咨询者的心理援助,才能够获得问题的解决。心理咨询室的大门向任何人都是永远敞开的。

(六) 感情限定的原则

咨访关系的确立和咨询工作的顺利开展的关键,是咨询者和来访者心理的沟通和接近。但这也是有限度的。来自来访者的劝诱和要求,即便是好意的,在终止咨询之前也是应该予以拒绝的。个人间接触过密的话,不仅容易使来访者过于了解咨询者内心世界和私生活,阻碍来访者的自我表现,也容易使咨询者该说的不能说,从而失去客观公正地判断事物的能力。

(七) 重大决定延期的原则

心理咨询期间,由于来访者情绪过于不稳和动摇,原则上应规劝其不要轻易做出诸如退休、调换工作、退学、转学、离婚等重大决定。在咨询结束后,来访者的情绪得以安定、心境得以整理之后做出的决定,往往不容易后悔或反悔的比率较小。就此应在咨询开始时予以告知。

三、心理咨询基本理论基础

(一) 精神分析理论

精神分析理论是奥地利精神科医生弗洛伊德于 19 世纪末 20 世纪初创立。精神分析理

论是现代心理学的奠基石，它的影响远不是局限于临床心理学领域，对于整个心理科学乃至西方人文科学的各个领域均有深远的影响。该理论是阐述人的精神活动，包括欲望、冲动、思维、幻想、判断、决定、情感等，会在不同的意识层次里发生和进行。不同的意识层次包括意识、前意识和潜意识（无意识）三个层次，好像深浅不同的地壳层次而存在，故称之为精神层次。人的心理活动有些是能够被自己觉察到的，只要我们集中注意力，就会发觉内心不断有一个个观念、意象或情感流过，这种能够被自己意识到的心理活动叫作意识。而一些本能冲动、被压抑的欲望或生命力却在不知不觉的潜在境界里发生，因不符合社会道德和本人的理智，无法进入意识被个体所觉察，这种潜伏着的无法被觉察的思想、观念或痛苦的感觉、意念、回忆常被压存在潜意识这个层次，一般情况下不会被个体所觉察，但当个体的控制能力松懈时比如醉酒、催眠状态或梦境中，偶尔会暂时出现在意识层次里，让个体觉察到。在意识与潜意识

图1.3 弗洛伊德（1856—1939），奥地利精神病医师、心理学家、精神分析学派创始人，著有《梦的解析》，开创潜意识研究的新领域。

之间则是前意识，如同冰山与水面起伏接触的地方，需要通过某些特定的事件或行为才能被唤醒。主要心理咨询方法有催眠、自由联想、释梦等。

（二）行为主义理论

行为主义是美国现代心理学的主要流派之一，也是对西方心理学影响最大的流派之一。创始人为华生，其观点是，心理学不应该研究意识，只应该研究行为，把行为与意识完全对立起来。行为主义的心理咨询是以学习理论和行为疗法理论为依据，认为人的问题行为、症状是有错误认知与学习所导致的，主张将心理治疗或心理咨询的着眼点放在来访者当前的行为问题上，注重当前某一特殊行为问题的学习和解决，以促使问题行为的变容、消失或新的行为的获得，例如系统脱敏法、强化法、厌恶疗法等。

（三）人本主义理论

人本主义心理学家认为人应该对自己的行为负责任，我们有时会对环境中的刺激自动地做出反应，有时会受制于本能，但我们有自由意志，有能力决定自己的目的和行动方向。在各派人本主义疗法中，以罗杰斯开创的来访者中心疗法影响最大，是人本主义疗法中的一个主要代表。来访者中心疗法认为，任何人在正常情况下都有着积极的、奋发向上的、自我肯定的无限的成长潜力。如果人的自身体验受到闭塞，或者自身体验的一致性丧失、被压

抑、发生冲突，使人的成长潜力受到削弱或阻碍，就会表现为心理病态和适应困难。如果创造一个良好的环境使他能够和别人正常交往、沟通，便可以发挥他的潜力，改变其适应不良的行为。

(四) 认知主义理论

认知疗法是20世纪60~70年代在美国心理治疗领域中发展起来的一种新的理论和技术。认知理论认为人的情绪来自人对所遭遇的事情的信念、评价、解释或哲学观点，而非来自事情本身。情绪和行为受制于认知，认知是人心理活动的决定因素，认知疗法就是通过改变人的认知过程和由这一过程中所产生的观念来纠正本人的适应不良的情绪或行为。认知疗法的策略在于帮助来访者重新构建认知结构，重新评价自己，重建对自己的信心，更改认为自己"不好"的认知。治疗的目标不仅仅是针对行为、情绪这些外在表现，而且分析病人的思维活动和应付现实的策略，找出错误的认知加以纠正，达到消除不良情绪和行为的短程的心理治疗方法。其中有代表性的是埃利斯的合理情绪行为疗法，贝克和雷米的认知疗法以及梅肯鲍姆的认知行为疗法。

上述四种理论被称为心理学的四大流派，随着科技提高，心理学家通过多种方法和途径不断探索心理咨询的方法和途径，并取得了一系列的进展，例如目前在个体心理咨询中经常使用的认知行为技术、沙盘、森田疗法等。同时我们也应注意到很多心理问题的病因、起源和治疗方法依然有待进一步探索。

四、个体心理咨询流程

心理咨询可分为团体咨询和个体咨询，个体心理咨询的步骤一般分为开始阶段、指导与帮助阶段、巩固与结束阶段。

(一) 开始阶段

美国咨询心理学家沃尔斯指出，不好的开头会阻碍有效的相互影响。开始阶段需要完成的任务有三项，即建立咨询关系、掌握来访学生的资料及进行分析、诊断。

1. 建立咨询关系

咨询教师与来访学生必须建立起信任、真诚、接纳的咨询关系。这是心理咨询的起点和基础，这种关系有助于咨询教师真实了解学生的情况，准确确定咨询目标并有效达到目标；对学生而言，基于这种积极的关系，才会与咨询教师积极合作，对心理咨询抱有热情和信心，从而有助于提高咨询效果。此外，这种积极的关系也给学生提供了一种良好的人际关系的范例，使其能在咨询环境之外加以运用，提高人际交往的能力。

2. 掌握来访学生的资料

收集与来访学生有关的各种资料，通过会谈、观察、倾听、心理测验等方式，了解对方的基本情况及存在的心理问题。来访学生的基本情况包括姓名、年龄、班级、家庭及社会生活背景、自身的生活经历、兴趣爱好、学习生活近况及有无心理咨询经验等。通过对基本情况的了解,掌握其过去、现在等各方面的活动及生活方式。对来访学生基本情况的掌握,有助于对其主要心理问题的把握。

3. 进行分析、诊断

在收集资料的同时,分析、诊断就已相伴出现;① 分析、诊断是在收集资料的基础上,进一步明确心理问题的实质、程度及原因,并对其做出正确的评估,包括确定心理问题的类型及性质,决定咨询的适应性。② 分析心理问题的程度,以区别对待。③ 寻找心理问题产生的原因。寻找原因是诊断来访学生心理问题的重要组成部分。

(二) 指导与帮助阶段

这一阶段主要完成的任务有三项:制订咨询目标,选择咨询方案,实施指导与帮助。

1. 制订咨询目标

心理咨询的目标,就是心理咨询所追求的结果与所要达到的目的,咨询目标的确立,在咨询过程中有重要的价值。它使咨询双方都清楚地意识到努力的方向,有助于咨询双方的积极合作。

2. 选择咨询方案

选择咨询方案,包括咨询方法的选定以及为实施这些方法而制订的具体计划。解决来访学生心理问题的方法是多种多样的,有许多咨询方法可供利用,如"支持与安慰""内省与领悟""训练与学习""疏导与宣泄""暗示"等。每种咨询方法对解决心理问题均有一定的针对性,并有其相应的实施过程。

3. 实施指导与帮助

实施指导与帮助,不同的咨询方法有不同的要求与做法。可灵活运用鼓励、指导与解释,对来访学生的积极方面给予真诚的表扬、鼓励和支持,增强来访学生的自信,促进其积极行为的增长;可以直接指导来访学生做某件事、说某些话,或以某种方式行动;可以通过解释,使来访学生从一个全新、全面的角度面对自己的问题,重新认识自己及周围的环境,从而提高认识能力,促进其人格的完善和问题的解决。

(三) 巩固和结束阶段

经过前两阶段咨询双方的共同努力,基本达到既定的咨询目标后,即进入心理咨询的巩固与结束阶段。这一阶段心理咨询的工作主要是巩固效果和追踪调查。

1. 巩固效果

咨询教师向来访学生指出其已经取得的成绩与进步,说明已基本达到既定的咨询目标。然后和来访学生共同就其心理问题和咨询过程进行回顾总结。重新审视来访学生心理问题的前因后果,以及据此确定的咨询目标、咨询方法、咨询过程中出现的问题和进展等,对前两个阶段进行总结。最后指导来访学生巩固已有的进步,将获得的经验运用到日常生活中去,并逐步稳定、内化为来访学生的观念、行为方式和能力,使之能独立有效地适应环境。

2. 追踪调查

为了了解来访学生能否运用获得的经验适应环境,进而最终了解整个咨询过程是否成功,咨询教师必须对来访学生进行追踪调查。追踪调查应在咨询基本结束后的数月至一年间进行。

第四节　心理知识拓展

一、电影"心"赏——《心理游戏》

尼古拉斯·万·奥托继承父业成为某一企业集团的总裁,父亲在自己小的时候跳楼自杀身亡,他也一直活在自杀的阴影下。在48岁生日这天,他忽然接到久未谋面的弟弟康拉德所赠送的"消费者娱乐服务中心"(简称CRS)的会员卡作为生日礼物。CRS的负责人吉姆·范戈德热情接待了尼古拉斯,并告知他将成为一场"游戏"的参与者。一连串的怪事接连发生在尼古拉斯的周围:穿着考究的他莫名其妙地被墨水弄脏了衬衫;与下属发生冲突却无法行使自己的权力;在高级餐厅进餐,女侍两次将酒打翻在其身上。在此后的"游戏"中,尼古拉斯不仅与弟弟反目,更是多次受到了财产和生命的威胁。他决心要搞清CRS的真相,夺回自己的财产,通过不断的努力,他最终准备和父亲一样,选择跳楼身亡。结果却发现这一切都是弟弟和CRS帮助自己摆脱自杀阴影而设计的一系列游戏。

图1.4　电影《心理游戏》

二、心理训练营

1. 两人一组自我介绍

目的:初步相识

时间:约10分钟

准备:纸和笔;足够的空间;可以挪动的椅子如折叠椅。

操作:指导者先让团体成员在房间里自由漫步,见到其他成员,微笑着握握手。给一定的时间让成员自然相遇,鼓励成员尽可能地与其他人握手。当指导者说"停"每个成员面对或正在握手的人就成了朋友,两人一组,席地而坐,或拿折叠椅面对面坐下。指导者发给每人一张纸,写下自己的姓名,所属系、班级、宿舍,分别画下三项自己喜欢的和不喜欢的东西或事。每人3分钟自我介绍,然后漫谈几分钟。当对方自我介绍时,倾听者要全身心地投入,通过语言与非语言的观察,尽可能多地了解对方。

2. 四人一组他者介绍

目的:扩大交往圈子,拓展相识面

时间:约10分钟

操作:刚才自我介绍的两个组合并,形成4人一组,每位成员将自己刚才认识的朋友介绍向另外两位新朋友介绍,每人2～3分钟。

3. 八人组自我介绍

目的:进一步扩大交往范围,引发个人参与团体的兴趣

时间:约8～10分钟

操作:两个4人小组合并,8人围圈而坐。从其中一个人开始,每人用一句话介绍自己。一句话中必须包含三个内容:姓名、所属、自己与众不同的特征。规则是:当第1个人说完后,第2个人(左边)必须从第1个人开始讲起,第3个人一直到第8个人都必须从第1个人开始讲起,即:

A:我是来自◎◎学校,性格◎◎的◎◎。

B:我是来自◎◎学校,性格◎◎的◎◎左边的来自◎◎学校,喜欢◎◎的◎◎。

C:我是来自◎◎学校,性格◎◎的◎◎左边的来自◎◎学校,喜欢◎◎的◎◎左边的来自□□学校□□的□□。

第二章　了解自我,悦纳自我

> 人的一生很短暂,生命很脆弱,我们还需要不断地克服困难,完善自己,绝不能放弃努力寻求生命的意义。
>
> ——阿德勒

案例导入

曾经有这样一个实验,请被试用尽可能详细的语言描述自己,擅长绘画的专家在看不见描述人的情况下,为其画肖像画。然后再请被试推荐的一个认为比较了解自己的人描述自己,绘画专家仅仅根据描述画出另一幅肖像画。结果将两幅肖像画进行对比,差距非常明显。被试一般都是以描述自己的缺点为主,所以肖像画也比较难看,但是了解被试的人会用积极客观的语言描述,最后的肖像画也更加美观。被试看到两幅画的对比,表示觉得很不可思议,自己在镜子中看了千万遍的缺点,例如眼角那颗难看的痣,被朋友描述为"美人痣,让眼睛看起来更有精神和灵气"。

案例分析

德国作家约翰·保罗曾说:"一个人真正伟大之处,就在于他能够认识自己。"人们对自己的认识,很多时候是带有个人感情色彩的,其中有人出现估计偏差,产生自卑或自负。自负让人自大,忽视自己的缺点,自卑却阻碍人们感受幸福。毕淑敏在《破解幸福密码》一书中介绍,幸福有一个敌人叫自卑,因为自卑者主要的误区,在于认为自己不配享有真正的幸福。正确的自我意识是自我成长的标志,那么如何认识自我呢?

第一节　自我意识概述

一、自我意识的内涵

早在古希腊时期,先贤苏格拉底提出了"认识你自己"的口号,这标志着人类自我意识的觉醒,开始将目光从神的光彩转向人类自身。人类对自我意识的真正研究始于文艺复兴运动,人文主义者针对中世纪神学对人性的扼杀、对个性自我的否定进行了尖锐的批判,并喊出了"我是凡人,我有凡人的要求"的人性解放之声。此后,法国哲学家笛卡儿最先使用了"自我意识"这一概念,提出了"用心灵的眼睛去注意自身"的精辟论断,揭示了对自我意识的发现途径。笛卡儿之后,有关自我的研究开始得到空前的发展。

自我意识是个体对自己的身心状况以及自己与别人和周围世界关系的认识,它是人格结构的核心部分。它是一个具有多维度、多层次的复杂心理系统,包含认知、情感、意志等多种心理机能,具有目的性、能动性、社会性等特点,对个性的形成和发展起着调节、监督、矫正的作用。

二、自我意识的发展

人的自我意识并不是生来就有的,而是个体在生活环境中通过个体与客体的相互作用逐渐形成与发展,并随着语言和思维的发展而发展,它有一个萌芽、发生和发展的过程。

(一)自我意识萌芽时期(0—3岁 生理自我形成发展期)

新生儿刚出生时没有自我意识,他们处在一种混沌状态,只有一些简单片段的感觉、动作和本能的反射,因而和一般小动物没有多大区别,他们认识不到自己的存在。婴儿在以后的生活中,由于不断与外界事物接触,身体器官、神经系统随之不断发展、完善。

1岁左右儿童开始能把自己的动作和动作对象区别开来,初步意识到自己是动作的主体。例如,当他手里抓着玩具的时候,他不再把玩具当作自己身体的一部分了,咬自己的手和脚时能感觉到和咬其他东西不一样。这样儿童生理的自我就形成了。

1岁半左右的儿童,从成人那里学会使用自己的名字,表明他们能把自己和别人相区别。2岁以后,儿童逐渐学会用代词"我"来代表自己,从把自己当作客体转化为把自己当作一个主体的人来认识。由此实现了自我意识发展的一次飞跃,而掌握"我"字是自我意识萌芽的主要标志。例如小孩子在一起玩玩具,妈妈问孩子:"你拿的是谁的玩具?"孩子会回答:"我的玩具。"而不会说成你的玩具。对儿童而言掌握人称代词比掌握名词困难得多,他要完成人称代词运用中的内部转换,没有对自我与他人、自我与他物的一定的区别和把握,是不可能的。3岁左右的儿童,自我意识有了新的发展,开始出现羞愧感与疑虑感,出现了占有欲和嫉妒感。"我"的使用频率提高并开始有了自我独立的要求。

这一时期的儿童表现出来的行为是一种自我为中心的行为,认为世界以他为中心,外部世界因他而存在,因而也被称为"自我中心期"。这个时期的儿童还没有关于自己内心的意识,不会像成人一样进行深入的思考。

心灵便利贴

什么时候我们知道镜子中的那个人是自己?

个体在早期是不具备自我意识的,也就是说,个体在早期无法区别自己与外界的事物。

最直观的证据就是婴儿会把自己身体的某个部位当作玩具，经常抱着自己的小脚吮吸脚趾。阿姆斯特丹(B. Amsterdam)的运用点红实验证明什么时候婴儿能识别镜中的人是不是自己。实验大致流程为：

被试是 88 名 3—24 个月大小的婴儿。实验开始，在婴儿毫无察觉的情况下，主试在其鼻子上涂一个无刺激红点，然后观察婴儿照镜子时的反应。研究者假设，如果婴儿在镜子里能立即发现自己鼻子上的红点，并用手去摸它或试图抹掉，表明婴儿已能区分自己的形象和加在自己形象上的东西，这种行为可作为自我认识出现的标志。

图 2.1 点红实验

阿姆斯特丹对研究结果经过总结得出，婴儿对自我形象的认识要经历三个发展阶段。第一个是游戏伙伴阶段：6—10 个月。此阶段婴儿对镜中的自我映像很感兴趣，但认不出他自己。第二个是退缩阶段：13—20 个月。此时婴儿特别注意镜子里的映像与镜子外的东西的对应关系，对镜中映像的动作伴随自己的动作更是显得好奇，但似乎不愿与"他"交往。第三个是自我意识出现阶段：20—24 个月。这是婴儿在有无自我意识问题上的质的飞跃阶段，这时婴儿能明确意识到自己鼻子上的红点并立刻用手去摸。

(二) 自我意识形成时期(3 岁—青年初期　社会自我形成发展期)

从 3 岁至青春期，是个体接受社会文化、学习社会角色的主要时期。儿童在家庭、幼儿园、学校中游戏、学习、劳动，通过模仿、认同、练习等方式，逐步形成各种角色观念，如性别角色、家庭角色、伙伴角色、学生角色等。

幼儿期，自我意识的特点是完全依照成人的影响来认同自己、他人以及自己与他人的关系，几乎是从他人那里获得"肤浅"的自我评价与自我认识。没有困惑、烦恼与忧愁，单纯而快乐。

童年期，自我意识的特点是模糊，不大自觉、被动的心理活动，对自己的内心世界没有多少认识，如果问"你是一个什么样的人？"许多小朋友会回答不上来，没有想过。即使回答，也往往是对自己一些外部特点的描述，如"我是一个爱画画的人""守纪律的人"等，或是转述教师、家长或其他人对他的评价。

少年期，自我意识的发展有了质的变化，独立性、自觉性、自律性都有了迅速发展，并能够深入自己的内心世界，意识到自己的个性品质，但水平还比较肤浅，不够清晰全面。他们开始对周围人们的精神世界、个性品质等感兴趣，开始关注周围人的内心体验、动机、想法、个性特点等。但这时自我意识水平还不高，对自己的内心世界了解也不深。加之生理发育的加快，面对的压力增加，心理矛盾也开始变得日益突出。

青年初期，是自我意识发展的关键时期，其间自我意识经过分化、整合而接近成熟，从而逐渐清晰地认识到自己的内心活动，全面认识到自己的心理品质，正确地感知到自己的社会角色并能主动地根据社会要求认识和发展自己。自我意识的显著特征是把原来主要朝向外部的认识活动,转向自己的内心世界,探索自己的内心活动。

(三)自我意识的发展时期(心理自我形成发展期 青年初期—青年中期)

从青春发育期到青春后期大约10年时间,是心理自我的发展时期,自我观念渐趋成熟。青春期个人无论在生理、认识或情绪等方面,都有很大变化,如性的成熟、逻辑思维和想象力的发展、感受性的敏感,都是造成自我意识发展的基础。由于自我意识的发展,到了青春期,青年要求独立、自治的意识强烈,更想摆脱成年人的影响束缚。

一般来讲,青年自我意识的发展,经历着一个特别明显的、典型的分化、矛盾和统一的过程。自我明显的分化,意味着自我矛盾冲突的加剧,即主体我与客体我的矛盾斗争,理想的我与现实的我矛盾斗争的加剧。两个我不能统一,自我形象便不能确立,自我概念也不能形成。于是青年表现出明显的内心冲突,甚至有一定的内心痛苦和激烈的不安感。他们对自我的评价常常是矛盾的,对自我的态度常常是波动的,对自我的控制常常是不自觉、不果断的。

(四)自我意识完善时期(自我意识同一期 青年中期—终身)

如果说青春期自我意识是迅速发展并趋向成熟的阶段,那么青年期之后个体的自我意识则是完善和提高阶段。即主体我与客体我、理想我与现实我经过激烈的矛盾和斗争,重新实现统一的时期。这种统一是在新的水平与方向上的协调一致,使现实我努力符合理想我的要求。当然,矛盾斗争的同一结果有两种可能性,积极的结果是形成新的真实的自我统一,使人增强自信,努力奋斗,有利于自身发展;消极的结果是形成歪曲的自我统一,或自卑,或自负,影响自身的成长和发展。

三、自我意识的结构

(一)从形式上看,自我意识表现为自我认识、自我体验和自我控制

根据心理过程知、情、意三方面来分析,自我意识可分为自我认识、自我体验和自我调节。这三种心理成分,相互联系,相互制约,统一于个体的自我意识之中。

从认识形式看,它表现为自我感觉、自我观察、自我分析和自我批评等,统称为"自我认识";从情绪形式看,它表现为自我感受、自爱、自尊、自卑、责任感、义务感和优越感等,统称为"自我体验";从意志形式看,它表现为自立、自主、自制、自强、自卫、自律等,统称为"自我控制"。

1. 自我认识

自我认识主要解决"我是一个什么样的人"的问题,是自我意识的认知成分,也是首要成分,是自我调节控制的心理基础。它包括自我感觉、自我概念、自我观察、自我分析和自我评价。自我评价是自我认识的核心,最能代表自我认识的水平,是对自我外表、能力、行为等方面社会价值的评估。

2. 自我体验

自我体验主要涉及"对自己是否满意""能否悦纳自己"这类问题,是自我意识的情感成

分。自尊心、自信心是自我体验的具体内容。自尊心是指个体在社会比较过程中所获得的有关自我价值的积极的评价与体验。自信是对自己的能力是否适合所承担的任务而产生的自我体验。自信与自尊心都是和自我评价紧密联系在一起的。

3. 自我调控

自我调控则要解决"如何有效地调控自己""如何改变现状,使自己成为一个理想的人"之类的问题,是自我意识的意志成分。自我调控主要表现为个人对自己的行为、活动和态度的调控。它包括自我检查、自我监督、自我控制等。自我检查是主体在头脑中将自己的活动结果与活动目的加以比较、对照的过程。自我监督是一个人以其良心或内在的行为准则对自己的言行实行监督的过程。自我控制是主体对自身心理与行为的主动的掌握。自我调控是自我意识中直接作用于个体行为的环节,它是一个人自我教育、自我发展的重要机制,自我调节的实现是自我意识的能动性质的表现。自我意识的调节作用表现为:启动或制止行为、心理活动的转移、心理过程的加速或减速、积极性的加强或减弱、动机的协调、根据所拟订的计划监督检查行动、动作的协调一致等。

(二) 从内容上看,自我意识分为生理自我、心理自我和社会自我

1. 生理自我

生理自我是个体对自己生理属性的意识,包括对自己的身体、外貌、体能等方面的意识,如身高、体重、长相、占有感、支配感、爱护感等。

2. 心理自我

心理自我是个体对自己的心理属性的意识,它包括个体对自己的人格特性、心理状态、心理过程等方面的意识。

3. 社会自我

社会自我是个体对自己的社会属性的意识,包括对自己在各种社会关系中角色、地位、权力、人际距离等方面的意识。

(三) 从自我观念上看,自我意识分为现实自我、投射自我和理想自我

1. 现实自我

现实自我是个体从自己的立场出发对现实的我的看法,即个体对现实的自我观察、分析、思考和评价后的认识。

2. 投射自我

投射自我是个体想象中他人对自己的看法,也叫他人自我。例如,想象自己在他人心目中会形成什么样的形象,想象他人对自己的评价如何以及由此而产生的自我感。当然他人自我与现实自我之间往往是有距离的。当这种距离不断加大时,个体便会感到自己不被别人所了解。

3. 理想自我

理想自我是个体从自己的立场出发对将来的我的希望,即对理想中的自我的认识,它是

个体想要努力达到的完善形象,是自己追求的目标,其中涉及的根本问题是"我想成为一个什么样的人""我应该是怎样的一个人"。理想自我与现实自我不一定是一致的。理想并非现实,但理想自我对个体的认识、情绪甚至行为的影响都很大,能成为个体行为的动力。

心灵便利贴

自我现实化

人如何能够达到"自知之明""自我完善",心理学上叫"自我现实化"。自我现实化由精神分析心理学家荣格提出,是指一个人内心深处的、独特的自我得到了实现,成为真实的自己。实质上也就是人的自我得到了现实化,因此将其称为达到了"自我现实化"。

要达到自我现实化的境界,需要有两个前提:一方面,对自我要有一个客观认识,包括自己的优点、缺点、特点等。为了努力达到自我现实化,必须大胆地、开放地、毫无保留地面对无意识,将无意识的声音带给意识,允许无意识展示出自己真实的自我;另一方面,自我现实化的达到还有赖于其他人格因素的发展。它包括人格面具、阴影、阿尼玛和阿尼姆斯的变化。例如人格面具的解除,承认所戴的公开面具不可能代表真实本性,认识到阴影的各种力量,理解和接受人的本性中的阴暗面,但却不屈服于它们或被它们所主宰,本性中的阿尼玛和阿尼姆斯两方面都得到表达并取得平衡等。自我现实化是一个艰巨的和长期的任务,它对于绝大多数人来说是一个需要长期努力但却很少达成的目标。

自我现实化的人的第一个特点:自我现实化的人已经达到了很高程度的自知,他们在意识和无意识水平上都认识自己。自我现实化的人的第二个特点:在自知之后,便是对自我的认可。自我现实化的人接受他们的自我探索阶段显露给他们的东西。他们接受他们自己的本性——它的强和弱,圣洁的一面和丑恶的一面。他们可能会在不同的场合戴着不同的面具,那只是为了图方便。自我现实化的人知道他们在扮演角色,但他们并不将这些角色与他们的真实自我混同起来。自我现实化的人的第三个特点:自我整合,即人格的所有方面,包括无意识与意识等都被整合起来并且和谐化,以便所有方面都能得到表达——相对立的性别特征,先前不占主导地位的心理类型等。这种人格各部分的整合和表达是心理健康的很重要的一部分,因此自我现实化的人的第四个特征便是自我表达。

因此,"自我现实化"是指对人类本性的接受和容忍。因为达到自我现实化的人,既对集体无意识开放,又对人类状况有很强的意识力和容忍力,从而也对他人的行为具有敏锐的洞察力。

第二节 大学生自我意识发展的特点

一、大学生自我意识发展的规律

大学生的自我意识从整体上说,其发展水平是较高的,已经经历了青年早期的急剧发展变化而进入趋于相对稳定的阶段。但大学生自我意识的形成、发展并不是一蹴而就的,一般都要经历一个由强到弱、由激烈到平稳、由典型到不典型的自我分化——矛盾——统一,再分化——矛盾——统一的过程。这样大学生才能从幼稚走向成熟,形成成熟、稳定的自我意识。

(一) 自我意识的分化

青年期自我意识的发展是从明显的自我分化开始的,它是自我意识走向成熟的标志。打破了原来笼统的"我",出现了主观的我(I)和客观的我(Me),开始意识到自己不曾注意的许多"我"的细节。"理想我"和"现实我"分化,这种分化使大学生主动迅速地关注自己的内心世界和行为,带来了种种激动和不安、焦虑和喜悦,自我沉思增多,要求有属于自己的空间,渴望被理解、被关怀。

(二) 自我意识的矛盾

自我分化带来了主体我与客体我的矛盾斗争,理想我和现实我的矛盾加剧,如主观我与客观我的矛盾、理想与现实的矛盾、独立心理与依附心理的矛盾、交往需要和自我闭锁的矛盾,上进与消沉的矛盾等冲突现象,会有很大的内心痛苦和激烈的不安感,对自我的控制常常是不果断的,出现了很大的适应困难,但这是个体迈向成熟的必需的一步,是必要的,必然的。

(三) 自我意识的统一

自我意识的矛盾会让大学生感到不安、焦虑甚至痛苦,所以大学生总是力求摆脱这种矛盾状态,力图使自我意识再度统一起来,主要表现在"主观我"和"客观我"的统一,"理想我"与"现实我"的统一,也表现在自我认识、自我体验、自我控制的和谐统一。

由于个人的社会背景、生活经验、智力水平、追求目标不同,大学生自我意识分化、矛盾、统一的途径不同,最后达到的统一结果和类型也不同。一般来说,主要有以下几种结果或类型。

1. 积极的统一:自我肯定

其特点表现为对"现实我"的认识比较清晰、客观、全面、深刻,正确的"理想我"占优势,"理想我"的确立比较正确、积极、现实,既符合社会要求也符合自己的实际,是经过努力可以达到的。在实现"理想我"的过程中,善于总结经验教训,进行积极调节。统一后的自我完整而有力,既有助于自身成长,又适应社会发展的需要。这一类型在大学生中占绝大多数。

2. 消极的统一:自我否定与自我扩张

它们的共同特点是对自我评估不正确,理想自我不健全,缺乏实现理想自我的手段,形成后的自我虚弱而不完整,是一种不健康的统一。在大学生中,自我否定、自我扩张的人只占极少数。

自我否定的大学生对"现实我"的评价过低,"理想我"与"现实我"的差距过大,心理上常处于一种消极防卫状态。缺乏自我驾驭能力,缺乏自信,不能肯定自己的价值,拒绝自己,与自己为敌。他们不是通过积极地改变"现实我"去实现"理想我",而是在一定程度上放弃"理想我",趋同"现实我",以求得自我意识的统一,结果使自己更为自卑。

自我扩张的大学生对"现实我"估计过高,虚假的"理想我"占优势,"理想我"与"现实我"的统一是虚假的。这种类型的人常以幻想的我、理想的我替代真实的我,在自吹自擂、虚幻中度日,带有白日梦的特点。在自不量力的情况下,个人所追求的学业、事业、友谊和爱情都因为自己的主观条件差于客观事实,因而失败的概率比较大。这类人容易产生心理变态行为,严重者可能导致反社会行为,用违法犯罪的手段来谋求自我意识的统一。

3. 难以统一:自我矛盾与自我萎缩

由于"理想我"和"现实我"无法协调,因而自我意识难以达到统一。其发展的结果有两种:自我矛盾型和自我萎缩型。这两种类型的人在大学中只占极少数。

自我矛盾型的大学生对自己所作所为缺乏"我是我"的综合感觉,而产生"我非我""我不知我"的分离倾向,内心矛盾的强度大,延续的时间长,自我认识、自我体验、自我控制缺乏稳定性和确定性,新的自我久久不能确立,积极的自我难以产生,自我意识无法统一。

自我萎缩型的大学生理想自我极度缺乏或丧失,对现实自我又深感不满,自卑心理非常严重,从而导致自我拒绝的心理,从对自己不满开始到自轻、自怨、自恨、自弃,以至于向更严重的心理和行为发展。

总之,大学生的自我意识由分化到统一这个过程不是绝对的,具体到每一个大学生,由于其身心发展的水平、经历的不同,自我分化的早晚、特点,矛盾斗争的水平、倾向不同,统一的早晚、模式也不同。此外,自我意识的发展是终身的,并不是说自我意识在青年这个阶段分化、矛盾、统一,就意味着不再发展,只是在青年期以后它的发展不再像青年期那样突出,比较稳定和平稳罢了。所以,人的自我意识的发展永远遵循分化——统一——再分化——再统一的规律。

心理测验

自我同一性

自我同一性定义:指个体在自我的发展过程中,对于我们自己的兴趣、爱好、理想、价值观等多个方面是否经过了自己的思考和探索,并且无论是过去的自己,现在的自己和将来的自己都达到了和谐一致。自我同一性的形成是持续一生的过程,在青年期占有重要的地位。

题目:(请对以下的题目同您的情况进行对照,并如实回答。"1"代表完全不是;"2"代表相当不是;"3"代表大体不是;"4"代表大体是;"5"代表相当是;"6"代表完全是。)

1. 我正在为实现自己的目标而努力
2. 我没有特别热衷的事情
3. 我知道自己是怎样的人,自己的希望与追求
4. 我没有"想干什么"的确切的想法
5. 我至今没有自主地对有关自己的事做出过重大决断
6. 我曾认真深思过、苦虑过自己是怎样的人,该做些什么
7. 我不曾对按父母或周围的人所期待的生活方式做事感到有什么疑问

8. 我以前曾对自己持有的人生观失去过自信
9. 我正在努力探求我所能投身的事情
10. 对应不同的情况,就是怎样我都无所谓
11. 对自己是什么样的人,能干些什么,我正在比较几种可能的选择并认真地考虑这些事情
12. 我不认为自己这一生能做什么有意义的事

计算分数:

N=(1)−(2)+(3)−(4)+14="现在的自我投入";
P=(8)−(7)+(6)−(5)+14="过去的危机";
F=(9)−(10)+(11)−(12)+14="将来投入的愿望"。

分数区间:

N>=20&P>=20　　　　　　自我同一性形成
N>=20&19=>P>=15　　　A—F 中间地位
N>=20&14=>P　　　　　　权威接纳地位(F)
N<=19&F>=20　　　　　　延缓地位(M)
N<=12&F<=14　　　　　　D—M 中间地位
其余的　　　　　　　　　　自我同一性扩散地位

	现在的自我投入	过去的危机	将来投入的愿望
同一性形成(A)	高	高	
权威接纳地位(F)	高	低	
A—F 中间地位	高	中	
同一性扩散地位(D)	低		低
延缓地位(M)	低		高
D—M 中间地位	中		中

同一性形成地位的青少年:他们努力寻求最符合自身的前进方向和价值观,经过积极的自我投入和各种不懈努力,体验着各种程度的危机;

权威接纳地位的青少年:他们没有经历过各种危机,缺少探索。他们选定的目标和方向不是经过自己再三考虑后自己做出的决定而是为了迎合父母或社会理念等;

A—F 中间地位:他们处于同一性形成和权威接纳地位中间;

同一性扩散地位的青少年:未做出什么决定,无所向往的人;

延缓地位的青少年:对将来充满希望,还在探索的青少年;

D—M 中间地位:他们处于同一性扩散和延缓地位中间。

二、大学生自我意识偏差

大学生在自我意识发展的过程中,由于生理发展和心理发展不同步,再加之社会、环境

等因素影响,很容易使得其在自我意识发展方面存在偏差。需要指出的是,大学生在自我意识发展过程中出现的种种偏差或缺陷,是其心理发展尚未成熟的表现,是正常和普遍的。但同时必须加以调整,因为只有这样才能促使大学生自我意识的统一,促进他们心理的发展和成熟,从而走向成功。

(一) 自卑与自负

自卑是指个体自我评价过低、自愧无能而丧失自信,并伴有自怨自艾、悲观失望等情绪体验的消极心理倾向。有自卑心理的大学生常常对自己的能力、水平做出过低的评价,把目光总盯着自己的缺点、不足和失误,夸大自己的短处,而对自己的长处认识不足,对人生的看法悲观、意志消沉、对生活的热情不高。大学生自卑的主要表现有:言语和行为迟滞、对批评敏感、对奉承反应过度、逃避集体、轻视他人、矫饰优越等。

自负是一种自我膨胀即过度自信。大学生虽然有强烈的自尊心、好胜、好强、不甘落后,但如果不把握好"度"的问题,就会"物极必反"。过强的自尊和自信就和骄傲、自大、自我膨胀、过度的自我接纳等联系在一起了,他们缺乏自我批评,而且不允许别人批评,唯我独尊,自我中心,盛气凌人。这种人缺乏自知之明,总认为自己对而别人错,把自己的意志强加在别人身上,不能与人和睦相处,容易失败也容易受伤。

(二) 独立与逆反

独立意识,也叫独立感,是指个体力图摆脱监督和管教的一种自我意识倾向。大学生在生理发育上已完全具备了成人的特点,心理成熟和社会成熟也已达到较高的水平。通过对自我的认识、体验和控制、调节,他们的心目中已逐渐确立一个新的自我——成人式的自我,成人感特别强烈。但是有时他们也会矫枉过正,表现出过分的独立倾向。独立意识并不是独来独往,不顾社会规范我行我素。很多大学生把独立理解成"万事不求人",不需要别人的帮助。其结果是在现实生活中遇到困苦挫折,只能自吞苦果,活得沉重。一个真正成熟的个体的独立是指在感情上、行为上能对自己负全部的责任,但不排除接受他人的帮助。

逆反心理也是大学生自我意识发展过程中的一种产物,其实质是为了寻求独立、寻求自我肯定,为了保护新发现的、正在逐渐形成的,但还比较脆弱的自我,为了抵抗和排除在他们看来压抑自己的那种外在力量的一种要求。逆反心理有两面性:一方面表明青年大学生的反抗精神和独立意识;但另一方面,一些人不能确切把握反抗,表现出过分的逆反心理,不区分正确与错误、精华与糟粕,一概排斥,理性分析少,情绪成分大,目的只是为了反抗而反抗,逆反的对象多是家长、老师和社会宣传的观念和典型人物等外界权威,其结果是阻碍了他们学习新的或正确的经验,不利于其健康成长。

(三) 自我中心与从众

大学生自我中心主要指大学生在与他人或社会的关系上往往只从自我立场出发,而不能从他人或社会位置去思考问题或处理问题的认知方式。自我中心不利于大学生的人际交往,也不利于个人心理的健康成长。自我中心的人总是将自己的意志强加到别人的头上,认为别人都应该和他有一致的看法或意见。同时,他们也不愿意改变自己的态度,即使明知自己错了也不愿改正。自我中心的人很难与别人和平共处,他们的人际关系总是处于紧张状态。自我中心会使别人对其敬而远之,使自己处于自我封闭和自我隔离状态中。长此以往,它将导致一个人形成自卑、孤独、退缩等其他种种心理问题。

案例分析

与自我中心相反,有些大学生有过强的从众心理。从众心理,人皆有之,特别是青年的大学生需要群体的认可,从众是取得别人认可的一种方式。但是,从众心理过强,则会缺乏独立意向,懒于思考,常常表现出随大流、人云亦云。长此以往只会阻碍自主性和创造意识的发展。

"阴影"下的晓晶

晓晶从一个偏僻的县城考入一所重点大学,成为远近皆知的"状元"。但是,她出生在一个贫困的家庭,家里还有一个哥哥和一个弟弟。哥哥已经结婚生子,但是日子过得也是捉襟见肘;弟弟也在上学,家里负担太重,所以家人并不支持她上学。但是晓晶凭借自己顽强的意志,通过勤工俭学完成了高中的学业并考入重点大学。虽然上了大学,但是晓晶并没有感到轻松,因为上大学的钱还是家里咬着牙借的。

入学后,晓晶发现大学生活除了经济上的窘迫外,还有自卑与茫然。室友们不仅学习成绩好,而且视野也很开阔,经常谈论名牌服装、化妆品,这让孤陋寡闻的晓晶感觉自己像是"天外来客",在这些室友面前很自卑。

晓晶把所有的时间都用来学习或是做家教,不仅减轻了家里的负担,并在考试中取得了好成绩,但是晓晶依然觉得自己不如别人。室友甲很漂亮,总有男孩子追求,而自己没有别人青睐;室友乙,很会打扮自己,而自己即便是穿上新衣服也显得土里土气;室友丙,英语口语非常好,而自己笨嘴笨舌,在口语课上都不敢和外教说话……室友们的生活丰富多彩,而自己的生活只有枯燥的课本和打工的劳碌。

为了改变现状,晓晶开始节约伙食开支,省下钱去购买漂亮衣服、价格不菲的化妆品和电子产品,甚至在网上结交了男朋友,以获得同学的羡慕与"尊重"。但是这样的"付出"并没有得到预期的效果,反而让同学感到朴实无华的晓晶变得越来越没有自我,而晓晶也因为长期节食,患上了严重的贫血,心情也越来越糟,常常头晕目眩,上课注意力难以集中,记忆力减退,学习成绩大滑坡。

像晓晶这样的学生在大学里并不少见,只是表达形式与程度不同而已。由于自我认识的偏差而导致自尊与自卑的矛盾体验,为了掩饰自己的自卑,常常拒绝帮助、语言尖刻、防御多疑,就其内心体验而言,是痛苦不堪的。外表的自尊无法欺骗自己真实的内心体验,他们在自卑与自尊的矛盾中挣扎,最后以偏颇的方式来解决问题,使自己越陷越深。就像晓晶偏颇地以为穿上几件漂亮衣服,玩上时尚的电子产品,有男孩子追求就能得到同学的尊重。事实上,她采取这些方法之前,同学们对他的评价还是不错的,是她的自我认识走入了误区,总是拿自己的劣势与别人的优势比较,导致了糟糕的结果。

> 心灵便利贴

如何走出自卑

在大学生活中，常常见到这样的同学，不敢大声说话，不苟言笑，总是独自一个人在某个小角落默默注视着他人；或者不愿意面对现实，夸大吹嘘自己，敏感、脆弱、易受伤、易攻击别人，看起来很厉害，实际上很在乎别人的看法。这其实都是自卑的表现，那么这样的同学如何摆脱自卑，走向自信？

自卑是一种消极的自我评价或自我意识，自卑感是个体对自己能力和品质评价偏低的一种消极情感。自卑感的产生，往往并非认识上的不同，而是感觉上的差异。其根源就是人们不喜欢用现实的标准或尺度来衡量自己，而相信或假定自己应该达到某种标准或尺度。如"我应该如此这般""我应该像某人一样"等。这种追求大多脱离实际，只会滋生更多的烦恼和自卑，使自己更加抑郁和自责。自卑是人生成功之大敌，下面这些途径和方法颇具操作性，有助于人们摆脱自卑，走向自信。

第一，要正确认识自己。有同学害怕自己的缺点会带来不能承受的后果，所以选择逃避或忽视，或者用自负或者高自尊掩盖缺点，或者躲开易暴露缺点的场景。但现实就像一面哈哈镜，越逃避的东西，越容易放大。因此，要有勇气面对自己的恐惧，不要娇宠自己，从而形成正确的自我认识。

第二，树立小目标，认可成绩，进行积极的心理暗示。在日常生活中，建立一个目标树，顶层是终极目标，分解到各个枝干，就是为了缩小自身现状与目标的差距而产生的各级小目标。这些小目标是高于现在状态，但通过努力能实现的。当取得小的成绩，实现了一个小目标的时候，要及时地鼓励自己。这样容易形成高的自我效能感，有动力继续努力。

第三，突出自己，挑前面的位子坐。坐在前面能建立信心。因为敢为人先，敢上人前，敢于将自己置于众目睽睽之下，就必须有足够的勇气和胆量。久之，这种行为就成了习惯，自卑也就在潜移默化中变为自信。另外，坐在显眼的位置，就会放大自己在领导及老师视野中的比例，增强反复出现的频率，起到强化自己的作用。把这当作一个规则试试看，从现在开始就尽量往前坐。虽然坐前面会比较显眼，但要记住，有关成功的一切都是显眼的。

第四，睁大眼睛，敢于正视别人。眼睛是心灵的窗口，一个人的眼神可以折射出性格，透露出情感，传递出微妙的信息。不敢正视别人，意味着自卑、胆怯、恐惧；躲避别人的眼神，则折射出阴暗、不坦荡心态。正视别人等于告诉对方："我是诚实的，光明正大的；我非常尊重你，喜欢你。"因此，正视别人，是积极心态的反映，是自信的象征，更是个人魅力的展示。

第五，昂首挺胸，快步行走。许多心理学家认为，人们行走的姿势、步伐与其心理状态有一定关系。懒散的姿势、缓慢的步伐是情绪低落的表现，是对自己、对工作以及对别人不愉快感受的反映。倘若仔细观察就会发现，身体的动作是心灵活动的结果。那些遭受过打击、被排斥的人，走路都拖拖拉拉，缺乏自信。反过来，通过改变行走的姿势与速度，有助于心境的调整。要表现出超凡的信心，走起路来应比一般人快。将走路速度加快，就仿佛告诉整个世界："我要到一个重要的地方，去做很重要的事情。"步伐轻快敏捷，身姿昂首挺胸，会给人带来明朗的心境，会使自卑逃遁，自信滋生。

第六,练习当众发言。在公众场合,沉默寡言的人都认为:"我的意见可能没有价值,如果说出来,别人可能会觉得很愚蠢,我最好什么也别说,而且,其他人可能都比我懂得多,我并不想让他们知道我是这么无知。"这些人常常会对自己许下渺茫的诺言:"等下一次再发言。"可是他们很清楚自己是无法实现这个诺言的。每次的沉默寡言,都是又中了一次缺乏信心的毒素,他会愈来愈丧失自信。从积极的角度来看,如果尽量发言,就会增加信心。不论是参加什么性质的会议,每次都要主动发言。有许多原本木讷或有口吃的人,都是通过练习当众讲话而变得自信起来的,如萧伯纳、田中角荣、德谟斯梯尼等。

第八,学会微笑。笑是一个人感情的交流,微笑是一种通用的世界语言。真正的笑不但能治疗自己的不良情绪,还能马上化解别人的敌对情绪。而且笑能给人自信,它是医治信心不足的良药。如果你真诚地向一个人展现微笑,他就会对你产生好感,这种好感足以使你充满自信。正如一首诗所说:"微笑是疲倦者的休息,沮丧者的白天,悲伤者的阳光,大自然的最佳营养。"所以,当你内心有恐惧的时候,不妨要求自己笑一笑。

第三节 大学生健康自我意识的培养

健康的自我意识是心理健康的重要标准,是人类自身存在的一种成功机制,在人的发展中发挥着重要的作用。正确的自我意识有利于我们的心理健康,有利于我们对自身行为进行适宜的调控,实现自己的义务和责任,走向全面发展与成功。那么,什么样的自我意识才是正确健康的呢?怎样培养正确的自我意识呢?

一、自我意识的健康标准

第一,自我意识健康的人有自知之明,既了解自己的优势,也明白自己的劣势,能正确评价自我和发展自我。第二,自我意识健康的人能够把自我认知、自我体验和自我控制协调一致。第三,自我意识健康的人能够积极地自我肯定、独立并与外界保持一致。第四,自我意识健康的人的理想自我和现实自我协调统一,有积极的目标意识和内省意识,积极进取。

二、健康自我意识的培养

(一) 正确认识与评价自我

认识自我是人类从古到今一个永恒的话题,正确地认识与评价自我是形成健全的自我意识的基础。古人云:"人贵有自知之明。"如果一个人能对自我有一个较全面、客观的认识和评价,就能扬长避短、取长补短、发展自己、完善自己。正确认识与评价自我通常有以下三种方法。

1. 比较法——从我与他人的关系认知自我

他人是反映自我的镜子,与他人交往,是个人获得自我认识的重要来源。我们先从家庭中的感情扩展到外面的友爱关系,进入社会又体验到人与人之间的利害关系。有自知之明的人能从这些关系中用心向别人学习,获得足够的经验,然后按照自己的需要去规划自己的前途。但是通过和他人比较认识自己应该注意比较的参照性。

第一,跟别人比较的是行动前的条件,还是行为后的结果?大学生进入大学学习,如果认为自己来自农村,条件不如别人,开始就置自己于次等地位,自然影响心态和情绪,而大学毕业后看行动后的成绩才有意义。

第二,跟人比较是看相对标准还是绝对标准?是可变的标准还是不可变的标准?经常有大学生认为自己不如他人。其实他们关注的可能是身材、家世等不能改变的条件,没有实际比较的意义。

第三,比较的对象是什么人?是与自己条件相类似的人,还是个人心目中的偶像或极不如己的人?所以,确立合理的参照体系和立足点对自我的认识尤为重要。

2. 经验法——从我与事的关系认识自我

从我与事的关系认识自我即从做事的经验中了解自己。一般人通过自己努力所取得的成果、成就及社会经验都是一种学习,不经一事,不长一智。成败得失,其经验的价值也因人而异。对聪明又善用智慧的人来说,成功或失败的经验都可以促他再成功,因为他们了解自己,有坚强的人格特征,善于学习,因而可以避免再蹈失败的覆辙;而对于某些自我比较脆弱的大学生,失败的经验更使其失败。这也是最常见的现象。因为他们不能从失败中学到教训,改变策略追求成功,而且挫败后形成怕败心理,不敢面对现实去应付困境或挑战,甚至失去许多良机;而对于有些自我狂大的人而言,成功反而可能成为失败之源。他们可能幸得成功便骄傲自大,以后做事便不自量力,往往遭失败的多;或成长过于顺利,而一旦失去"保护源",便一蹶不振,不能支撑起独立的自我。因此,一个大学生由成败经验中获得的自我意识也要细加分析和甄别。

3. 反省法——从我与己的关系中认识自我

古人曰:"吾日三省吾身。"从我与己关系中认识自我,看似容易实则困难。我们大概可以从以下几个"我"中去认识自己:

a. 自己眼中的我。个人实际观察到客观的我,包括身体、容貌、性别、年龄、职业、性格、气质、能力等。

b. 别人眼中的我。与别人交往时,由别人对你的态度、情感反映而觉察到的我。不同关系的人对自己的反应和评价不同,它是个人从多数人对自己的反应中归纳出的统觉。

c. 自己心中的我,也指自己对自己的期许,即理想我。我们还可以从实际的我、自觉别人眼中的我、自觉别人心中的我等多个我来全面认识自己。

(二)积极地悦纳自我

悦纳自我是发展形成正确自我意识的核心和关键。一个人首先应自我接纳,才能为他人所接纳。悦纳自我就是对自己的本来面目持肯定、认可的态度。要平静而理智地对待自己的长短优劣,要乐观开朗,以发展的眼光来看待自己;既不消极回避自身的现状,自欺欺人,更不以哀怨、自责甚至厌恶来否定自己。在自我悦纳的基础上,培养自信、自立、自强、自主的心理品质,从而发展自我、更新自我。

大学生怎样才能形成悦纳自我的积极态度呢？具体地说,积极悦纳自我可以从以下几个方面努力。

1. 从现在开始,无条件地完全接受自己

首先,以慷慨和诚实的态度至少举出10项自己的优点或自己喜欢自己的地方;然后,以诚实的态度列出不喜欢自己的地方,在可以改变的地方标上记号,对不喜欢却又无法改变的缺点,试着去接受它,对所有能改变的缺点,发誓去改变它;最后,相信自己是有价值的人,相信"天生我才必有用"。

2. 不过分追求完美,不苛求自己

过分追求完美、过分苛求自己,无异于心理上的作茧自缚,会窒息人的活力,使人心情压抑,行为退缩,失去许多展示自己的机会,最终损害人的自尊,导致自我拒绝。古人云:金无足赤,人无完人。正确的态度是承认自己的不完美,接受自己的全部缺点和优点,接纳真实的自我,在积极的心态中,最大限度地把自己的潜能化为现实。

3. 建立和巩固良好的自我感觉

找出最近(一年之内)一次或几次自己做过的比较成功的事情,用心体会成功的愉快心情,庆祝自己的胜利;及时了解自己各方面的发展、进步和成绩,肯定自己的能力;记录别人对你的积极评价和态度,增加自信;仔细回忆自己从前的经历,找出各方面比较出色的表现,肯定自己以前就已具备良好的素质。这样,就能把注意力集中在自己的优点和成功上,而不是集中在自己的缺点和失败上,有助于建立和巩固良好的自我感觉,悦纳自我。

4. 从错误和失败中吸取教训,但不被它们打垮,永远给自己机会

一个人不可能不犯错误,也不可能事事成功,可怕的不是错误和失败,可怕的是被错误和失败打垮。人应平静而又理智地看待自己的错误和失败,从中吸取教训,不因个别的错误和失败轻率地全盘否定自己,永远对自己有信心。

（三）有效地控制自我

自我控制是人主动、定向地改变自我的心理品质特征和行为的心理过程。有效地控制自我是健全自我意识、完善自我的根本途径。缺乏自我控制意识的人将是一个情绪化的、缺乏承受力的、一事无成的人。对自我的有效监督和控制,离不开意志的力量。只有意志健全的个体才会做到对自我的有效控制,从而最终实现理想的自我。因此,每个人都应从培养健全的意志品质做起,增强对挫折的承受力,提高自控能力,从而达到自我实现,使理想的自我和现实的自我统一。

对于大学生来说,要想有效地控制自我,应该做到:

1. 自觉进行自我监督

自我监督,一方面是根据"理想自我"的要求,考察"现实自我"的状况和"理想自我"的差

距;另一方面要自我反省,把"现实自我"的表现反馈到自我意识中去进行审查和分析,以做出自我完善的决策和指示。中国古代曾子曾说"吾日三省吾身",这就是一种自我监督活动。没有自我监督和反省,人就无从实现自我完善。

2. 建立合乎自身实际的目标

建立合乎自我实际情况的抱负水平,确立合适的理想自我。在充分了解自己的基础上对自己要求的目标符合自己的实际要求,符合自己的实际能力,不苛求自己,不被他人的要求左右。对大学生来说必须明确自己的期望是什么,以及这种期望的来源是来自自我的本身能力和需要,还是从满足他人的期望出发。只有明确这一点,才可能真正地认清自己,规划自己的发展方向,最终建立独立的自我。

面对现实,确定符合自己实际的奋斗目标,把远大的理想分解成一个个远近高低不同的子目标,由近及远、由低到高,循序渐进,逐步加以实现。关键使每个子目标都应适当、合理、经过努力可以达到,否则会丧失信心。

3. 培养坚强的意志

坚强的意志是自制力的支柱,具有坚强意志的人可以为实现最终目标自觉地控制自我,不急功近利,不为外界所诱惑。而意志薄弱的人,就好像失灵的闸门,对自己的言行不可能起调节和控制作用。

伟大导师列宁是一个自制力极强的人,他在自学大学课程时为自己安排了严格的时间表:每天早饭后自学各门功课,午饭后学习马克思主义理论,晚饭后适当休息一下再读书。他过去喜欢滑冰,但考虑到滑冰比较疲劳,使人想睡觉影响学习,就果断地不滑了;他本来喜欢下棋,一下起来就入了迷,后来感觉太浪费时间又毅然戒了下棋。滑冰、下棋都是一些小事,只是个人爱好,但是要控制这种爱好,没有毅然决然的果断性是办不到的。就像很多人都知道吸烟影响健康,但是一次次戒烟,都以失败而告终。所以,如果没有坚强的意志,连一些很小的事情都做不好,大事就更困难了。

4. 用理智战胜感情

对事物的认识越正确、越深刻,自制力就越强。古希腊数学家毕达哥拉斯说:"愤怒以愚蠢开始,以后悔告终。"所以对自己的言行失去控制,最根本原因就是对自己粗暴作风危害性缺乏深刻的认识,因而对自己的感情和言行失去了控制,造成了不良的影响和后果。

(四)不断地超越自我

健全自我的过程也是一个塑造自我、超越自我的过程。对于大学生而言,超越自我更是终身努力的目标。在行动上,无论对人对事,均全力以赴,使自己的能力得到最大限度的发挥。

完善自我、超越自我并不是一帆风顺的过程,它需要付出艰辛的努力和沉重的代价,也是一个"新我"形成的过程,是从"小我"走向"大我",从"昨天之我"向"今日之我""明日之我"迈进。珍惜已有的自我,追求更好、更高的自我,做到一个"自如的、独特的、最好的自我"。既注重自我又不固守自我,而是根据社会要求不断改造自我;既注重自我价值的实现又不仅仅局限与追求个人自我价值的实现,而是把自我价值实现的过程与为祖国现代化建设做贡献的过程统一起来,在为他人和社会的服务中实现真正的自我价值的过程。

超越是一种境界,更是一种过程。只有坚持正确的方向,本着科学的态度,投身于火热的社会实践中,辩证地看待社会,分析自我,把握自我,才有可能最终超越自我。

心理测验

自卑心理测试

测试说明:自卑感是一种激励因素,对个人和社会均有利,并能导致个性的改善。但是,沉重的自卑感会使人垮掉,使人心灰意冷,无所事事。我们可设法找到自己自卑感产生的原因,具体分析对待,并努力克服,就显得尤为重要了。下面这份"自卑心理诊断量表",有助于你了解自己是否存在明显的自卑感及造成自卑的主要根源。

指导语:本测验共15个问题,每个问题有A、B、C三种选择答案,请你在与自己情况较符合的答案上打"√"。

1. 你的身高与周围人相比如何?
   A. 较矮　　　　　　　B. 差不多　　　　　　　C. 较高
2. 早晨,照镜子后的第一个念头是什么?
   A. 再漂亮一点就好了　B. 想精心打扮一下　　　C. 别无他想,毫不在意
3. 看到最近拍的照片你有何想法?
   A. 不称心　　　　　　B. 拍得很好　　　　　　C. 还算可以
4. 如果有来世,下面三种选择中选哪类好?
   A. 做女人够受的,做男人好　　　　　　　　　B. 做男人太苦了,做女人好
   C. 什么都行,男女一样
5. 你是否想过五年或十年后会有什么使自己极为不安的事?
   A. 多次想过　　　　　B. 不曾想过　　　　　　C. 偶尔想过
6. 你受周围人们的欢迎和爱戴吗?
   A. 常有　　　　　　　B. 没有过　　　　　　　C. 偶尔有
7. 你被别人起过绰号、挖苦过吗?
   A. 常有　　　　　　　B. 没有过　　　　　　　C. 偶尔有
8. 老师批改过的试卷发下来了,同学要看怎么办?
   A. 把分数折起来让他们看不到　　　　　　　　B. 让他们看
   C. 将考卷全部藏起来
9. 体育运动后,有过自己"反正不行"的想法吗?
   A. 常有　　　　　　　B. 没有　　　　　　　　C. 偶尔有
10. 你有过在某件事上决不次于他人的自信吗?
    A. 有过一两次　　　　　　　　　　　　　　　B. 从来没有
    C. 在某些方面自己有这种自信,但对不是特殊之事并不介意
11. 如果你所喜欢的异性同学与他人更亲近,你怎么办?
    A. 灰心丧气,以后竭力避开那位异性

B. 跟那位同学公开或暗地里展开竞争

C. 毫不在乎,一如往常

12. 碰到寂寞或讨厌之事怎么办?

A. 陷入深深的烦恼中　　　　　　　　　B. 吃喝玩乐时就忘了

C. 向朋友或父母诉说

13. 当被别人称为"不知趣的人"或者"蠢东西"时,怎么办?

A. 我回敬他"笨蛋！没有教养！"　　　　B. 心中感到不好受而流泪

C. 不在乎

14. 如果碰巧听到友人正在说你所要好的同学的坏话,你怎么办?

A. 断然反驳:"根本没有那种事！"　　　B. 担心会不会真有那会事

C. 不管闲事,认为别人是别人,我是我

15. 不管怎样努力学习,如果你的主要功课都输给你的竞争对手,你怎么办?

A. 尽管如此还是继续努力挑战　　　　　B. 感到不行,只好认输

C. 从其他学科上竞争取胜

记分规则

把每题的得分加起来计算出总分,与下面的总分评价标准对照,看看自己是属于哪个类型的,再阅读有关四种自卑类型的说明。

记分规则参照表

题号	A	B	C
1	5	3	1
2	5	3	1
3	5	1	3
4	5	1	3
5	5	1	3
6	1	5	3
7	5	1	3
8	3	1	5
9	5	1	3
10	1	5	3
11	5	1	3
12	5	3	1
13	3	5	1
14	1	5	3
15	3	5	1

类型与得分对照表

Ⅰ	Ⅱ	Ⅲ	Ⅳ
15～29	30～44	45～60	61～75

类型Ⅰ　环境变化造成自卑

你平时没有自卑感,是个乐天派,并且往往很自信。你对自己的才能、外表、风度充满自信和骄傲,极少有自卑感。如果你抱有自卑感的话,那是环境起了变化的缘故,譬如你进了出类拔萃的人物相聚一堂的学校或其他场所而未能充分体现你个人的价值时,才能引起自卑。

类型Ⅱ　动机与期望过高引起自卑

你有过高的追求,有动机过强、期望过高的缺点。你不满足于现状,想出人头地,以至于去追求不切实际的目标。也可以说,你过分的计较得失胜负,追求虚荣,而无法实现时则往往陷入自卑,难以自拔。

类型Ⅲ　过早断定不行造成自卑

你在干事情前就贸然断定自己不行,自认为不如别人。这主要是你不了解周围人们的真实情况,不清楚使你焦虑的事情的本来面目。当你搞清楚后,会恍然大悟:"怎么竟是这么回事?"随之则坦然自如。你的自卑感主要是你的无知造成的,症结在于自认为不行就心灰意冷。

类型Ⅳ　情感怯懦造成自卑

用消极悲观的眼光看待事物,也与你的自卑有关。症结在于对自身的体魄和外貌缺乏自信,光是看到不足与不利之处,因而,遇事退缩胆怯。

第四节　心理知识拓展

一、电影"心"赏——《美丽心灵》

电影《美丽心灵》讲述的是天才约翰·纳什尔教授的传奇故事。纳什尔醉心于数学研究,他性格孤僻拒绝与别人相处,由于科研路上的挫折和情感世界的缺乏,他患上了精神分裂症,出现了一系列光怪陆离的幻觉,他生活在幻觉里而不自知。面对这种曾经击毁了很多人的精神疾病,纳什尔在爱妻艾莉西亚的帮助下,通过自己顽强的毅力,战胜了这个

图2.2　电影《美丽心灵》

不幸,他意识到自己身边不离不弃的才是真实,虽然幻觉依然存在,但纳什尔选择了拒绝,他意识到自己需要真实的生活,真实的朋友。纳什尔是幸运的,他不仅有一个挚爱他的妻子,还有一些愿意包容和接纳他的同事,最终纳什尔克服了精神分裂症的枷锁,获得了亲情、友情和诺贝尔经济学奖。

这是一部根据真实人物故事改编的影片,从影片中我们可以看到主人公纳什尔精彩曲折的人生,在他的人生中我们看到了他的爱妻艾莉西亚和他同事们的"美丽心灵",也看到了一个人怎样艰难地战胜自己精神分裂的奇迹,看到了人类内心的顽强与坚定,看到了"美丽心灵"的强大力量。

人生的路上难免遇到挫折和困惑,虽然我们无法完全控制环境来适应我们,但我们可以不断完善自我来适应环境,我们要理性地面对自己的人生,用我们坚韧和美丽的心灵面对生活赋予我们的一切。

二、心理训练营

20个我是谁

1. 请在下面完成20个"我是一个怎么样的人"的句子,要求尽量选择一些能反映个人风格与特性的描述。

(1) 我是一个＿＿＿＿＿＿＿＿＿＿
(2) 我是一个＿＿＿＿＿＿＿＿＿＿
(3) 我是一个＿＿＿＿＿＿＿＿＿＿
(4) 我是一个＿＿＿＿＿＿＿＿＿＿
(5) 我是一个＿＿＿＿＿＿＿＿＿＿
(6) 我是一个＿＿＿＿＿＿＿＿＿＿
(7) 我是一个＿＿＿＿＿＿＿＿＿＿
(8) 我是一个＿＿＿＿＿＿＿＿＿＿
(9) 我是一个＿＿＿＿＿＿＿＿＿＿
(10) 我是一个＿＿＿＿＿＿＿＿＿＿
(11) 我是一个＿＿＿＿＿＿＿＿＿＿
(12) 我是一个＿＿＿＿＿＿＿＿＿＿
(13) 我是一个＿＿＿＿＿＿＿＿＿＿
(14) 我是一个＿＿＿＿＿＿＿＿＿＿
(15) 我是一个＿＿＿＿＿＿＿＿＿＿
(16) 我是一个＿＿＿＿＿＿＿＿＿＿
(17) 我是一个＿＿＿＿＿＿＿＿＿＿
(18) 我是一个＿＿＿＿＿＿＿＿＿＿
(19) 我是一个＿＿＿＿＿＿＿＿＿＿

(20) 我是一个_____

2. 请评估你对自己的陈述是积极的还是消极的。

请对自我描述的每个句子做判断,在句子后面加上(＋)或(－)。(＋)表示:这句话表达了你对自己肯定、满意的态度。(－)表示:这句话表达了你对自己消极的、否定的态度。分别数一下有多少个条目,然后将两者相加。如果是正数说明你的自我接纳状态良好,相反如果是负数这说明你不能很好接纳自己,你的自尊程度较低,这时你需要内省一番,你是否过低评价自己?是什么原因使你不相信自己?如何去完善与改变呢?

3. 请将陈诉的20项内容做下列归类,然后总结你对自我认识中哪个方面是相对模糊和消极的呢?

(1) 生理自我(你的体貌特征,如年龄、身高、体型等)

编号:

(2) 心理自我(你的个性、能力、精神状态等)

编号:

(3) 社会自我(属于你的社会角色、人际关系等)

编号:

第三章　塑造人格，铸就美好

> 一个人如能让自己经常维持像孩子一般纯洁的心灵，用乐观的心情做事，用善良的心肠待人，光明坦白，他的人生一定比别人快了得多。
> ——罗曼·罗兰

案例导入

"一点就爆"坏脾气

王某，女，某高职院校大一学生。觉得自己性格不好，脾气暴躁，动不动爱发脾气。也不知道为什么，一遇到让自己生气的事，就很容易爆发出来，不管不顾地出一通气。这样往往伤了和气，弄得跟周围的同学关系搞得很僵。其实事后想想也为自己的行为感到后悔，但就是控制不住自己的脾气。为此觉得很烦恼，大伤脑筋，不知道该怎么办。

案例分析

这是一个咨询案例，咨询师细致了解了情况后，发现王某的气质类型属于胆汁质。容易暴躁，常感情用事。而王某的性格属于情绪型的性格，在为人处事中情绪反应敏感，爱冲动。王某之所以会形成这种暴脾气和她的遗传因素和生长的家庭环境有关。根据王某地自述，王某的爸爸和爷爷都是暴脾气，动不动就发火，当他们对王某大吼的时候，王某也不由自主地为自己大声辩驳。长此以往，王某也成了这种"一点就爆"的脾气。人的气质和性格是构成完整人格的重要因素，气质主要是受先天因素的影响，而性格是后天形成的。气质对性格的形成起着重要的影响作用，气质是性格形成的重要物质基础，性格对气质也有一定的影响作用，通过后天的积极努力，人的气质也能在一定程度上得到改变。所以大学生应该了解自己的气质特征，有针对性地培养和改变自己的性格，长善救失。

第一节　人格概述

有这样一个故事：一位老教授昔日培养的三个得意门生都事业有成：一个是官场上春风

得意;一个是商场上捷报频传;还有一个成了学术明星。有人问老教授,你认为他们三人,谁会更有出息,老教授说,现在还看不出来。人生的较量有三个层次,最低层次是技巧的较量,其次是智慧的较量,而最高层次的较量则是人格的较量。

人格素质是大学生综合素质的重要组成部分,综合素质的发展和提高,包含着人格素质的发展和提高,而人格素质的发展和提高对综合素质的发展和提高有着重要的促进作用。因此,寻找通向健全人格之路、塑造健全人格是大学生心理健康教育的重要目标之一。

一、人格的含义与特征

(一)人格的含义

"人格"一词,源于古希腊语,即舞台上演员戴的面具,不同的面具体现了角色的特点和人物性格。京剧——红脸代表忠义;白脸代表奸诈;黑脸代表刚强。心理学沿用其含义。常听人说,张三的人格卑鄙,李四的人格高尚,这是从伦理道德上给人以评价。在某种情境下有人气愤地说:"这是对我人格的污辱",在这里的"人格"又是属于法律范畴,说明有人侵犯了他的尊严和人权。

图 3.1 京剧脸谱

心理学所说的人格,是一种心理现象,亦称个性,它反映了一个人总的心理面貌,是相对稳定、具有独特倾向性的心理特征的总和,它是在长期的社会生活实践中形成、发展起来的。人格由气质、性格等诸多因素构成,诸因素的相互作用构成了一个人的人格。人格是人的心理行为的基础,它在很大程度上决定了人如何面对外界的刺激作反应以及反应的方向、速度、程度、效果。进一步说,人格会影响人的身心健康、活动效率、潜能开发以及社会适应状况。因此,重视人格的整合与塑造,既是身心健康的需要,又是自我发展、自我实现的需要。

人格是在长期的社会生活实践中形成、发展起来的,是人的遗传素质与环境因素相互作用的产物。一般认为,人格包括气质、性格、能力、兴趣、爱好、需要、理想和信念等方面内容,是由多种因素有机构成的整体。人格结构的各个组成部分是互相依存、互相制约、互相协调地存在的,对人的心理和行为进行调节和控制,从而构成一个人的完整心理面貌。如果各个组成部分之间关系协调,人的心理和行为就健康而正常,就表现出健全的人格;如果失调,人就会产生不正常的心理和行为,甚至出现各种人格障碍和变态人格。

(二) 人格的基本特征

1. 人格的整体性

人格的整体性是指人格虽有多种成分和特性,但在一个现实的个人身上是错综复杂的,互相联系、相互作用组成一个有机的整体。人格的整体性表现在人格内在统一性上,一个失去了人格内在统一性的人,他的行为就会经常由几种互相抵触的动机支配,或者思想和行动互相抵触,导致心理冲突,导致人格分裂,形成"双重人格"或"多重人格"。

2. 人格的稳定性

"江山易改,本性难移"。人格的稳定性是指较为持久的一再出现的定型的东西。主要表现为两个方面:一是人格的跨时间的持续性,一是人格的跨情境的一致性。例如,一个外向性的学生不仅在学校里善于交际,喜欢交朋友,在校外活动中也喜欢交际,喜欢聚会。而且不仅在中学时代,大学时代也是如此。那些短暂的、偶尔表现出来的行为则不属于人格特征。

3. 人格的独特性

人格的独特性是指人与人之间的心理和行为是各不相同的。也就是说,一个人的人格是由某些与别人共同的或相似的特征以及完全不同的特征错综复杂地交织在一起构成的独特的人格。由于人格结构组合的多样性,使每个人的人格都有自己的特点。

4. 人格的社会性

人格受个体生物性的制约。人格是在个体的遗传和生物性的基础上形成的。人的自然的生物特性不能预定人格的发展方向,然而,它却构成了人格形成的基础,影响着人格的发展方向和方式,影响着某些人格特征形成的难易。

二、人格的重要构成

人格是由不同成分成的一个结构系统,不同成分从不同侧面反映个体的差异。人格结构系统包括认知、动机、气质、性格、自我调控等成分。能力、气质、性格及自我调控是人格的重要方面。

(一) 能力

1. 能力的含义

能力是一种心理特征,是顺利完成某种活动的心理条件。具体而言,能力可表述为直接影响人完成某种活动的质量和速度,是活动顺利完成必须具备的心理特征。

2. 能力的类型

可以从多种角度划分能力的类型。

第一,根据能力的活动领域可以把能力分为一般能力和特殊能力。

① 一般能力是指顺利完成各种活动所必备的基本能力,如注意力、观察力、记忆力、想

象力、语言能力和思维能力。

② 特殊能力指完成某项专业活动所需要的能力,如画家的色彩分辨力、音乐家的音色分辨力等。

第二,根据能力在人的一生中的不同发展趋势以及能力和先天禀赋与社会文化因素的关系,可以将能力分为流体能力和晶体能力。

① 流体能力是指在信息加工和问题解决过程中所表现的能力,它较少依赖于文化和知识的内容,而决定于个人的禀赋,如知觉能力、推理能力、想象能力。流体智力最先随着年龄的增长而增加,到20岁以后达到顶峰,一般在30岁以后随着年龄的增长而降低。

② 晶体能力是指概念化的知识,就是需要系统的学习得来的能力。晶体智力在人的一生中一直发展,只是到了25岁以后,发展的速度逐渐趋于缓慢。

第三,根据能力的功能,可以将能力分为认知能力、操作能力和社交能力。

① 认知能力是人脑加工、储存和提取信息的能力,即智力。

② 操作能力是指人们操作自己的肢体,以完成各项活动的能力。

③ 社交能力是人们社会交往过程中表现出来的能力。

(二) 气质

1. 气质的含义

气质是指个体表现在心理活动的强度、速度、灵活性与指向性的一种稳定的心理特征。这种特征既决定了个体心理活动的动力特征,又给每个人的心理活动蒙上了一层独特的色彩。气质是人格结构中比较稳定的、与遗传素质联系密切的成分。

2. 气质的类型

心理学把气质分为四种类型,即胆汁质、多血质、黏液质和抑郁质。不同气质类型具有不同的心理特征。各气质类型典型表现见表1所示。

表1 高级神经活动类型与气质类型及心理特征

高级神经活动类型	气质类型	气质心理特性的组合	行为方式的典型表现
强而不平衡型 (不可抑制型)	胆汁质	感受性低;有一定耐受性;反应快而不灵活;情绪兴奋性高;抑制力差;外倾性明显;行为可塑性大	直率,热情,精力充沛,情绪易激动,心境变化剧烈,脾气急躁
强而平衡灵活型 (活泼型)	多血质	感受性低;耐受性高;反应快而灵活;情绪兴奋性高,外部表现明显;外倾性明显;行为可塑性大	活泼,好动,敏感,反应迅速,喜欢与人交往,注意力、兴趣易转移变化,缺乏持久性
强而平衡不灵活型 (安静型)	黏液质	感受性低;耐受性高;反应速度缓慢,具有稳定性;情绪兴奋性低;内倾性明显;行为有一定可塑性	安静,稳重,反应缓慢,沉默寡言,情绪不易外露,注意力稳定难转移,善于忍耐
弱型 (抑制型)	抑郁质	感受性高;耐受性低;反应速度慢,刻板而不灵活;情绪兴奋性高而体验深;内倾特别明显;行为可塑性小	情绪体验深刻,行动迟缓,多愁善感,能觉察他人不易觉察的事物,富有幻想,胆小孤僻

① 胆汁质。直率,热情,精力旺盛,动作迅猛,工作顽强有力,遇事反应强烈,易急躁,常感情用事,智力活动具有极大的灵活性。整个心理活动笼罩着迅速而突发的色彩,具有外倾性。

② 多血质。活泼,好动,敏感,反应迅速,喜欢交际,易于适应环境,注意力容易转移,兴趣广泛而多变,做事马虎,坚持性差,情感丰富易表露,心理活动具有外倾性。

③ 黏液质。安静,稳重,喜欢沉思,善于独处,工作认真踏实,但比较固执刻板,灵活不足,注意力稳定,难于转移,不易适应新环境;善于克制和忍耐,情绪不易外露,具有内倾性。

④ 抑郁质。孤僻,敏感,心细,善于觉察别人不易觉察的细节,情感体验深刻而持久,动作迟缓,行动无力易疲倦,不喜欢出头露面,具有内倾性。

在我国古代文学作品中,曾经塑造了一批具有典型气质特征的人物。如《水浒传》中的李逵属于胆汁质类型,燕青属于多血质类型,林冲属于黏液质类型,《红楼梦》中林黛玉属于抑郁质类型。

以上四种气质类型在个体身上的表现,除少数人属于四种类型的典型特征外,大多数人都是混合型的。如胆汁——多血质型、胆汁——黏液质型等,即一种气质类型的某些特征与另一种或多种气质类型的某些特征的混合体。一般认为,气质无好坏之分,任何一种气质都有其积极和消极的方面,他们虽然参与各项活动,但是一般不决定智商高低、成就大小,每一种气质类型的人都可以成才,因此大学生不必为自己的气质特征烦恼焦虑。

气质主要是由大脑皮层神经过程的特性所决定,受先天遗传的制约,因而具有稳定性,但不是绝对不变的。也就是说,气质的表现在整体上依赖于遗传特征,但气质的个别心理特征在一定程度内可随外部环境和机体情况的变化而变化,人的气质形成和发展也有可塑性。

(三) 性格

1. 性格的含义

性格一词来源于希腊文,原为雕刻的意思,后来转意为印刻、标记、特性。一般被用来对应英语词"character",是日常生活中人们对个体人格差异的一种叫法。性格广义指人或事物互相区别的特性。我国心理学界把性格理解为一个人在现实中稳定的态度和习惯化的行为方式所表现出来的心理特征。性格表现了人们对现实与周围世界的态度,对自己、对别人、对事物的态度。如诚实与虚伪、勇敢与怯懦、谦虚与骄傲、勤劳与懒惰等,都是人的性格特征。性格就是一个人的各种性格特征所组成的统一体。

2. 性格的特征

(1) 性格的态度特征

态度是一个人对人、物或思想观念的一种反应倾向性,它是在后天生活中习得的,由认知、情感和行为倾向三个因素组成。一个人对现实的态度,表现在他在生活中追求什么、拒绝什么,即表现在他都做了什么上面。而一个人怎样去做,则表明了他的行为方式。一个人对现实的稳定的态度决定了他的行为方式,而习惯化了的行为方式又体现了他对现实的态度。人对现实的态度是多种多样的,但归纳起来基本上包括三个方面。

第一是对社会、对集体、对他人的性格特征。这些特征主要表现在自尊心、集体主义、热情、关怀、正直、坦率等,以及与此相反的一些性格特征,如自卑感、对人冷漠、虚伪、狡猾、缺乏同情心等。学生的生活和活动就是在集体中进行的,人与人之间的关系也是通过在集体生活中交往建立起来的,性格特征是在集体中形成与发展的,性格差异也是在集体中表现出来的。

第二是对劳动或工作、学习方面的性格特征。这些特征表现在以什么态度对待劳动、工作与学习及其成果和产品,如学生对学习是否认真,是否喜欢劳动,有没有责任心和义务感。有的学生对自己担负的任务、作业、家务劳动、公益活动做得井井有条、整洁而有次序;有的学生消极、冷漠、懒散、马虎,完成作业草率,做事杂乱无章。

在这方面的性格特征中,培养学生的创造精神非常重要,这种精神使学生朝气蓬勃,具有追求与钻研问题的求知欲与敏感。缺乏这种精神的学生则表现出懒惰、消极、得过且过、精神萎靡。

第三表现在对自己、对自己个性态度上的特征,如谦虚谨慎与骄傲自满、自尊与自卑、自信与自馁、大方与羞怯、自我批评与自我放纵。学生如何对个人做出比较恰当的自我评价,这种性格特点是随着集体生活、教育、年龄而发展的。

(2) 性格的意志特征

性格的意志特征是在行动方式中表现出来的。它是根据一定的原则自觉地控制自己的行为,并采取适当的手段克服达到目标的障碍时所表现的特征,如自觉性与盲目性、独立性与依赖性、果断性与优柔寡断、坚定性与懈怠、自制与放任、沉着与鲁莽、勇敢与怯懦、纪律性与散漫性等。

(3) 性格的情绪特征

人的情绪经常影响人的活动,当这种影响比较稳定地控制人的活动时,就形成性格的情绪特征。它表现在一个人情绪反应的快慢、强弱和保持时间的长短上。有的人情绪变化迅速,有的人情绪变化缓慢;有的人情绪容易激动,有的人情绪比较宁静;有的人心情和心境总是乐观的、舒畅的,有的人心情总是抑郁不快、愁绪满怀。

(4) 性格的理智特征

这种特征表现在感知、观察、记忆、想象和思维等方面的差异。在感知方面,有的人观察时注意分析事物的细节,有的人则注意事物的整体和轮廓,有的人观察敏锐,有的人迟钝;在想象方面,有的人幻想多,有的人从现实构思;在思维方面的广度、深度、独立性、灵活性等都有不同的表现。

(5) 性格的可塑性

性格是在长期的社会生活实践中逐渐形成的,它会在不同的时间和不同的地点表现出来,一旦形成便比较稳定,不是很容易改变的。但是,性格具有稳定性并不是说他是一成不变的,而是可塑的,它更多受到环境的影响。环境的变化会带来性格的变化,尤其是生活环境的重大变化,或者经历了大的生活变故一定会带来他性格特征的显著变化,所以性格具有较大的可塑性。

性格的可塑性是指性格在生活的进程中不断变化,不断向健康、理想的方向发展的可能性。人的性格是可以改变的,未来生存和发展的需要,人们总是在适应各种环境,在适应环境的过程中,总是要竭力克服和规避各种缺点,在人们通常所克服的诸多缺点中,大多与性格有关。所以,人们克服缺点的过程也是塑造和改善自身性格的过程。

3. 性格的类型

从不同角度可以对性格类型进行不同的划分:

(1) 按心理机能来确定性格类型

这种方法以性格中哪种心理机能占优势为依据,把性格分为理智型、情绪型、意志型三种。

理智型:在生活中勤于思考,以理智支配行动,不感情用事。但容易畏首畏尾,缺乏热情。

情绪型:在生活中情绪占优势。对人热情,做事大胆,情绪反应敏感,但易感情用事,爱冲动。

意志型:在生活中意志占优势,行为围绕着目标的实现来进行,意志支配自己的行动。

(2) 按心理倾向来分类

按人的心理活动的倾向性把性格分为外向型和内向型。

外向型:心理活动倾向于外部,感情外露,活泼开朗,喜欢交际,不拘小节;

内向型:心理活动倾向于内部,感情深刻细腻,不易外露;注重内省和反思,喜欢独处;做事谨慎小心,自制力较强。

(3) 按个体独立性程度划分性格类型

按个体独立性程度把性格分为顺从型和独立型。

顺从型:社会敏感性高,易受暗示;易与人合作,适应环境快,为人随和、谦恭;但缺乏主见,独立性较差;

独立型:独立自主,意志坚强,不易受外界干扰,自信沉着;但易固执己见,独来独往。

每个人的性格都有一些好的特征和一些不良的特征,它们对人的生活、学习和工作分别起着积极和消极的作用。如患得患失、胆小怕事、过度敏感、爱生闷气的性格,在不良刺激的长期作用下,易患抑郁症、焦虑症等;内向性格的人,长期克制、压抑自己,也不利于身心健康。所以,每个人应客观地对待自己的性格,加强自我调节,不断优化完善自己的性格。

气质和性格都是构成人格的重要因素,二者既有区别,又有密切的联系。气质是个体心理活动的动力特征,受先天因素影响大,与行为的内容无关;性格是后天形成的,受社会环境因素的影响较大,与行为的内容密切相关。气质对性格的形成起着重要的影响作用,可以说,前者是后者形成的重要物质基础;性格对气质也有一定的影响作用,通过后天的积极努力,人的气质也能在一定程度上得到改变。

(四) 自我调控系统

树的方向由风决定。人的方向自己决定。或许没有人是我们的敌人,我们真正的敌人是自己——懒惰、懈怠、没有方向、不知奋发向上、不知坚持到底,这些都是我们成功的路上要打败的敌人,所以完善的人格要有良好的自我调控系统,认识到自身的不足,督促自己积极改变。

自我调控系统是人格中的内控系统或自控系统,由自我认识、自我体验和自我控制三个子系统所构成。其作用是对人格的各种成分进行调控,保持人格的完整、统一和谐。

1. 自我认识:对自己的洞察和理解,包括自我观察和评价。

2. 自我体验:伴随自我认识而产生的内心体验,是自我意识在情感上的表现,包括自信心、自尊心等。

3. 自我控制:自我意识在行为上的表现,包括自我检查、自我监督、自我控制等。缺乏自我调控,就会出现各种人格问题,比如没有自知之明、自我情感匮乏、缺乏自律等。

三、影响人格发展和形成的因素

在一个人的人生发展历程中有许多因素会影响到人格的发展,人格的塑造是先天、后天因素共同作用的结果。研究表明,人格是环境与遗传交互作用的产物。在人格培养过程中,既要看到个体的生物遗传的影响,更要看到社会文化的影响作用。

(一) 生物遗传因素

人格的发展必然要受先天遗传的影响。婴儿在出生后的几个星期里,就能表现出一些最初的人格特征,不同的婴儿在活跃水平、情绪、反应性、心率和注意广度上都有差异。有些孩子易怒、暴躁;有些孩子平静、温和;被大人抱着时,有些温顺地依偎着,有些则拘谨安静。这些都是遗传因子起作用的表现。

众多研究结果表明:遗传是人格不可缺少的影响因素,但遗传因素对人格的作用程度因人格特征的不同而不同。通常在智力、气质这些与生物因素相关较大的特征上,遗传因素较为重要;而在价值观、信念、性格等与社会因素关系紧密的特征上,后天环境因素起作用更大。人格发展过程是遗传与环境交互作用的结果,遗传因素影响人格发展的方向及形成的难易程度。

遗传对人格的影响占多大比例呢？英国学者卡特尔经过研究认为,人格的三分之二是由环境决定的,三分之一是由遗传决定的。Liebin(1992)研究过遗传对人格五大因素的作用,发现遗传率约为40%,即人格上约40%的个体差异可由遗传加以解释。

心理小贴士

人格是遗传还是后天习得？

19世纪的英国学者高尔顿对300多对同卵或异卵双生子进行了观察研究,对数百名法官、文学家、科学家、艺术家、神学家、政治家的家谱进行了调查,发表了《遗传的才能和性格》《遗传的天才》等一系列著作。他认为人的才能和性格都是可以遗传的。许多心理学家的观察进一步证实了这一观点。比如,对刚生出来的婴儿进行观察,就会发现有的婴儿哭声洪亮、好动,是兴奋型。有的婴儿哭声细微、安静,是抑制型。再比如,有人对双生子的精神病"同病率"问题进行了调查,发现同卵双生子的同病率显著高于异卵双生子的同病率。

（二）社会文化因素

人一出生，便置身于社会文化之中并受社会文化的熏陶与影响，文化对人格的影响伴随着人的终身。社会文化塑造了社会成员的人格社会特征，使其成员的人格结构朝着相似性的方向发展，而这种相似又具有维系一个社会稳定的功能。

社会文化具有塑造人格的功能，这反映在不同文化的民族有其固有的民族性格、不同的地域有着不同的文化传统、不同的文化发展时期有着不同的文化认同。

奥尔波特于1937年首次提出了人格特质理论。他把人格特质分为共性和个性两类。共性特质就是在某一社会文化形态下大多数人或群体所具有的共同特质，比如一提到德国人，我们马上想到的是严谨；一提到法国人，我们想到浪漫。在同一文化形态下，又存在不同的亚文化影响下的不同性格表现，如同样是中国人，蒙古族给人的印象是粗犷豪放、维吾尔族给人的印象是活泼乐观……

社会文化对人格的影响力一直被人们所认可，它对人格的形成与发展具有重要的作用，特别是后天形成的一些人格特征，如性格、价值观等。社会文化因素决定了人格的共同特征，它使同一社会的人在人格上具有一定程度的相似性，如民族性格等。

对于大学生来说，社会文化环境对他们人格的形成和发展具有更重要的作用。大学生所处的人生阶段和大学学习的内容以及教育方式等都决定了他们更重视社会文化，对社会文化环境更具敏感性，更容易接受其影响。

（三）家庭因素

家庭环境对子女人格的影响主要表现在家庭心理气氛、父母的个性和家庭教育方式等。俗话说："有其父必有其子。"父母按照自己的意愿和方式教育孩子，使他们逐渐形成了某些人格特征。"三岁看大，七岁看老。"早期的亲子关系决定了个体的行为模式，最主要体现在家庭氛围和父母的教养方式中。

常言道："孩子是父母的影子。"孩子的人格成长常常是不自觉模仿父母双方行为的结果，父母的举止、谈吐、音容、笑貌都会给孩子的性格发展打下深深的烙印。苏联教育学家马卡连柯曾告诫做父母的人们："你们怎样穿戴，怎样同别人谈话，怎样谈论别人，怎样欢乐或发愁，怎样对待朋友或敌人，怎样笑……这一切的一切对儿童都有着重要的意义。"

在暴躁型的家庭里，从早到晚弥漫着"火药味"。埋怨、责骂、争吵、打架的声音此起彼伏。在这种气氛中长大的子女，敏感、急躁和好强；冷淡型家庭会使子女的性格比较温和，但有些孤僻，他们遇事冷静，却缺乏敏感和热情，上进心也不太强；和谐型的家庭彼此体贴、关心，如有矛盾，多是心平气和地协商解决。这种家庭的子女，多数性格开朗、待人礼貌、遵守法纪，有较强的上进心和较高的自觉性，不足之处是循规蹈矩，缺乏闯劲。

当然，家庭因素跟人格发展并不存在一一对应的关系，它与其他因素共同决定人格。

（四）学校教育因素

学校教育在学龄儿童人格的形成与发展中具有重要作用。学生通过课堂教育接收系统的科学知识，同时形成科学的世界观。通过学习还可以形成与发展学生的坚持性、主动性等优良的人格特征。校风和班风也是影响学生人格形成与发展的重要因素。良好的校风和班风能够促使学生养成积极性、独立性和遵守纪律等品质。在学校,老师要通过各种教育教学活动,塑造学生的人格特征,同时教师又是学生学习的榜样,教师的言行对学生的人格同样产生潜移默化的影响。洛奇(Lodge)在一项教育研究中发现,在性情冷酷、刻板、专横的老师所管辖的班集体中,学生的欺骗行为增多;在友好、民主的教师气氛中,学生欺骗行为减少。

(五)个人主观因素

社会上各种影响因素,首先要为个人接受和理解,才能转化为个体的需要、动机和兴趣,才能推动它去思考与行动。所以,个体已有的心理发展水平对人格特征形成的作用会随着年龄的增加而日益增强。

此外,生态环境、气候条件、空间拥挤程度等这些物理因素都会影响人格。但自然环境对人格不起决定性影响作用,更多地表现为一时性影响,而且多体现在行为层面上。自然物理环境对特定行为具有一定的解释作用。在不同的物理环境中,人可以表现出不同的行为特点。

综上所述,在人格的培育过程中,各种因素对人格的形成与发展起着不同的作用。遗传决定了人格发展的可能性,环境决定了人格发展的现实性。

第二节 大学生常见的人格缺陷与人格障碍

我国大学生人格发展的主流是健康、向上的。但由于先天遗传、后天环境等多种不良因素的长期影响,造成少数大学生的人格发展存在着一些问题,有些甚至比较严重,出现了人格障碍。

一、大学生常见的人格发展缺陷

人格缺陷,是介于正常人格与人格障碍之间的一种人格状态,也可以说是一种人格发展的不良倾向,或是某种轻度的人格障碍。

(一)自卑

自卑是自我评价过低的心理体验,在心理学上又称为自我否定意识。主要表现为对自己的能力、学识、品质等自身因素评价过低,心理承受能力脆弱,经不起较强的刺激,谨小慎微,多愁善感,常产生猜疑心理,行为畏缩、瞻前顾后,遇到不如意的事就垂头丧气、怨天尤人,或自认为无能力,甘愿失败对前途失去信心。

(二)社交障碍

有的人在社会交往中不敢交往,不愿交往或不能交往,这就属于社交心理障碍。社交障碍是一个人自我防御心理过强的结果,他们常常过于担心被动,过于谨小慎微,过于关注自己,自信心不足。

(三) 懒惰

懒惰是不少大学生为之感到苦恼又难以克服的一种人格发展缺陷,是意志活动无力的表现。懒惰是影响大学生积极进取、张扬青春活力的天敌。

(四) 狭隘

受功利主义影响,近年来大学生中的"狭隘"现象有增无减。凡事斤斤计较、耿耿于怀、好嫉妒、好挑剔、容不得人等都是心胸狭隘的表现。如云南大学生物系学生马加爵仅仅因为同学怀疑他打牌作弊而将3名同窗好友杀死在宿舍,就是这种狭隘人格发展缺陷的典型表现。

(五) 抑郁

抑郁是大学生常见的情绪困扰,是一种感到无力应付外界压力而产生的消极情绪,常伴有厌恶、痛苦、羞愧、自卑等情绪体验。

(六) 焦虑

焦虑是个体主观上预料将会有某种不良后果产生或模糊的威胁出现的一种不安感,并伴有忧虑、烦恼、害怕、紧张等情绪体验。在紧张刺激不断增多、竞争不断增强的社会环境中,每个人都可能处于一定的焦虑状态。适度的焦虑对于保持生命活力是必要的,这里所说的焦虑主要是指不适当的高度焦虑。

(七) 自我中心

随着自我意识的发展,大学生越来越感到自己内心世界的千变万化、独一无二,他们越来越多地把关注的重心投向自我,尤其是那些有较强自信心、自尊心、优越感、独立感的学生,就比较容易出现自我中心倾向。当这种倾向与一些不健康的思想意识(如个人主义、自私自利思想)和心理特征(如过强的自尊心、唯我独尊等)结合时,就会表现出过分的、扭曲的自我中心。

二、大学生常见的人格障碍

人格障碍又称病态人格或变态人格,它是指人格发展不成熟和产生畸变,使人格在发展和结构上出现明显的偏离和畸形,导致个体以适应不良的方式持久地对待周围事物和做出极度的情感反应,从而产生明显的心理社会功能变异。人格障碍者也有程度的不同,轻者可以过正常的生活,重者则难以适应正常的社会生活,对个人、家庭和社会都造成一定的负面影响,甚至造成严重的危害。

大学生常见的人格障碍主要有以下几种:

（一）偏执型人格障碍

偏执型人格障碍表现为广泛的猜疑和不信任他人。其病因机制相当复杂，家族中有精神分裂症和偏执型精神病者的患病率高，童年时孤独，缺少同伴、社交焦虑或恐惧、过分敏感的表现与本病密切相关。偏执型人格障碍通常开始于青年期，经过漫长，有的终身如此。但大多数随年龄增长，人格日益成熟，偏执型日趋缓和。主要变现为以下几种情况：

1. 敏感多疑，患者往往把别人无意的甚至可能是友好的行为表现，误解为怀有敌意或轻蔑，或者没有足够根据的猜疑别人伤害自己。

2. 有一种将周围事件解释为具有某种"阴谋"的不符合事实的先占观念。

3. 极端的自信、自负，自尊心很强。

4. 固执己见，常常认为只有自己是最正确的，听不得不同意见，不相信反面证据。

5. 记恨，对拒绝、侮辱、伤害不能宽容，久久耿耿于怀，并将挫折和失败的原因归咎于别人。

6. 个性很强，主观性强，工作能力强，好与人争辩，并固执地追求个人的利益或权利，不相信别人，很难以事实或说理来改变他们的认识或想法。

7. 易于产生病理嫉妒信念，过分怀疑配偶或恋人对己不忠，但不是妄想。

偏执型人格障碍可以采用心理社会治疗，由心理咨询师针对来访者的症状用心理学的原理进行解释，来协助来访者能对自己的心理动态与病情，特别是压抑的欲望、隐蔽的动机，或不能解除的情结有所领悟与了解。咨询的范围要包括内在的精神、人际关系、现实的适应。其最终目标乃在促进自我性格的成熟。另外，偏执型人格障碍多合并有抑郁症、强迫症、酒精依赖等，这种共病现象导致偏执型人格障碍治愈低，效果不明显，可以配合低剂量的多巴胺药物改变神经递质减轻病人痛苦，提高适应生活能力。

1. 认知提高法：咨询师和来访者在相互信任的基础上交流情感，向他们全面介绍其自身人格障碍的性质、特点、危害性及纠正方法，使其对自己有正确、客观的认识，并自觉自愿产生要求改变自身人格缺陷的愿望。

2. 交友训练法：鼓励他们积极主动地进行交友活动，在交友中学会信任别人，消除不安感。

3. 自我疗法：具有偏执型人格的人喜欢走极端，这与其头脑里的非理性观念相关联。因此，要改变偏执行为，偏执型人格患者首先必须分析自己的非理性观念。

4. 敌意纠正训练法：偏执型人格障碍患者易对他人和周围环境充满敌意和不信任感，采取以下训练方法，有助于克服敌意对抗心理。经常提醒自己不要陷于"敌对心理"的旋涡中；要懂得只有尊重别人，才能得到别人尊重的基本道理；要学会向你认识的所有人微笑；在生活中学会忍让和有耐心。

（二）强迫型人格障碍

强迫型人格障碍以过分要求严格与完美无缺为特征，病因多与遗传因素有关，或者与"强迫性父母"用僵硬的教养方法，或者对孩子的过分限制等有密切关系。主要变现为以下几种情况：

1. 犹豫不决,好怀疑和按部就班。
2. 以十全十美的高标准要求自己,事后反复检验,苛求细节,并影响其工作效率。
3. 对自身安全过分谨慎,常有不安全感。
4. 过分迂腐,刻板。
5. 主观,比较专制,要求别人也要按照他的方式办事,往往对他人做事不放心。
6. 遇到需要解决问题时常犹豫不决,推迟或避免做出决定。
7. 常过分节俭,甚至吝啬。
8. 过分沉溺于职责义务与道德规范,责任感过强,过分投入工作,业余爱好较少,缺少社交友谊往来,工作后常缺乏愉快和满足的内心体验,相反常有悔恨和内疚,这类人虽然可以得到一个稳定的婚姻并在工作上取得成就,但很少有挚友。

强迫型人格障碍来访者的人格早在幼儿时期就已逐渐开始构建发展,因而治疗难度较大,需时甚久。患者需要接受彻底扭转人格障碍几乎是不可能的,但是通过治疗能减少因不断与周围环境的冲突所带来的痛苦及伤害,同时也能减少其亲属、同事的烦恼,让患者体验一个更快乐的人生。

治疗方式主要包括分析性治疗、认知行为治疗、家庭治疗及森田疗法等,旨在通过与患者建立良好的医患关系,倾听患者,帮助其发现并分析内心的矛盾冲突,使患者领悟,推动患者解决问题,学会顺其自然,享受过程而非过度看重结果,增加其适应环境的能力,重塑健全人格。

(三) 情感型人格障碍

情感型人格障碍可以具体表现为抑郁型人格障碍、情绪高涨型人格障碍和环型情绪人格障碍。抑郁型人格障碍也称情绪低落性人格障碍,来访者精神不振,寡言少语,过分担忧,容易发怒,自感负担沉重,精力不济,对任何事情都感到困难重重、无能为力和难以预料结局,对生活的看法充满悲观愁情,成天抱怨命运;情绪高涨型人格障碍来访者精神振奋,乐观欢愉,笑口常开,对生活感到莫大的乐趣,但做事想当然,或凭空设想,匆忙结论,或草率从事,有始无终,常给人一种盲目乐观、不自量力的感觉;环型情绪人格障碍来访者情绪变化极不稳定,常在情绪高涨和低落之间变动,交替出现。情绪高涨时,显得异常愉快、活跃、积极,易于做出种种承诺,对活动充满信心。情绪低落时,则显得寡欢、愁闷、失去信心,视承诺为负担,有时会做出一些不明智的决定和举动,甚至眼睁睁错失良机。主要表现形式如下:

1. 过分情感型即自我戏剧化,即过分夸张的情绪表达,患者整个精神活动都渲染着十分浓厚的情绪色彩,而且情感反应鲜明,强烈和迅速变化,使周围的人感到患者表现是过分夸张的,似乎是表演性的,故意惹人注意的。
2. 情感肤浅,易变,极不稳定,往往由一种情绪状态转变为另外一种情绪,甚至与原来相反的情绪状态。情绪还易于由羡慕、崇拜转到敌对,由顺从转到对抗,患者的判断推理也是易变的,主要是由于患者的思维活动也受情绪很大的影响,如认为某人好即把该人说得完美无缺,但是可能由于一点小事引起患者的不满,又把该人说得一无是处。
3. 暗示性高,感情上的好恶决定了暗示性,如感情是正性的即易于接受这样的暗示,负性的就难以接受暗示。

4. 把注意力集中于自己,需要自己成为注意的中心,如不能成为别人注意的中心即感到很不痛快。患者还愿意置身于大庭广众之下成为大家注意的焦点,他们在外表上、行为上表现得过分吸引人关注,希望得到人们的赞扬,有时在众目睽睽之下招摇过市或者危言耸听,哗众取宠。

5. 自我中心倾向,患者沉溺于自我,只考虑自己,很少考虑别人或不顾及别人,不只是常常夸耀自己的才能、智慧,而且有时还强求别人符合自己的意志或需要,如不如意时往往即给别人以难堪或表示强烈不满。

6. 丰富动人的幻想,患者思考或讲话时常常掺杂以丰富的想象,讲话时夸大其词,有时甚至把假想的事情和现实的事情掺杂在一起难以区别,从而可能给人一种似乎是说谎的印象,这就是所谓的病理性谎言。

7. 患者还寻求刺激或激动,渴求新奇和满意的活动,患者常发脾气,情绪易受伤害,还易于产生故意自我伤害或自杀企图和行为。

8. 人际关系差,患者是自负的,任性的,自我放纵的,他们常想支配或操纵别人,又常是喜怒无常的,难与周围人和睦相处,常常触怒周围人,遭到周围人的厌烦或引起反感。

治疗情感型人格障碍来访者时要认真倾听病人对自己个性特征的描述和评价,并通过病人的言语、表情和动作了解病人的人格特点。必要时还可通过对病人亲属、朋友、同事(或同学)、邻里的访谈掌握病人人格的基本特征。然后让病人逐渐明了自己人格的病态。建议来访者使用"自我暗示法",就是自己创设足以引起积极情绪的情景的办法对自己进行暗示。

(四) 爆发型人格(也称冲动型人格)障碍

爆发型人格障碍是一种因微小精神刺激而突然爆发非常强烈而又难以控制的愤怒情绪,并伴有冲动行为的人格障碍,主要特征为情绪不稳定及缺乏控制冲动的能力,暴力或威胁性行为的突然爆发也很常见。冲动型人格障碍治疗较为困难,其表现随着年龄的增长可以有不同的变化,一般具有逐渐缓解的趋势,但往往仍遗留有人际关系的障碍,表现为对亲友和邻居的敌对态度。主要表现形式有以下几点:

1. 情绪急躁易怒,存在无法自控的冲动和驱动力。
2. 性格上常表现出向外攻击、鲁莽和盲动性。
3. 冲动的动机形成可以是有意识的,亦可以是无意识的。
4. 行动反复无常,可以是有计划的,亦可以是无计划的。行动之前有强烈的紧张感,行动之后体验到愉快、满足或放松感,无真正的悔恨、自疑或罪恶感。
5. 心理发育不健全和不成熟,经常导致心理不平衡。
6. 容易产生不良行为和犯罪的倾向。
7. 外表表现得被动和服从、百依百顺,内心却充满敌意和攻击性。

爆发型人格障碍来访者的治疗需要进行深入细致的心理访谈,使其正确对待挫折,要正视挫折,总结经验,找到受挫折的原因并加以分析,而不是一遇挫折就采取攻击行为。通过各种手段培养他们的承受能力,并能对挫折采取积极的富有建设性的措施。

(五) 依赖型人格障碍

依赖型人格障碍来访者对亲近与归属有过分的渴求,在生活中会不断演变扭曲,这种渴求是强迫的、盲目的、非理性的,与真实的感情无关。依赖型人格源于幼年时期儿童离开父母就不能生存,在儿童印象中保护他、养育他、满足他一切需要的父母是万能的,他必须依赖他们,总怕失去了这个保护神。这时如果父母过分溺爱,鼓励子女依赖父母,不让他们有长大和自立的机会,以致久而久之,在子女的心目中就会逐渐产生对父母或权威的依赖心理,成年以后依然不能自主。他们缺乏自信心,总是依靠他人来做决定,终身不能负担起选择采纳各项任务、工作的责任,形成依赖型人格。主要表现形式有以下几点:

1. 宁愿让别人为其生活中的大事做决定。
2. 遭到批评或反对时情感容易受伤害。
3. 经常寻求保证、同意或称赞。
4. 为了取悦他人,自愿去做令人不愉快或降低身份的事情。
5. 独处时感到无助和不愉快,竭力避免孤独。
6. 与亏待他的人保持关系,因为怕孤独。
7. 即使认为对方的意见不正确,口头上也表示赞同,害怕影响关系。
8. 独自难以制订计划或采取行动。
9. 当亲密的关系结束时,感到极其沮丧。
10. 经常害怕被人遗弃。

依赖型人格的依赖行为已成为一种习惯,形成习惯后很难改变,来访者首先必须破除这种不良习惯,可以找一个监督者,最好是找自己最依赖的个人帮助来访者去除依赖行为。第二,依赖型的人缺乏自信,自我意识十分低下,这与童年期的不良教育在心中留下的自卑痕迹有关,可以利用情绪ABC理论等去除那些不良信念。第三,可以选做一些略带冒险性的事,不论什么事情,决不依赖他人。通过做这些事情,可以增加勇气,改变事事依赖他人的弱点。

第三节　大学生健康人格的塑造

一、健康人格的标准

健康人格的标准有很多种说法。但从总体上看,不管何种标准,人格健康的人应该是有利于社会和自我发展的人。从具体特征上讲,健康人格应具有以下标准。

(一) 和谐的人际关系

人际关系是人类社会成员最普遍、最直接的关系。良好的人际关系可以调节身心状态,增强人的责任感,最能体现一个人人格健康的程度。人格健康的人乐于与他人交往,与人相处时,尊敬、信任等正面态度多于嫉妒、怀疑等消极态度;健康的人常常以诚恳、公平、谦虚、宽容的态度尊重他人,同时也受到他人的尊重和接纳。和谐的人际关系既是人格健康水平的反映,同时又影响和制约着健康人格的形成与发展。

(二)良好的社会适应能力

社会适应能力反映了人与社会的协调程度。人的社会适应能力是在社会化过程中不断发展的。人格健康的人能和社会保持良好的密切的接触,以一种开放的态度,主动关心了解社会;观察所接触到的各种事物和现象,看到社会发展的积极面和主流,在认识社会的同时,使自己的思想、行为跟上时代的发展,与社会的要求相符合,表现出能很快适应新环境的能力。不是让社会去适应自己,而是让自己去适应社会。

(三)乐观向上的生活态度

乐观的人常常能看到生活的光明面,对前途充满希望和信心,对自己所从事的工作或学习抱着浓厚的兴趣,并在工作和学习中发挥自身的智慧和能力,最终获得成功。即使生活中遇到困难和挫折,也能耐心地去应付,不畏艰险、勇于拼搏。相反,悲观的人常常看到生活的阴暗面,对任何事情都没兴趣,遇到一点挫折就情绪低落、怨天尤人,甚至自暴自弃。人格健康的学生对学习或自己的爱好怀有浓厚的兴趣,表现出想象丰富、充满信心、勇于克服困难的精神面貌。

(四)正确的自我意识

自我意识是个体对自己及自己与他人、与周围世界关系的认识。自我意识是一个完整的心理结构,表现于认知过程就是正确地认识自己,客观地评价自己;表现于情感过程就是自尊、自信,有自豪感、责任感、悦纳自己;表现于意志过程就是能够自我监督、自我调节,努力发展身心潜能。具有健康人格的大学生对自己有恰如其分的评价、充满自信、扬长避短,在日常生活中能有效地调节自己,与环境保持平衡。缺乏正确自我意识的人常常表现出自我冲突,自我矛盾;或者自视清高、妄自尊大,做力所不及的工作,或者自轻自贱、妄自菲薄,甘愿放弃一切可以努力的机遇。

(五)良好的情绪调控能力

情绪对人的活动,对人的健康有重要影响。积极的情绪体验能使人振奋精神,增强自信,提高活动效率;消极的情绪体验会降低人的活动效率,甚至使人致病。情绪标志着人格的成熟程度。人格成熟的人情绪反应适度,具有调节和控制情绪的能力,经常保持愉快、满意、开朗的心境,并富有幽默感。当消极情绪出现时,能合情合理地宣泄、排解、转移、升华。

健康人格的各个标准都是相关的。具有体验丰富的情绪并控制情绪表现能力的人,通常是有能力满足自身基本需要的人,是能紧紧地把握现实的人,是获得了健康的自我结构的人,是拥有稳定可靠的人际关系的人。总之,人格健康的人其人格的各个方面是统一的、平衡的。

上述标准不仅是衡量一个人人格健康的尺度,同时也为大学生改善自己的人格提出了具体的努力目标。

二、大学生健康人格的培养和塑造

健全的人格是大学生心理健康的基础,大学阶段也是人格形成的最后阶段,在此阶段塑造出适应时代、适应社会的人格素质是非常必要的。大学生健康人格的塑造,需要全社会、学校、家庭和大学生自身的共同努力。而健康人格的塑造,最关键的还在于大学生自身。为此,大学生可采取以下方法和途径。

(一)了解自己的人格特点

培养和塑造健全的人格,首先要了解自己当前人格的特点。那么如何来了解自己人格的特点呢?

1. 通过自我意识了解自己的人格特点

我们都有自我意识,自我意识是一种高级的认知能力,我们可以通过自我意识,进行自我认知从而了解自己的人格特点。但是自我意识,存在很强的个体差异,有的人自我反省和自我评价的能力相对较高,有所谓的"自知之明";有的人自我反省意识淡薄,喜欢对别人品头论足,自我评价非常主观。

2. 通过标准化的人格测验了解自己的人格特点

标准化的人格测验是一类用以确定人们的人格特点或人格类型的心理测验,主要有自陈量表法、投射测验法、评定量表法和情境测验法等。目前常用的标准化人格测量量表有《卡特尔16种人格因素测验》(16PF)、《艾森克人格测验》(EPQ)、《明尼苏达多项人格测验》(MMPI)以及《大五人格测验》(GBFS)。这些测量量表均被证实具有较高的可信度和效度。大学生可以通过这些人格测验来弥补自我认识的不足,更明确地了解自己当前的人格特点。

(二)合理评价自己的人格优势和不足

在分析自己人格特征的过程中,难免会发现自己的缺点或不足。因为这些不足,我们可能会对自己产生一种消极的评价和情感,导致自尊心和自信心的降低。这时候人们往往会表现出两类反应。一种是应对,一种是逃避。应对问题的前提是承认问题的存在,然后面对问题,勇敢地解决问题,应对的过程往往会遭遇痛苦和失败,因为已有的行为习惯、性格特征等都是我们过去多年形成的,不容易被改变,但是应对的结果也可能跟随着挑战的成功和喜悦。逃避可以在短时间内缓解或降低痛苦,但问题的实质得不到解决,人格得不到完善,不利于个体未来的发展。所以大学生认识到自己人格上存在的不足时,不应该去逃避,而要勇敢地承认问题、解决问题,这样才能逐渐形成健康完善的人格。

(三)确立人格发展目标和计划

认识和接纳自己不是改变的终点,而是改变的起点。要想获得改变,必须要确立目标。把自己想要达到的人格特征结合自己的实际情况,设置为具体的、现实的目标。在设置目标的过程中要注意不能好高骛远或随波逐流,只有适合自己发展的才是最好的。

(四)加强自我控制

要塑造良好的人格,关于在于坚持行动,在于解决行动中出现的问题,在于抵制行动中遇到的诱惑。宋代文学家苏轼曾经说过:"古之成大事者,不唯有超世之才,亦有坚韧不拔之志。"自我控制意味着发挥自己的意志力改变坏习惯,养成好习惯,抵制不良习惯带来的即时满足的诱惑,忍受延迟满足。延迟满足,意味着舍弃较小的、直接的满足而选择较大的后置的奖励或成功。虽然改变人格缺陷时非常困难,但是完善的人格将给我们带来更加丰厚的回报。

(五)保持自我激励

激励是促使我们行动的力量。高成就的人通常都拥有较高的自我激励能力。激励分为积极激励和消极激励。积极激励是一种促使我们朝向某一目标的内驱力。消极激励是避免消极结果而朝向某一目标的内驱力。比如我要努力学习就能拿到奖学金了,这种激励就是一种积极激励;我再这样懒惰下去,这学期就得挂科了,我不能挂科,我得好好学习,这就是一种消极激励。塑造完善的人格要善用积极激励和消极激励,构建我们朝向既定目标努力的动力。

(六)培养健康的生活方式

遵循健康的生活方式,对于保持健康的心理水平和构建完善的人格,具有重要的积极意义。遵循健康的生活方式,要做到健康饮食、适当的运动、保持充分的睡眠、适度的娱乐放松。

健康饮食是健康的身体机能和心理状态的基础。不良的饮食习惯不仅会影响身体的健康,而且会影响心理健康的水平。比如,过多摄取高热量的食物,容易导致肥胖,肥胖会引起各种躯体疾病的同时,也会引起自尊和自信水平的变化,甚至影响人际关系。

适当的运动能够充沛精力并缓解忧愁等消极情绪。因为运动可以加速全身的血液循环,强健心肺功能,让大脑得到休息,增加肾上腺素的分泌,增强免疫力,而一些脑激素的产生则能让人兴奋并产生快乐等积极情绪。在户外运动,特别是接触大自然的运动,例如爬山,不仅可以呼吸新鲜空气,而且可以开阔心胸,缓解忧愁和烦恼。

充分睡眠也是保障身体机能、调节心理状态的必要措施。养成按时睡觉、按时起床的习惯很重要,熬夜造成的生活不规律,常常会伴有心理失调的风险。

休闲放松可以调节身体机能和心理状态。无论工作、学习多么繁忙,目标计划多么繁重,都需要定期拿出一定时间用于放松。适当的休闲放松可以帮助个体调节身心的紧张状态,为进一步的发展积蓄能量。

心理小贴士 ·······································

做个@人——谈人格完善(岳晓东)

人的成长过程就是不断了解自我、提升自我、完善自我的过程。一个人的人格,在 10 岁

图3.2 岳晓东(1959—),哈佛大学心理学博士,著有《登天的感觉》《少年我心》《与真理为友》《哈佛热线》和《心理面面观》等心理学科普读物,深受读者的喜爱。

之前基本上是父母基因遗传的作用,但后来则越来越是个人努力与环境因素共同作用的结果。人格完善就是对个人的性格特点扬长避短,补善去恶。说白了,就是江山易改,本性当移。人们一般认为三岁看小,七岁看老,江山易改,本性难移,认为人的性格是与生俱来的,是难以改变的,但实际上人的性格是可以改变的,不论是我们的生活实践,还是理论研究,都证明了这一点。由此,我提出了一个@人的特征,并用几句话进行了概括:外圆内方、张弛自如、新旧通融、自觉自由、幽默严肃。我们可以这样理解:@人,就是较为完美的现代人。

■ @人的人格完善指的是什么?

简单说来,就是实现个人的人格优化组合与优势互补,就是主张不断改善自己的性格,完善自己的人格。换言之,@人人格主张"缺什么,补什么,什么差,去什么",这是人格改变的内容和方向。用血型理论举例,@人就是将O型血人的自信、慎重、理智与A型血人的细心、热情、谦让等加在一起,再将O型血人的冲动、固执与A型血人的焦虑、孤僻等特点去除,这就成了@人!当然,@人只是一个形象比喻,我们关心的是每个人的人格都有不完善之处,都需要磨炼提高,这就够了。

■ 每个人都有其独特的人格

人格完善就是指一个人不断认识自我、提升自我、完善实现的过程。在心理学上,人格泛指一个人独特的、相对稳定的行为模式。英国著名心理学家艾森克指出:"人格乃是决定个人适应环境的个人性格、气质、能力和生理特征。"

我们日常生活中所说"人格",如说某某人人格高尚,某某人人格卑劣或某某人缺乏人格,是从伦理道德的观点出发,与心理学所说的"人格"含义是不一样的。用心理学家的话说,每个人都有其独特的人格,因此,没有人会没有"人格"的。美国著名心理学家罗杰斯提出,每个人都有两个自我:现实自我与理想自我。其中前者是个人在现实生活中获得的真实感觉,而后者则是个人对"应当是"或"必须是"等的理想状态。而只有当现实自我和理想自我达到结合的时候,人才能达到真正的自我实现。罗杰斯主张,人格的成长在于充分实现理想自我与现实自我之间的和谐,而两者之间的冲突会导致人的心理失常和不协调。罗杰斯还主张,心理咨询的本质就在于最大限度地肯定和鼓励来访者,不断强化其自我状态的协调,帮助来访者充分实现自我的完善。

由此,人格完善就需要个人对自我的成长有明确的目标,并规划自己的最佳性格组合。比如说,平时,有的人太自卑,太敏感,非常想变得自信、随和起来。这当中他的现实自我就是自卑,理想自我就是自信。那么,他唯有不断地与自己做斗争,才能终有一天达到自我的人格完善——做一个不自卑、不敏感,从容自信的人。

■完善人格需要掌握十大重点

(一)培养自我挑战

就是要意识到自我完善的重要性。人格完善就是指一个人不断认识自我、提升自我、完善实现的结果。在心理学上,人格泛指一个人独特的、相对稳定的行为模式。英国著名心理学家艾森克指出:"人格乃是决定个人适应环境的个人性格、气质、能力和生理特征。"

所以,在生活中,别人怎么看你,怎么议论你,都在照射着你人格的优缺点。对此,你只有不断上心,方可完善自己。这与小孩子不一样,小孩子一天到晚,父母都在敦促他们改正缺点,形成某种规范行为。而成人的人格完善,是自己跟自己过不去,自己给自己念紧箍咒,自己跟自己斗。

(二)培养自我信念

就是要树立一个信念。在心理学上,人格泛指个人的先天遗传与后天培养的认知、情感、动机、行为方式的总和。在人生的最初10多年当中,先天遗传对个人的人格占主导作用,但随着年龄的增长,后天培养的人格因素越来越起主导作用。因此,人格实际就是个体适应环境的一种行为方式。所以,人可以通过有意识的培养与努力,改变自己的人格。

(三)培养自我批评

就是要客观评价自己。有时人们容易自傲、忽略别人给予自己的意见和建议。可实际上,他人对自己的评价也许比自我评价更客观、具体。我们应该避免自我封闭,要信任他人,并谦虚接受别人指出的不足。其实,不管对方是何等身份,对于我们来说,都是一面能反射出自我的镜子。同时,我们应该有意识地扩大自己的社交圈,以得到更多人对自己的反馈。这样我们才能更全面、客观地认识和完善自我。

(四)培养榜样学习

就是神交古人,结交益友,通过对他们的认同来促进自我的成长。毛泽东主席曾言:"榜样的力量是无穷的。"人格的成长,需要不断地发现古往今来的榜样人物,并加以积极的效仿。

奥地利著名心理学家阿德勒可视为@人的典范。阿德勒是弗洛伊德的大弟子,后来因为学术见解不同而分手了。他曾提出著名的"自卑情结"理论,就是指人在某些方面都有自卑,因此人需要不断克服自卑,不断成长,这才是人的基本需求。有趣的是,阿德勒本人的生活经历恰恰验证了这一点。阿德勒在家中六兄弟中排行第二,从小驼背,行动不便。他的哥哥体格健壮、蹦跳自如,所以阿德勒总是自惭形秽。为了超越哥哥,他不断地努力,直到有朝一日,他发现自己成为一个名满天下的学者,而他哥哥只是一个乡村小教师。早年,因为阿德勒学习差,其老师曾建议他去当鞋匠,但是当他在奋发学习后,他的人生完全是另一番风景。

(五)培养目标设定

就是要树立自知之明,要深刻地了解自己的长短优缺,并勇于挑战自己,完善自己。在心理学上,有一个"约哈里之窗"的理论,它假设了有关认识自己的四大范畴。

公开范畴,你和你周围人都知道的。

盲目范畴,别人对你了解,但你自己对此并没有清楚的认识。

隐匿范畴,你对自己了解,但别人不知道的。

未知范畴,你自身现在还没有表现出来,而且周围人都感觉不到的。

约哈里之窗提出了认识自我的办法,就是增加公开范畴。

把盲目范畴变为公开范畴:听取周围人的意见,甚至主动征求他们的意见,即使是批评,也应感谢别人能让我们对自己有所了解。

把隐匿范畴变为公开范畴:要注意自我表现,毫不犹豫地表达自己的思想情感,但自我显示要谨慎,不能没有任何掩饰。

把未知范畴变为公开范畴:这需要置身于不熟悉的环境中,体验新的经历,在新生活中认识自己,发现自己。

(六)培养自我磨炼

就是要付诸行动。即使是很小的改变或象征性的计划,也比停留在脑子里的计划要好一百倍。要相信自己能都成长,能够改变,相信行动是改变自我、接近理想人格的最佳途径。尤其是最初产生自我完善想法之时,是最有行动动力的时候,此时应尽快行动起来。

(七)培养自我监督

就是要监督自己。要有所行动,就需要"勇"字当先,比如一个原本就很窝囊的人,再忍就更雪上加霜。对这样的人,就要有点英雄气概,要该出手时就出手。

在行动的过程中,要注意两点。首先是在行动之前,要战胜"内在的批评"。所谓"内在的批评"是指"这毫无用处,何必做呢?""这是行不通的"。这些想法会贬低自己的能力。对于这些想法,首先要意识到,这种想法是你完善人格路上的障碍。对于它的出现,你要分别找出回答。比如,去问问别人是怎么想的?维持这样的现状会让我更好受吗?等等。

其二,在行动中,要善于接受失败。一般来说,谁也不喜欢失败,但失败往往无法避免。在失败面前,要善于把抱怨变成目标。一旦开始实施自我完善计划,就要坚持到底,决不可半途而废。即使遇到困难,也不要退缩,因为最后的成果是极大的骄傲与荣誉!

(八)培养坚持不懈

就是在自我完善中,不断调整自己的进度,努力达到新的目标。

林则徐曾在他的书房里挂一个大匾,上书"制怒",林则徐每天要看这个匾,这种做法对于他就是不断的自我提醒和对自我发展的不断督促,其天长日久必产生潜移默化的转化作用。心理学将这个过程称为"内化过程",林则徐这样苦练"制怒",其实就是在做@人!

(九)培养自我开放

就是要保持一个开放的思想。我们生活在一个日新月异的时代,所有的信息和事物都在不断地更新,这就意味着我们要不断重新审视自己的人格,看看有没有和这个时代不合拍的地方。一旦发现,就有必要采取行动进行自我人格完善。

(十)培养自尊自爱

就是要学会接受自己。虽然追求完美是好的,可是过度的完美主义很可能给自己带来比不做自我完善更大的压力与麻烦。不应该盲目追求"完美人格",而是努力拥有一个"完整人格"。这就需要我们客观认识自己,包容和接受自己;增强自己的优点,改变自己的"大"缺点,接受自己的"小"缺点并把它变成自己的特点。对于缺点的分类需要一个主观和客观意见的平衡,避免把较致命的缺点留下、把可爱的小特点改变。

最后需要强调和提醒大家的是,千万不要因为别人而勉强改变自己,自我完善应该是一个主动和积极快乐的行为与过程。永远不要为了追求八面玲珑而迷失自我。

心理测验

气质测验

下面60题可大致确定人的气质类型。

在回答下列题目时,若与自己的情况"很符合"记2分,"较符合"记1分,"一般"记0分,"较不符合"记-1分,"很不符合"记-2分,并填入"气质测验答卷"中。

1. 做事力求稳妥,一般不做无把握的事。
2. 遇到可气的事就怒不可遏,想把心里话全说出来才痛快。
3. 宁可一个人干事,不愿意很多人在一起。
4. 到一个新环境很快就能适应。
5. 厌恶那些强烈的刺激,如尖叫、噪音、危险镜头等。
6. 和人争吵时,总是先发制人,喜欢挑衅别人。
7. 喜欢安静的环境。
8. 善于和人交往。
9. 羡慕那种善于克制自己感情的人。
10. 生活有规律,很少违反作息制度。
11. 在多数情况下情绪是乐观的。
12. 碰到陌生人觉得很拘束。
13. 遇到令人气愤的事,能很好地自我克制。
14. 做事总是有旺盛的精力。
15. 遇到问题总是举棋不定、优柔寡断。
16. 在人群中从不觉得过分拘束。
17. 情绪高昂时,觉得干什么都有趣;情绪低落时,又觉得什么都没有意思。
18. 当注意力集中于一事物时,别的事很难使我分心。
19. 理解问题总比别人快。
20. 碰到危险情景,常有一种极度恐怖感。
21. 对学习、工作怀有很高的热情。
22. 能够长时间做枯燥、单调的工作。
23. 符合兴趣的事情,干起来劲头十足,否则就不想干。
24. 一点小事就能引起情绪波动。
25. 讨厌做那种需要耐心、细致的工作。
26. 与人交往不卑不亢。
27. 喜欢参加热烈的活动。
28. 爱看感情细腻、描写人物内心活动的文艺作品。

29. 工作学习时间长了,常感到厌倦。
30. 不喜欢长时间谈论一个问题,愿意实际动手干。
31. 宁愿侃侃而谈,不愿窃窃私语。
32. 别人总是说我闷闷不乐。
33. 理解问题常比别人慢些。
34. 疲倦时只要短暂的休息就能精神抖擞,重新投入工作。
35. 心里有话宁愿自己想,不愿说出来。
36. 认准一个目标就希望尽快实现,不达目的,誓不罢休。
37. 学习、工作同样一段时间后,常比别人更疲倦。
38. 做事有些莽撞,常常不考虑后果。
39. 老师或他人讲授新知识、新技术时,总希望他讲得慢些,多重复几遍。
40. 能够很快地忘记那些不愉快的事情。
41. 做作业或完成一件工作总比别人花时间多。
42. 喜欢运动量大的剧烈体育运动,或者参加各种文艺活动。
43. 不能很快地把注意力从一件事转移到另一件事上去。
44. 接受一个任务后,就希望把它迅速解决。
45. 认为墨守成规比冒风险强些。
46. 能够同时注意几件事物。
47. 当我烦闷的时候,别人很难使我高兴起来。
48. 爱看情节起伏跌宕、激动人心的小说。
49. 对工作抱认真严谨、始终一贯的态度。
50. 和周围人的关系总是相处不好。
51. 喜欢复习学过的知识,重复做能熟练做的工作。
52. 希望做变化大、花样多的工作。
53. 小时候会背的诗歌,我似乎比别人记得清楚。
54. 别人说我"出语伤人",可我并不觉得这样。
55. 在体育活动中,常因反应慢而落后。
56. 反应敏捷,头脑机智。
57. 喜欢有条理而不甚麻烦的工作。
58. 兴奋的事常使我失眠。
59. 老师讲新概念,常常听不懂,但是弄懂了以后很难忘记。
60. 假如工作枯燥无味,马上就会情绪低落。

气质测验答卷

胆汁质	题号	2	6	9	14	17	21	27	31	36	38	42	48	50	54	58	总分
	得分																
多血质	题号	4	8	11	16	19	23	25	29	34	40	44	46	52	56	60	总分
	得分																

续 表

	题号	1	7	10	13	18	22	26	30	33	39	43	45	49	55	57	总分
黏液质	得分																
抑郁质	题号	3	5	12	15	20	24	28	32	35	37	41	47	51	53	59	总分
	得分																

评分方法如下：

A. 如果某一项或两项的得分超过20，则为典型的该气质。如胆汁质超过20，则为典型胆汁质；黏液质和抑郁质项得分都超过20分，则为典型黏液质—抑郁质混合型。

B. 如果某一项或两项以上得分在20以下、10以上，其他各项得分较低，则为该项一般气质。如一般多血质；一般胆汁质—多血质混合型。

C. 若各项得分均在10以下，但某项或几项得分较其余项为高（相差5分以上），则为略倾向于该项气质（或几项的混合）。如略偏黏液质型：多血质—胆汁质混合型。其余类推。

一般来说，正分值越高，表明该项气质特征越明显，反之，分值越低或越负，表明越不具备该项气质特征。

第四节　心理知识拓展

一、电影"心"赏——《心灵捕手》

电影《心灵捕手》讲述的是数学天才威尔接受心理咨询从而解开心灵的枷锁，开始新生活的故事。威尔是一个极聪明的人，但因为从小受到家庭暴力，形成了严重的心理创伤。威尔产生了严重的自卑心理和暴力倾向，他不愿让别人看到其真实的自我，和别人发生冲突时不知轻重，同时他对未来也没有追求，不愿意努力，所以虽然他有数学天赋，极聪明的头脑，却在一所大学里从事着清洁工的工作，也没有什么朋友，生活状态很不好。一次偶然的机会，他解开了黑板上一道无人能解的数学题，让一个数学教授看到了他的惊人才能，但是糟糕的心理状态，让教授不敢重用他，教授让他去接受心理治疗。故事就围绕着威尔心理治疗的过程展开。因为威尔的阻抗和不配合气走了五个心理治疗师，但在第六个咨询师的努力下，威尔

图3.3　电影《心灵捕手》

终是开放了自己,说出了自己的故事,并在咨询师的帮助下过上了正常人的生活,也得到了教授的重用。

影片中威尔因为童年的创伤经历,产生了自己难以调适的心理问题,因为他的心理问题,虽然怀揣才能却不得发挥,过着很凄惨的生活。但是威尔却极力掩饰隐藏自己的问题,不愿意改变也不愿意接受心理治疗师的帮助。在治疗师的努力下,威尔最终一步步放下防备,倾吐了自己的悲惨经历,咨询师也运用自己的高超专业技术帮助威尔摆脱了心灵的枷锁,开始了新的生活。

所以,当我们遇到自己难以调适的心理困惑时,如果一味隐藏、掩饰,只会让我们的生活变得更加糟糕。我们要勇于直面自己的问题,向专业人士求助,努力放下心灵的包袱,享受健康的心理状态。

二、心理训练营

成功性格训练法

文敏性格畏缩退却,自卑感很重,她找到了心理专家进行咨询。

专家要求她采取第一个步骤:去发现自己性格的内核。按照专家的要求,文敏问了四个熟悉自己的人,询问他们对自己有什么看法。结果大家的回答是:正派、温和、助人、友善、谦让。

第二个步骤是问文敏:"你如何看待自己?"为此专家给她布置的作业是,让她把自己想象成一个可以任意挑选角色的女演员,看她将会选中一个什么样的角色去扮演。

文敏选了一个自信心强、大胆、果敢坚强的女强人角色。因为这个女强人身上所具备的,正是她所欠缺的。

步骤之三是要求文敏找出一个她所崇拜的人。文敏选择的对象是:"宋庆龄。"回答之迅速令人惊讶。她崇拜宋庆龄是因为"她具有高雅华贵的气质,崇高的人品,宽厚温雅的性格,美丽的容貌"。当文敏谈着这位伟大的女性时,脸上放射出热情的光辉。人们从未见过她这样有生气。

专家接着让文敏在上述两种性格的女性中,确定一个作为自己性格的选择目标。

文敏毫不犹豫地回答:"我愿意像宋庆龄那样善良、宽厚、谦让、高雅,同时我也愿意像我想扮演的角色一样,勇敢坚强,独立自主。"

文敏为自己所设计的性格是成功、合理和出色的。当她这样为自己设计时,她已不是原来那个文敏了。

数周后,专家又要求文敏在服饰上、发型上打扮得更为年轻,改变以往老气横秋的外貌。可半个月过去了,文敏却怎么也行动不起来。专家帮她分析了她为什么踌躇不前的原因。她担心改变性格后,会丧失过去那种依附于一个群体的安全感。她十分依赖那些把她当成一个可怜的弱者的人们对她的赞同。

文敏的担心不是没有道理的。当她的父母热烈赞成她的做法,并打算尽力来帮助她时,她却在工作中失去了一部分同事的支持。他们没想到,文敏这位平时胆小沉默的小姑娘,竟也成了一名竞争对手。更有少数人嫉妒这位突然自信、热情、漂亮起来的姑娘,开始给她的工作制造麻烦。

然而,在专家的指导下,在亲朋好友的支持下,文敏坚持了自己的选择,她越来越成熟自信。在工作中升了职,在生活中也找到了如意的伴侣。

最后,让我们再概括地重复一下上述找到成功性格所要采取的步骤:

第一,随意找到四个你的熟人,问他们对你的印象如何,确定你是否喜欢他们的回答,判断你为什么喜欢或不喜欢留给别人的那种印象。

第二,确定一下,如果你是一名演员的话,愿意扮演什么角色,以及你为什么喜欢这个角色。

第三,选择任何一个你所崇拜的人,列出他身上那些使你崇拜的特征和品质。

第四,把第二和第三综合为你自己所选择的性格。

第五,改变你的形象、行为、个性中你所不喜欢的东西,强化你所喜欢的东西。

第六,去表现你的新个性。

要提醒你注意的是,不要指望很快便能发展成一种成功的性格。此外,要成功地改造自己的性格,还必须以自己性格的内核为基础。

上述性格选择模式,只是提供一个出发点。失败型性格的人,要经历一个极为困难的时期,以积极的态度去设想自己的个性方能成功。这里提供的模式,将有助于你在发展自我的过程中迈开第一步。

第四章 人际交往,沟通心灵

> 人生最美好的东西,就是他同别人的友谊。
> ——林肯

案例导入

某女生,在家是独生女,漂亮聪明,学习优秀,堂、表兄弟姐妹中数她最出色,家人万千宠爱,家庭经济条件好,很早就有自己独立的卧室。到学校后,四人一间宿舍,感到委屈和不适应,经常抱怨寝室同学,还耍娇小姐脾气,支使别人干这干那,好像是理所当然的。这样,其他三位同学开始逐渐疏远她,她感到十分孤单,却又不知道别人为什么远离她。

案例分析

上述案例涉及了大学生所遇到的人际交往问题,存在这类问题的大学生有很多,比起中学生,大学生的人际交往更为复杂,更为广泛,独立性更强,也更具社会性。个体开始独立地步入准社会群体的交际圈。大学生们开始尝试独立的人际交往,并试图发展这方面的能力。而且,交往能力越来越成为大学生心目中衡量个人能力的一项重要标准。然而,并不是每个大学生都能处理好人际关系的。在这一过程中,有相当数量的人会产生各种问题。认知、情绪及人格因素,都影响着人际关系的建立。良好人际关系的建立,关键是要学会本着平等、尊重、真诚、宽容、谦逊的原则,在积极的人际交往实践中提高自己。

第一节 大学生人际关系

人际关系是人与人之间最基本的交往活动,良好的人际关系有助于人的心理健康。人际关系是大学生成长发展的主要外部环境,是其大学生活的重要内容,良好的人际关系有助于大学生的心理健康,是其正常学习和生活的基本保证。每个人都希望生活能充满阳光,都希望友谊能天长地久,都希望人情能温馨美好,但生活总是现实的,人与人之间的冲突是在所难免的,我们总会发现曾经多么亲密的朋友、多么幸福的伴侣最终却分道扬镳、形同陌人。

随着现代社会的发展,人与人之间的关系越来越密切,人际关系在人们的生活中的地位愈加重要。对于我们来说,上大学不仅仅是为了学习和获得知识,更重要的是性格、能力的培养和塑造,当代大学生应该培养各种能力:人际交往能力、创新思维能力、掌握信息能力、学习能力和自立能力等。良好的人际关系能使大学生在人际交往活动中,团结互助、平等和睦的友好相处,有效的沟通和交流。大学是一个宽泛、自由的空间,我们要能够很快速地适应环境,根据良好人际关系,把握人际关系的原则,提高人际交往和沟通的技能,同时从自身修养和交际经验来提高自己,并通过自己的努力在交际上取得好的成绩。

如今人际关系的培养最关键的时间段就是大学期间,大学是人际关系走向社会化的一个重要转折时期,往往在大学人们才开始真正的脱离父母而独自生活的环境。在大学里每个人都要接触来自不同地方、不同习俗、不同性格的人。而是否能处理好这些人就得决定你的人际交往能力了。从你踏入大学,就会遇到各方面的人际关系:师生之间、同学之间、同乡之间,以及个人与班级、学校之间的关系等。面对如此众多的人际关系,有的同学因为处理不当,整日郁郁寡欢,心情沮丧;有的同学因为人际关系紧张,精神压力很大,导致程度不同的心理病症;而更多的同学则由于不知如何处理复杂的人际关系,而经常为苦闷、烦恼的情绪所困扰。可见,如何处理好人际关系,对于几年大学生活和未来事业的成就,是有着至关重要的意义。

一、大学生人际关系概述

(一) 大学生人际关系的含义

大学生人际关系是大学生在大学期间学习、生活和实践中,通过交往互动而形成的一种心理关系。对于大学生人际关系的理解有广义与狭义之分。狭义的大学生人际关系是指大学生在大学期间通过与个体或群体的交往互动,与同学、教师等形成的人际关系,主要包括同学关系、师生关系和朋友关系;广义的大学生人际关系是指大学生在校期间通过交往互动形成一切关系的总和,除了同学关系、师生关系和朋友关系之外,还包括与家庭的关系,与社会人士所形成的关系等。人际沟通一般指人与人之间的信息交流过程。也是人们在共同活动中彼此进行的事实、思想、意见、情感等方面的交流,取得相互之间的了解、信任,形成良好的人际关系,从而实现对行为的调节。

(二) 大学生人际交往的意义

美国人本主义心理学家马斯洛提出的需要层次理论把人类需要由低级到高级按序排列为:生理需要、安全需要、交往需要、尊重需要、自我实现需要,其中交往需要、尊重需要、自我实现需要是人类所独有的。交往需要是指一个人愿意与他人接近、合作、互惠,并发展友谊的需要,它是精神需要的重要内容。在大学生个人成长过程中,交往需要是很迫切的。也是个体心理正常发展的必要条件。青年期的大学生希望被人接受、理解的心情尤为迫切。德国学者斯普兰格说:"在人的一生中,再也没有像青年时期有那样强烈地渴望被理解的愿望。没有任何人像青年那样渴望着被人接受和理解。"人际交往是心理健康发展的必要前提,良好的人际交往是大学生肯定自我价值,促进身心健康的一种需要。善交往者,往往能在人际

图 4.1　马斯洛(1908—1970),美国著名社会心理学家,第三代心理学的开创者,提出了融合精神分析心理学和行为主义心理学的人本主义心理学,提出了马斯洛需求层次理论,代表作品有《动机和人格》《存在心理学探索》《人性能达到的境界》等。

交往中获得很多。人在不断扩大自己的社会生活范围,接触更多人和事物的同时能正确认识自己,接受自己。只有在交往中,我们才能更好地认识自己和他人,通过他人的反应、态度和评价,发现自己的长处与不足,找出自己与他人的差距,才能合理定位自己,才能扬长避短、取长补短,从而发展自己,完善自己。一个人与人交往越多,生活经验越丰富,接触的方面越广泛,对自己的了解和评价就会更客观、全面。同时,人只有置身于活动中,在不断与人交往中,才会动脑思考,才会有问题解决,从而锻炼和提高记忆力、思维力,甚至有所创造。人在交往中还会学会更好地与人相处,建立良好的人际关系。

现代大学生在人际交往中往往不敢交往、不愿交往、不善交往,严重影响大学生的心理健康,影响他们的综合素质提高。如果长期缺乏交往,过于自我封闭,或常有不正常的交往,都会产生心理问题,严重的会导致个性变态,极不利于个体自身发展。

1. 人际关系影响情绪

人际关系的重要特点是情绪性,人际关系中情绪是以满足的程度为基础的。人际关系的好坏可产生两大类情感。第一是结合性情感,表现为人际关系的肯定、接纳、积极的态度,有利于发展人际关系;第二是分离性情感,表现为否定、排斥、消极的态度,会削弱人际关系。人际关系彼此兼容,双方都会感到心情舒畅、愉快;相互排斥,则彼此都会感到孤独寂寞,心情抑郁,以致损害健康,甚至走上绝路。

2. 人际关系影响心态

积极的人际交往,可以使人精神愉快,情绪饱满,形成积极、自信、乐观的人生态度。人际关系良好的个体,大多能保持开朗的性格,热情乐观的品质,从而正确对待各类现实问题,化解生活中的各种矛盾,形成积极向上的品质,更好地适应生活和发展自己。相反,如果缺乏积极的人际交往,不能正确对待自己和别人,心胸狭隘,目光短浅,则容易形成精神上、心理上的巨大压力,难以化解心理矛盾。

3. 人际关系影响精神

通过和谐的人际交往,得到支持和帮助的机会就会增多。人对归属感、友谊和爱等感情需求的正当满足,可以通过和谐的人际交往来实现。尤其是当个体遭到挫折、产生烦恼和困惑时,通过人际交往能够及时地宣泄和化解负面情绪,建立并维持乐观开朗、积极进取的良性心态,促进身心健康。

4. 人际关系促进个性发展

人际交往是个性发展与人格健全的必经之路。个体只有通过与其他个体发生联系,只有学习社会知识、技能与文化,才能取得社会生活的资格。离开社会的交往环境,离开与他人的合作,个体无法成为一个合格的社会人。"狼孩"由于失去了与他人交往的最佳时期,失去了其作为"人"的成长的环境。因而,即使后来被发现并正常的养育,但是已经很难成为一个正常的"人"了。

"物以类聚,人以群分",人有交往的需要,有合群的倾向。人生在世,就必须需要与他人、社会交流信息、沟通情感。当在困境时,他人一句温暖的话语、一个真诚的关怀,会令你倍感亲切、慰藉;当在成功时,与他人分享你的快乐与喜悦亦会令你开心、舒畅。

5. 人际关系有助于保持心理健康

人出现各种各样的心理问题的主要原因是人际关系失调。研究表明,如果一个人长期缺乏与别人的积极交往,缺乏稳定的良好人际关系,那么这个人往往会形成交往障碍、长期发展就会导致性格缺陷。人际关系紧张的人,不但事业会受阻,而且心情不好,会陷入极大的痛苦之中。而拥有良好人际关系的个体,会有归属感和社会支持力量,心理比较健康,能拥有快乐的心情,也更容易感觉和体验到幸福,也更有助于保持心理健康。

二、大学生人际关系的种类

(一) 师生关系

师生关系是指大学教师与在校大学生之间的关系,这种关系又可具体分为任课教师与学生的关系和辅导员与学生的关系两种。其中,任课教师主要担任公共课或专业课的知识传授,这种师生关系范围比较窄,内容较为简单。另外,由于"辅导员是开展大学生思想政治教育的骨干力量,是高校学生日常思想政治教育和管理工作的组织者、实施者和指导者",辅导员的工作直接涉及学生思想、学习、生活的方方面面,因此,辅导员与学生的关系相对于任课教师来讲范围要宽得多,内容也比较复杂。

(二) 室友关系

室友关系即大学生与同宿舍其他成员之间的关系。目前,高校大学生宿舍格局以4人、6人或8人为多。大学生除了学习之外,与同宿舍其他成员之间的关系成了大学生课余生活的主要关系,这种关系处理不好将直接影响学生的学习和生活,甚至出现由于矛盾激化而引发恶性事件的发生。因此,这种关系的处理也是大学生人际交往问题中的关键一环。

(三) 同乡关系

同乡关系指大学生与来自同一生源地或相近生源地的学生之间的关系。由于大学生的个人人际交往需求,这种关系的发生在大一新生之间、大一新生与高年级学生之间以及应届毕业生群体之中更为普遍和频繁。

(四) 同学关系

同学关系即大学生与其学习伙伴之间的人际交往关系,这种关系主要包括同性同学之间的关系、异性同学之间的关系以及学生干部与普通同学之间的关系三种类型。其中异性同学之间如何得体交往成为困扰许多学生的问题。除此之外,学生干部与普通同学之间的关系处理问题也是大学生在人际交往方面比较容易出现的问题。

(五)亲友关系

亲友关系即除了上述四种人际关系之外,大学生的父母,与大学生关系密切、对其个人成长发展具有举足轻重影响的长辈和同辈,这一群体与大学生之间的关系即为亲友关系。相对于发生在大学校园里的人际交往关系来讲,这种关系在空间上距离较远,其发生也不那么频繁。

(六)虚拟关系

随着网络的逐渐普及,上网成了大学生课余生活的重要组成部分,通过网络游戏、聊天、交友、互助等多种渠道,形成了大学生与其他网络虚拟领域使用者之间的交往关系。这种关系也是当代大学生人际交往的一个主要方面,在大学生的课余生活中也占据了一席之地。

三、大学生人际交往的特点

与人交往和相处的问题并不是大学生所独有的,但这一问题在大学生中具有特殊性。大学生都渴望成才,但成才要受到各种因素的影响,而人际交往就是十分重要的因素。人的成才总是和人的知识与潜力的拥有密切相连,获得知识、运用知识、培养潜力、创造新知识,这些都离不开人际交往。

(一)交往愿望强烈

当代大学生独特的生活环境和思想氛围,决定了其人际交往较之中学时代具有更大的广泛性、互动性和多样性,大学生人际交往的愿望比中小学生更为迫切,他们力图通过交往去开阔视野、丰富知识、学会处世以表现自己各方面的才能,获得情绪的稳定,保持足够的自尊心和自信心。大学生思想活跃、精力充沛、兴趣广泛,有充裕的时间去思考交往,富于理想情感,讲究情投意合、融洽相处。大学生人际交往的愿望随着年龄的增加而减少,这与高年级学习负担加重、与工作联系更加紧密有关;另一方面,大学生兴趣、人格逐步走向固定,从多元化向一元化发展。

(二)人际交往的社会性强

大学生人际关系的社会性大大地强化,大学生年轻、有干劲,"初生牛犊不怕虎"是有冲劲和活力的一代,他们参与社会交往,不仅可以增长见识,也可以增长社会财富。大学生在中学阶段,注意力都集中在高考学习上,没有时间和精力进行很多的人际交往;进入大学后,他们走出家门,认识、结交了更多的朋友,交流更多的信息,接受更多的新思想,与社会的接触比中学时更加频繁与密切,人际交往呈现出前所未有的开放式交往趋势。大学生有一个共同目标,即学好高等课程,提高自身素质,争做全面发展的社会主义接班人,因此相互之间的人际交往必须符合这个共同目标,道德规范的调节作用显得特别有力。

(三) 存在一些团体或组织

社团已成为大学生交往的重要校园场所,毫不夸张地说,没有参加过社团就等于没有上过大学。形成这些团体或组织的原因主要有相似性吸引、接近性吸引和补偿性吸引三类。在这些群体中,起积极作用的是多数,同学之间的情谊能用道德标准要求,有共同的兴趣和爱好,互相关心、互相帮助、共同进步。也有起消极作用的团体,交往活动常常是玩耍、娱乐、吃喝,学习、思想上不能互相帮助,不能用集体的道德标准和生活规范来约束自己的行为。

(四) 交往注重自立,不依赖家庭

大学生的独立意识普遍增强,不仅理性地思考、判断、处理自身的问题,也关心社会,批判地接受知识,批判地看待其他事物,有着强烈地体现个性的见解和疑问。大学生在自我意识和社会关系相互协调的基础上,开始树立自我的个性,支持自己的主张,以独立的人格和态度处事,积极自主地开展人际交往活动。这个时期,大学生的抱负与志向鲜明,对于家庭往往已不再依赖,而是以成人的眼光参与和处理家庭事务,充分体现个人的意志和性格,这使得大学生更容易接受新事物和新东西,更容易受社会思潮的影响。

(五) 社交能力逐渐增强

交往中注意较温和的方式,不再粗暴地自夸自大,对社会、同性和异性的鉴赏力增强,能适应各式各样的人,能接受并宽容朋友的不同意见,不试图硬性地改变他们,争吵减少。交往手段的发展,使大学生的人际交往变得更方便、更快捷,交往距离更远,交往范围甚至可以扩展到世界范围。

(六) 交往内容多样性

大学生交往的内容除了专业知识以外,人际交往频繁,内容丰富多彩,涉及文学、艺术、体育、政治、外交、人生、理想、爱情和社会问题等各个方面。大学生交往频率提高,由偶尔的相聚、互访发展到较为经常的聊天、社团活动、聚会、体育活动、娱乐、结伴出游以及其他一些集体活动。交往方式、手段更多,由原来的互访、通信等转向使用一切现代化的通信设备、交往工具、交往场所等交往手段。利用现代化手段仍离不开人与人的交流,但在大学这个教学、科研中心,其内容的广度和深度都还远远不能满足大学生的需要,形式化的东西不仅不能促进大学生人际交往,反而打消了一部分同学的积极性。

(七) 交往范围扩大

大学生交往范围扩大,但仍以同龄人为主市场经济的发展,使人际间的交往不能局限于亲缘群体之内,人际交往的范围随之扩大,大学生交往对象由以前的亲戚、邻居、成长伙伴转向大学同学和在社交场合认识的其他人,其中又以同学交往为主。大学生过着朝夕相处的集体生活,众多的交流机会、相似的人生经历、共同的学习任务,使得大学生的交往对象主要选择在同寝室、同班级、同乡同学之间,围绕学习、娱乐、思想交流、感情交通而展开。他们较

少受社会经验和传统思想的束缚,思想开放活跃,力图突破现有的交往圈,不断以新的眼光和标准去扩大交往范围,寻求更多更好的伙伴;交往能力强的同学交往不局限于同班同学,更多的大学生突破班级、年级范围,发展到同级、同系、同校高低年级可认识的所有同学及外校、社会上的朋友,进入各式各样的校园交际环境。不仅是同性之间的交往,异性交往也很经常。

第二节　网络时代的大学生人际交往

随着互联网时代的到来,越来越多的人开始了互联网生活,作为新时代的佼佼者,当代大学生使用互联网的时间更长也更加频繁。互联网时代对当代大学生有着诸多的影响,从学习到生活,大学生已经离不开互联网。

人际交往是人类活动的一个重要环节,人类是一种群居动物,没有人际交往的人很难在这个社会生存下去。大学生是学习人际交往能力的黄金阶段,互联网时代大学生要更好地建立人际关系,就应该善于利用互联网交际的一些优点,扩充自己的人际交流圈,建立一种更加和谐的人际关系。但是互联网也是一把双刃剑,互联网时代的高速发展在为大学生的人际关系带来便利的同时,还带来了一系列的负面影响。因此大学生们在积极享用互联网带来的交往便利的同时也应该识别互联网社交存在的弊端,不在虚拟世界发表不实际的言论和信息,也不能对互联网提供的信息全盘接受和信任。

调查显示,每天平均使用网络时间在 2—8 小时的大学生达 77.77%,5.90% 的大学生处于每天大于 8 小时的上网状态,仅仅 16.33% 的大学生使用网络的时间低于 2 小时。对于大学生而言,除去上课时间,每天拿两个小时去读书、学习的大学生可能已为数不多,能坚持每天两个小时的大学生更屈指可数。但是大多数的学生却用每天至少两个小时的时间在上网,并且可以日复一日、年复一年的坚持。从时间的比重来看,网络已然成为大学生生活中的重要组成。近 70% 的大学生每天使用社交媒体的时间超过 3 小时,甚至有 5.67% 的大学生超过 8 小时。还有调查显示,79.14% 的被调查大学生上网的主要目的是交友聊天,在大学生网络交往的主要对象的调查中发现,同学、老师、家人和陌生人都占有一定比例,这也基本覆盖了大学生人际交往的所有对象。同学所占的比例最高,达 51.25%;其次有 24.49% 的大学生选择家人;14.51% 的大学生选择老师;还有 9.75% 的大学生选择陌生人。可见,大学生在网络的环境下,人际交往的对象会发生变化,也会更加复杂。

一、大学生网络人际交往现状

(一) 大学生进行网络人际交往的人数越来越多

进行网络人际交往的大学生越来越多,他们常常跨班级、跨年级、跨专业、跨性别地进行多方面交往。与此同时,大学生还借助实习、实训及社会实践的机会逐步将交往范围扩大到社会上。他们在建立和发展自己的人际关系时,除了直接面对面的交流方式以外,网络人际交往逐渐成为在校大学生生活中的重要部分。

(二) 大学生进行网络人际交往的方式越来越多样化

目前,最为流行的聊天类、虚拟社区类、网络游戏类、电子邮件类在大学生的人际交往中比较流行。运用这些工具可以轻松地进行协作学习,提高人际交往的能力。因此,我们可以考虑通过将学生个人之间的交流向集群方式交往的转变来提高其网络人际交往的能力。

(三) 大学生进行网络人际交往的心理依赖性越来越强

现如今在校的大学生绝大多数是独生子女,他们渴望与人交流,有自己的交友空间。但由于长期以来都以自我为中心,上大学后,在交友中常常会遇到许多苦恼。用一个代号、一个化名可以在网上广交朋友,与朋友交谈既可以推心置腹,又可以恣意调侃,在虚拟的世界抒发情感,交流思想,排遣空落。他们对未曾谋面的朋友充满好感。

(四) 大学生进行网络交流的话题和对象越来越广泛

大学生进行在线交流的话题涉及个人、社会、兴趣、感悟等各个方面,并且对兴趣爱好和学习生活关注得最多,这与年轻人追求个性、思维活跃等特点分不开。其交流对象大部分是以前的同学和现在的同学,其中陌生人也占有重要比重,与老师的交流明显比其他对象类型少,其中因素可能与老师对于学生这种特殊的关系有关。

二、网络对大学生人际交往的积极影响

(一) 网络交往方式的出现,大学生人际交往方式多元化

网络的到来,为大学生提供了新的媒介进行人际交往,不再局限于现实生活中面对面的直接交流,随着社交媒体技术的不断发展,越来越多的大学生通过 QQ、微信、E-mail、朋友圈、人人网、博客、微博等社交媒体进行人际交往。大学生在校园中与同学建立人际关系的途径,除了上课学习、社团活动、社会实践等传统的途径外,社交媒体成为大学生建立人际关系的重要途径。基于六度分割理论所建立的社交媒体在大学生人际交往中的作用越来越大,通过同学、同学的同学等都可以建立联系,形成人际关系。

(二) 网络的互联性,大学生人际交往范围扩大化

著名的六度空间理论可知,两个陌生人之间,最多通过 6 个人便可以相识,又称小世界理论。网络的互通性使世界上各个国家、各个民族、各个地区的人联系到一起,网络社交平台,如 Facebook、微信、QQ、MSN、人人网等社交媒体都是以六度空间理论为基础,使人际交往在时间和空间上更加便捷。世界范围内的人通过网络,特别是社交媒体均成为互相联系的"蜘蛛网",成为大学生潜在的交往对象。同学、家人、教师已不能满足大学生人际交往的需求,大学生人际交往的范围在不断扩大,延伸到众多的陌生人中。

(三) 网络的信息化,大学生人际交往内容广泛化

大学生与同学间人际交往的内容主要包括在学习方面相互请教和探讨、生活中的各种琐事、情感上的相互分享与倾诉、国家大事的评论与分析、社会实践的趣闻与收获、娱乐圈的绯闻八卦以及各自未来的发展前景等。网络时代,信息的传播速度是惊人的,据不完全统计,每秒钟会有数亿条信息发布到全球各地。在 2014 年新年钟声敲响的那一秒发送了 13 472 条微博,发出了 166 667 条微信,而 Google 每秒处理 3.4 万次的搜索请求,会发出 340 多万的电子邮件,如此快速的信息传播使大学生能够在短时间内获得众多的信息,这些五彩缤纷的信息将会为大学生人际交流开启新的篇章。

(四) 网络的便捷性,大学生人际互动频繁化

随着网络时代的不断发展,超八成的大学生选择微信/QQ 等社交媒体手段与同学进行人际交往。首先,大学生将较多的时间放置于社交媒体上,为大学生在社交媒体的互动提供了可能性;其次,大学生使用社交媒体与同学交流在日常的交流中比重是相当大,是大学生在社交媒体互动的前提和基础;再次,随着社交媒体功能的不断更新和发展,形式越来越多样,例如腾讯 QQ 的不断发展,最初仅为聊天工具,之后不断发展 QQ 空间、朋友网、互动游戏等,使大学生与同学的互动不必局限于最初的即时聊天,出现了越来越多的互动形式。社交媒体不断发展的过程就是大学生互动方式不断增加的过程;最后,随着社交媒体上互动方式的多样和简便,大学生在社交媒体的互动越加频繁。在网络时代的推动下,社交媒体的种类、功能在不断发展、完善,这便增加了大学生使用社交媒体的时间,丰富了大学生使用社交媒体的形式,在一定程度上增加了大学生网络互动的频率,使大学生人际交往频繁化。

三、网络环境下大学生人际交往存在的问题

(一) 交往动机:功利化倾向——"微商"

从马斯洛需要层次看,大学生有强烈的获得人际关系的需求,这种需求是发自内心,是自身真正情感的寄托。但是从调查数据来看,大多数的大学生仍是以情感性的需求作为人际交往的出发点,但也有超四分之一的大学生以获得自身利益的功利性需求为出发点,将人际交往作为自身利益扩大化的方式和途径。在大学生网络人际互动的形式上,销售宣传商品进入大学生人际交往的方式中,并成为大学生网络人际互动的重要方式,占到了 23.58%,使利益成为大学生人际互动的出发点和归宿。大学生人际交往动机以及大学生人际交往形式的变化都足以体现网络时代的大学生在人际交往是情感性和功利化并存的交往动机,但同时也呈现出大学生人际的功利化倾向。

大学生人际关系功利化倾向最突出的表现就是"微商",越来越多的大学生利用社交媒体,通过多样的社交平台扩展自身人脉,将"所有同学"都纳入自身的人脉系统中,成为自身的潜在客户。当大家打开 QQ 空间、微信朋友圈、微博动态、人人网等社交平台时,各式各样的产品将映入我们眼帘,化妆品、食品、衣物、器械、药品等广告散布在我们的社交平台上,各种宣传、推

销广告应接不暇,越来越多的大学生也加入"微商"的行列,通过做"微商"这种途径赚取学费或生活费用。微商,即在微信、微博、QQ等社交软件上发布商品广告,利用自身的人脉系统,在朋友圈中销售产品。作为微商,就要广泛地撒网,增加QQ、微信、微博等好友,对于大学生"微商"来讲,就是通过现有的社交平台,在原有好友的基础上通过一切途径结识"朋友"从而使其转化为自身的潜在客户。与大学生交流最频繁的就是同学了,同学间密切的交流使同学义不容辞地成为"微商"大学生的潜在客户,这种为了金钱、利益而建立、维系的人际交往推动了大学生同学间的人际关系的功利性倾向。网络社交平台不再是大学生同学间学习、生活、情感交流的平台,而成为"微商"大学生的淘宝的商场。"微商"在大学生同学间的不断发展,某种程度上使大学生同学间真正的情谊不在,而成为彼此挣钱的工具,利益的伙伴。

(二)交往方式:重网络忽现实——"熟悉的陌生人"和面对面"陌生人"

俗话说:"熟悉的陌生人"是指曾经爱过的很熟悉的两个人由于各种原因分手成为陌生人,而本文中"熟悉的陌生人"是指大学生通过网络相识且因网络交往频繁而熟悉的所在大学的学生。大学生通过微信群、QQ群、人人网等网络社交平台根据各自兴趣爱好、研究领域等与"同学"交流,慢慢地熟悉群里的"同学",他们之间经常会在互联网上热烈讨论着各种各样的问题,时而认同、时而争论;时而批评,时而赞美,但是当他们在校园中擦肩而过时却不知这就是在网络上如此熟悉的"同学"。当"熟悉的陌生人"在现实生活中偶然认识时,习惯于隐姓埋名的大学生在面对面的尴尬气氛中却不知如何是好,不再是网络上那个出口成章、滔滔不绝的"同学"。对大学生网络人际交往带来弊端的调查发现,63.27%的大学生认为网络会使人沉迷于其中无法自拔,有15.65%的大学生认为过于倚重网络人际交往会产生现实与网络两种人格,形成人格差异,造成角色冲突。

(三)交往频率:伪亲密感增加——点"赞"

网络的便利性使大学生人际交往之间的互动频率明显增加,无须传统的书信与邮寄,无须固定电话的安装与拨打,无须见面的定时定点,网络使大学生同学间的交往更加便捷,没有时间和空间的限制,交往互动的方式也随着社交媒体的不断发展而越来越多。大学生同学间的互动随着微博、和朋友圈等分享平台的不断完善而日益频繁,"赞"在各种社交网络平台疯狂运行着。看到好友的美食分享,点个"赞";看到同学在晒风景,点个"赞";晒幸福的,点个"赞"。微博、QQ动态、朋友圈等分享平台的点"赞"和评论等可以随时随地地了解同学的现状,分享大学生生活和学习的体验,这无疑是增加了大学生同学之间互动,但是在大学生同学间交往互动频率增加的同时却并没有很好地促进大学生同学间人际关系质量的发展,表现为:一是点"赞"成为人际交往中频繁的互动方式,"赞"没有评论的语言文字,是人际交往间简单粗暴的互动;二是"淘宝体"的进入。随着淘宝的发展,通过阿里旺旺与客服的交流而产生的诸如"亲""好评"等淘宝语的出现,这些看似亲密的语言实则是客户间的尊称,然而这些淘宝语却进入大学生的日常交往中,将原本亲密的同学变成了"亲"的代名词。大学生通过点"赞"与同学间互动,在交流时淘宝语的使用,看似频繁的交流互动实际上却使大学生同学间的距离越来越远,情感越来越淡化,长期进行下去将会在大学生同学间在频繁交流互动的同时,伪亲密感也随之增加。

第三节　大学生常见人际交往困惑

大学是人际关系走向社会化的一个重要转折时期,因当今社会越发复杂,大学人际关系亦日益复杂、激化。大学生人际交往问题层出不穷,时常会遇到各方面的人际关系困惑和挫折,由此引发各种不愉快的心理体验,进而影响大学生的学习效率和生活质量,对大学生成长成才也会产生较大的负面影响。因而大学生及时认识到自己的人际受挫并积极通过自己的努力调适和外部的帮助去解决困惑对于提高大学生的学习效率和生活质量是十分必要的。

目前大学生人际关系时有激化,大学惨剧时常发生,复旦大学投毒事件,大学寝室相残,大学生之间的相互不信任,使得大学生对如何构建一个和谐美好的人际关系存在着巨大的困惑。对于大学生而言,他们对人际关系的追求往往带有较多的理想化色彩,无论是对同龄朋友,还是对师长,往往是以理想色彩看待交往,希望交往不带任何杂质,同时他们也常常以理想的标准要求对方,但是现实生活中很难存在理想化的人格,这就导致很多人一旦发现对方某些不好的品质就深感失望,拒绝深度交往,甚至丧失交往的信心。

一、大学生人际困惑的种类

有关调查证明,大学生心理问题中,关于人际交往的已占50％以上,仔细分析,大学生人际关系中的困惑、不适能够分为以下5类状况。

(一) 缺少知心朋友

这类大学生通常多能正常交往,人际关系也不错,但与周围很多人的关系都浮于表面,不能进入更深层次的交往,缺乏心灵的沟通,自感缺乏能互吐衷肠、肝胆相照、配合默契、同甘共苦的知心朋友,为此,有时不免感到孤独和无奈。

(二) 与个别人难以相交

这类大学生与多数人交往良好,但与个别人交往不良,他们可能是室友、同学或父母等与自己关系比较近的人。由于与这些人相处不好,或者有严重矛盾冲突,常会影响他们的情绪,成为一块"心病"。这种状况也会严重影响大学生的生活水平和学习效率,让他们长时间心情沉重,难以开怀。

(三) 与他人交往平淡

这类大学生能与他人交往,但总感到与人相处的质量不高,缺乏影响力,没有关系比较密切的朋友,多属点头之交,没有人值得他牵挂,也没有人会想念他,他们难以持续和发展良好的人际关系。这类同学多会感到空虚、迷茫、失落。

(四) 感到交往有困难

这类大学生渴望交往,但由于交往潜力有限、方法欠妥或个性缺陷、交往心理障碍等原因,致使交往不尽人意,很少有成功的体验,他们往往感到苦恼,很期望改变社交状况。例如大一年级女生小张,她在家里一向养尊处优,家务活全部由父母包办,自理能力不强。进入大学后,紧张的学习使她觉得不安。她开始独来独往,渐渐地,她有种异样的感觉,好像全寝室同学都看不起她,打开水也要她去,扫地也叫她,她觉得自己成了别人"差使"的对象,越发闷闷不乐,上课也毫无兴趣,成绩一落千丈。

(五) 社交恐惧症

这类大学生对人际交往个性敏感、害怕,极力回避与人接触,不得不交往时则紧张、恐怖、心跳加快、面红耳赤,难以自制,总是处于焦虑状态。他们害怕自己成了别人注意的中心,害怕自己在别人面前出洋相,害怕被别人观察。总担心自己会出现错误而被别人嘲笑,总处于一种莫名的心理压力之下。与人交往,甚至在公共场所出现,对他们来说都是一件极其恐怖的任务。

社交恐怖症是十分痛苦、严重影响患者生活工作的一种心理障碍。许多一般人能够轻而易举办到的事,社交恐怖症患者却望而生畏。患者可能会认为自己是个乏味的人,并认为别人也会那样想。于是患者就会变得过于敏感,更不愿意打搅别人。而这样做,会使得患者感到更加焦虑和抑郁,从而使得社交恐怖的症状进一步恶化。许多患者改变他们的生活,来适应自己的症状。他们(和他们的家人)不得不错过许多有好处的活动。

二、大学生人际困惑的成因

其实产生这些问题的原因很多,分析起来大体上有以下几方面的因素。

(一) 家庭教育的原因

现如今大多数家庭都是独生子女,所以在家里父母总是怕孩子吃亏,慢慢就养成孩子自私的心理。并且有些家长本身人际关系就不好,由于长期的渲染,致使孩子也反感与人交往。正所谓父母是孩子的第一任教师,所以很多事情孩子都是从他们那里学来的,所以有时候,做家长的应当让孩子理解一些挫折教育和吃亏教育,这样才会让他们真正了解社会、感知社会,真正得去为人处世。

(二) 学校教育的原因

在很多中小学校,包括有的大学把学习成绩放在第一位,忽略甚至根本就没有注重培养学生的人际交往潜力。还有很多时候,有的学校把学生的思想品德教育形式化,致使很多学生缺乏人际沟通技巧。在面试等场合面红耳赤,羞羞答答;在与人交往时,不懂得变通和换位思考,这是学校教育的失误。

(三) 社会的影响

随着互联网+时代的发展,社会信息日益复杂,很多媒体会刻意放大社会不良现象(比如:摔倒老人碰瓷等),忽视正能量的传播,导致部分学生形成了一种对他人不信任的心理基础,在人际交往中偏向保守,不敢开放自我,不敢与他人深交。市场经济的发展,一方面带动了我国经济社会的发展与进步,另一方面也助长了一些功利思想的膨胀,这种思想意识也影响了大学生的处世理念和行为方式。

(四)自我中心的价值取向

部分大学生由于成长环境的影响可能存在自我中心价值取向,在人际交往中过于追求利益,只和对自己有用的同学或者他人交往,为人处世中看人下菜,缺乏真诚,或者人际交往中只顾个人得失不能换位思考,体会不到他人的不满,从而难以保持良好的人际关系。

(五)素质教育的匮乏

我国目前的教育现状仍处于应试教育阶段,应试教育带来的负面效应就是一些家长、学生、老师更多关心的是学生的考试分数,却忽视了无法用分数衡量的内在素质的培养,这其中,就包括人际交往与沟通潜力这个作为社会人务必具备的素质。

心灵便利贴

折冲樽俎

春秋中期,诸侯纷立,战乱不息,中原的强国晋国谋划攻打齐国。为了探清齐国的形势,便派大夫范昭出使齐国。齐景公以盛宴款待范昭。席间,正值酒酣耳热,均有几分醉意之时,范昭借酒劲向齐景公说:"请您给我一杯酒喝吧!"景公回头告诉左右侍臣道:"把酒倒在我的杯中给客人。"范昭接过侍臣递给的酒,一饮而尽。晏婴在一旁把这一切看在眼中,厉声命令侍臣道:"快扔掉这个酒杯,为主公再换一个。"依照当时的礼节,在酒席之上,君臣应是各自用个人的酒杯。范昭用景公的酒杯喝酒违反了这个礼节,是对齐国国君的不敬,范昭是故意这样做的,目的在于试探对方的反应如何,但还是为晏婴识破了。范昭回国后,向晋平公报告说:"现在还不是攻打齐国的时候,我试探了一下齐国君臣的反应,结果让晏婴识破了。"范昭认为齐国有这样的贤臣,现在去攻打齐国,绝对没有胜利的把握,晋平公因而放弃了攻打齐国的打算。靠外交的交涉使敌人放弃进攻的打算,即现在"折冲樽俎"这个典故,就是来自晏婴的事迹。孔子称赞晏婴的外交表现说:"不出樽俎之间,而折冲千里之外",正是晏子机谋的真实写照。

第四节 大学生人际交往与沟通技能培养

每个成长中的大学生,都期望自己生活在良好的人际关系气氛中,如何提高个人的人际魅力,持续良好的人际关系状态,这是每个大学生值得思考的问题,调查结果也证明,那些对大学生活感到满意度低的学生,其列在第一位的是人际关系不适。对在校大学生,就从品性格、潜力、学识、体态、交际手段与社会经验等方面锻炼自己,使自己能够适应大学生活。良好的人际交往和沟通潜力不是与生俱来的,它需要在社会交往实践中学习、锻炼和提高。但如同其他事务一样,"没有规矩不成方圆",大学生在交往过程中,也有它内在的规律性,即依据必须的交往原则。只有遵循了正确的交往原则才能建立起和谐的人际关系,也不能在交往中掌握和创造更好的人际交往的艺术。

一、掌握良好人际关系的原则

(一) 正直原则

主要是指正确、健康的人际交往潜力,营造互帮互学、团结友爱、和睦相处的人际关系氛围。决不能搞拉帮结派,酒肉朋友,无原则、不健康的人际交往。

(二) 平等原则

主要是指交往的双方人格上的平等,包括尊重他人和持续他人自我尊严两个方面。彼此尊重是友谊的基础,是两心相通的桥梁。交往务必平等,平等才能深交,这是人际交往成功的前提。社会主义人际关系的根本特征就是平等,这是社会进步的表现。贯彻平等原则,就是在交往中尊重别人的合法权益,尊重别人的感情。古人云:"欲人之爱己也,必先爱人;爱人者,人恒爱之;敬人者,人恒敬之"。尊重不是单方面的,而是取决双方,既要自尊,又要彼此尊重。

(三) 诚信原则

指在人际交往中,以诚相待、信守诺言。在与人交往时,一方面要真诚待人,既不当面奉承人,也不在背后诽谤人,要做到肝胆相照,襟怀坦荡。另一方面,言必行,行必果,承诺事情要尽量做到,这样才能赢得别人的拥戴,彼此建立深厚的友谊。马克思以前把真诚、理智的友谊赞誉为"人生的无价之宝"。古人也说,"精诚所至,金石为开""心诚则灵"。其诚是换取友谊的钥匙。日本著名作家池田大作写道:"只有抛掉虚伪,以诚相见的人际关系,才是最有力、最完美、最崇高的。"

(四) 宽容原则

在与人相处时,应当严于律己,宽容待人,理解对方的差异。俗话说,"金无足赤,人无完人"。交往中,对别人要有宽容之心,如"眼睛里容不得一粒沙子"般斤斤计较,苛刻待人,或者得理不让人,最终将会成为孤家寡人。另外,要有宽容之心,还须以诚换诚,以情换情,以心换心,善于站在对方的角度去理解对方,会柳暗花明,豁然开朗。

图 4.2 宽容需要耐心

（五）换位原则

在交往中，要善于从对方的角度认知对方的思想观念和处事方式，设身处地地体会对方的情感和发现对方处理问题的独特个性方式等，从而真正理解对方，找到最恰当的沟通和解决问题的方法。

（六）互补互助交互原则

这个原则是大学生人际关系处理的一种心理需要，也是人际交往的一项基本原则。大学生在经济生活上还没有独立，依然处在以学为主的学生时代，因此互补性原则主要体现在精神领域。往往我们会发现不同气质、性格和潜力的人能够相处配合得较好，而潜力十分强的两个人倒并不必须配合相处得很好。所以，"尺有所短，寸有所长"，在交往过程中要勇于吸收他人的长处，以弥补自己的不足。

从心理学上讲，每个人都是天生的自我中心者，个体都期望别人能承认自己的价值，支持自己，接纳自己，喜欢自己。由于这种寻求自我价值被确认和情绪安全感的倾向，在社会交往中，更重视自己的自我表现，注意吸引别人的注意，期望别人能接纳自己，喜欢自己。阿伦森的研究证明，人际关系的基础是人与人之间的相互重视、相互支持。对于真心接纳我们，喜欢我们的人，我们也更愿意接纳对方，愿意同他们交往并建立和维持关系。

（七）自我价值保护原则

自我价值指个人对自身价值的意识与评判。自我价值保护指人为了持续自我价值的确立，心理活动的各个方面都有一种防止自我价值遭到否定的自我支持倾向。人在任何时期的自我价值感，都是既有的一切自我支持信息的总和。自我价值支持的变化无非来自两方面：一是贴合人们意愿，自我支持力量的增加；另一方面，与人们的期望相反，使人们面临自我价值威胁，因而务必进行自我价值保护的消极变化，即自我价值支持力量的失去或自我面临新的攻击。

个性是我们面临肯定的人转向否定时，我们面临两种选取：一是承认别人转变的合理性，否定我们自己，贬低自我价值；二是进行自我价值保护，尽可能维护自我价值的不变，降低所失去的自我价值对自己的重要性。许多研究证明，自我价值否定是十分痛苦的，因此当面临自我价值威胁时的优先反应不是否定自身，而是尽可能保护自己。

🌴 心灵便利贴 ++

为什么己所不欲，勿施于人？

福阿夫妇1975年研究证明，任何人都有着保护自己心理平衡的稳定倾向，都要求自身同他人的关系持续某种适当性、合理性，并依此对自己与他人的行为得以解释。这样，当别人对我们表示出友好，表示接纳和支持时，我们也感到就应对别人报以相应的友好，这种"就应"的意识会使我们产生一种心理压力，接纳别人，否则我们的行为就显得不合理。与此同时，如果我们的友好的行动别人接纳后，我们也期望别人做出相应的回答，如果别人的行动偏离了我们的期望,我们会认为别人不通情理,从而产生一种不愉快的情绪体验,对对方产生心理排斥。我国古人所说"爱人者,人恒爱之""己所不欲,勿施于人"是有其心理学基础的。

二、克服社会知觉偏差

知人者智,自知者明,能否正确地认识和了解他人,同样关系到人际交往能否顺利进行。走出对他人认知的心理误区,要注意以下几个方面。

(一) 晕轮效应

晕轮效应又称"光环效应",属于心理学范畴,是指当认知者对一个人的某种特征形成好或坏的印象后,他还倾向于据此推论该人其他方面的特征,本质上是一种以偏概全的认知上的偏误。在我们的头脑中,总有一些潜在的,得之于各种途径的观念,并常常以此来评价和决定他人,因为这样做所耗费的心理能量最少,也就是说,它最省事。但是,图省事往往会造成一些认知偏差。什么美国人开放,英国人保守,商人精明世故,农民老实本分,等等。这些说法虽与某些人的特征相吻合,但绝不是个个如此,还要"具体问题具体对待"。人如其面,各个不同,不能用概念来衡量人,把人简单化。某人的一种优点、优势放大变成了笼罩全身的"光环",甚至原先的缺点也被掩盖或者蒙上了一层夺目的光彩。这种对他人认知的最大失误就在于以偏概全。"借一斑而窥全豹"并不总是适合于一切人和事,个别和局部并不必须能反映全部和整体。在人的诸多行为或性格特征中抓住某个好的或不好的就断定他是好人、坏人,无疑是幼稚的。恰当地、全面地认知他人,就要克服说好全好,说坏全坏的绝对化方法。

(二) 首因效应

我们通常所说的印象实际上指第一印象或最初印象,社会心理学中,由于第一印象的构成上最初获得的信息比之后获得的信息影响更大的现象,称为首应效应,也称为最初印象。第一印象,也就是第一次对人知觉时构成的印象,它往往最深刻,而且常会成为一种基本印象而影响对他人各方面的评价。俗话说,先入为主,讲的就是这个道理:人们很重视给别人的第一印象,但也该看到,第一印象得之于较短时间的接触,又无以往的经验作参照,主观性、片面性较强。所以,必须要注意其消极的一面,既不能因第一印象不好而全盘否定,又要防止被表面的堂皇所迷惑。"金玉其外,败絮其中",这样的例子也屡见不鲜。要练就一番透过现象看本质的本事,在长期的相处中全面、正确认识和了解他人。如一位大学生刚入大学出色的自我介绍在同学的头脑中留下强有力的第一印象,即使以后他的表现不如以前,学生认为不是潜力问题,而是不够尽力;相反,有的同学在寻求职业时留下很不称职的第一印象,那么要转变需要很多长时间。人们已习惯于用先入为主的最初印象轨道解释一些心理问题。

（三）近因效应

近因效应是指当人们识记一系列事物时对末尾部分项目的记忆效果优于中间部分项目的现象。这种现象是由于近因效应的作用。信息前后间隔时间越长，近因效应越明显。原因在于前面的信息在记忆中逐渐模糊，从而使近期信息在短时记忆中更清晰。某人刚犯了一个大错误，于是就有人发现，他从来就不是好人，这是近因效应在作怪。在较为长期的交往中，最近的印象比最初的印象更占优势，这是一种心理惯性。由于这种惯性的作用，人们往往会以最近的印象来评价人。与首应效应相比，在总的印象构成上，新近获得的信息比原先获得的信息影响更大，不因一时一事评价人。

（四）刻板效应

刻板效应，又称刻板印象，它是指对某个群体产生一种固定的看法和评价，并对属于该群体的个人也给予这一看法和评价。刻板印象虽然可以在一定范围内进行判断，不用探索信息，迅速洞悉概况，节省时间与精力，但是往往可能会形成偏见，忽略个体差异性，人们往往把某个具体的人或事看作是某类人或事的典型代表，把对某类人或事的评价视为对某个人或事的评价，因而影响正确的判断，若不及时纠正进一步发展或可扭曲为歧视。有些人习惯于机械地将交往对象归于某一类人，不管他是否表现出该类人的特征，都认为他是该类人的代表，而总是将对该类人的评价强加于他，从而影响正确认知。个性是当这类评价带有偏见时，会损害人际关系。如有的大学生认为南方人小气、自私，家庭社会地位高的学生傲气、不好相处等，这种刻板印象容易构成先入为主的定势效应，妨碍大学生正常人际关系的构成。

（五）投射效应

投射效应是指将自己的特点归因到其他人身上的倾向。在认知和对他人形成印象时，以为他人也具备与自己相似的特性的现象，把自己的感情、意志、特性投射到他人身上并强加于人，即推己及人的认知障碍。比如，一个心地善良的人会以为别人都是善良的；一个经常算计别人的人就会觉得别人也在算计他等。投射效应还表现为"以小人之心，度君子之腹"，指与人交往时把自己具有的某些不讨人喜欢、不为人理解的观念、性格、态度或欲望转移到别人身上，认为别人也是如此，以掩盖自己不受人欢迎的特征。如自私的人总认为别人也很自私；而那些慷慨大方的人认为别人对自己也应不小气。由于投射作用的影响，人际交往中很容易产生误解。

三、建立良好人际关系的方法

（一）建立健康的人际交往模式

适度的自我价值感是良好的人际关系的基础。自我价值感来源于对自己作为一个独特的个体而存在的固有价值的认识。任何一个个体都是无法完全被代替的，都有其独特性，有其独特的创造性潜能。伴随这种价值感而来的是对他人的独特性价值的理解以及对他人的尊重。是否具有这种适度的自我价值感直接影响到人际交往的模式。

(二) 塑造良好的个人形象,增进个人魅力

社会交往中,个体的知识水平与涵养直接影响着交往的效果,良好的个人形象应从点滴开始,从善如流,"勿以善小而不为,勿以恶小而为之"。优化个人的社交形象,要提高心理素质。人与人的交往,是思想、潜力与知识及心理的整体作用,哪一方面的欠缺都会影响人际关系的质量。有的学生在人际交往中存在社交恐惧、胆怯、羞怯、自卑、冷漠、孤独、封闭、猜疑、自傲、嫉妒等不良心理,都不易建立良好的人际关系。加强自我训练,提高自身的心理素质,以用心的态度进行交往。

优化个人的社交形象,要提高自身的人际魅力。每个个体都有其内在的人际魅力,他是一个人综合素质在社交生活中的体现。这就要求在校的大学生丰富自己的内心世界,从仪表到谈吐,从形象到学识,多方位提高自己。心理学研究证明,初次交往中,良好的社交形象会给对方留下深刻的印象,而随着交往的深入,学识更占主导地位。个性是大学生的个性培养,拓展自己的内涵。

(三) 培养主动真诚交往的态度

大学生对外在世界的观察和思考已接近成熟,但对内在自我的反省潜力却有待提高,在人际交往中,往往觉得别人不关心自己,或不尊重自己,却很少反省自身,问问自己对别人怎样。这种单向性思维容易导致交往中一厢情愿的倾向,并容易对挫折做出错误的归因。

心理学家发现,热情是最能打动人、对人最具吸引力的特质之一。一个充满热情的人很容易把自己的良性情绪传染给别人。一个面带微笑的人很容易被他人接纳。每个人在生活中都会遇到许多烦恼的事,但我们不应被它们所奴役,而应像鲁迅先生所说的那样:敢于直面惨淡的人生!学会愉快地应对生活,能够从行动入手,让自己高兴地去做事,以微笑去待人,要热情待人还须从心里对他感兴趣,真心喜欢他人。"对别人不感兴趣的人,他的一生中困难最多,对别人的伤害也最大。所有人类的失败都出自这种人。""只要你对别人真心感兴趣,在两个月之内,你所得到的朋友,就会比一个要别人对他(她)感兴趣的人,在两年内所交的朋友还要多。"

心暗示能够减少或消除不良的自我意象。比如经常在心里默默对自己说:"我是受欢迎的人!"每一天早晨醒来,都要充满信心地默诵这句话。除言语暗示外,还可运用形象暗示。在头脑中把自己想象成一个良好的交际者,直到这种形象在头脑中能够栩栩如生地浮现出来并根深蒂固。这就是西方心理学中有名的想象方法。

把每个人都看成重要人物,自尊得以维护,自我价值得到承认,这是许多人最强烈的心理欲求。我们只有在交往中注意到这一点,才能应对自如。的确,每个人都是重要的,当我们把自己看得十分重要时,也应将心比心把别人也看成重要的。据此,在交往中,我们应注意:① 让他人保住面子。如果一个人习惯于透过挑别人的毛病和漏洞来显示自己的聪明,那将是最愚蠢的,必将为此付出高昂的代价。人人都有毛病和缺点,所以找起来并不难。但被人暴露自己的"小",这是许多人所反感的,因为这威胁到了他的自尊。② 不要试图透过争

论使人发生改变。同学之间常常争论,若是为探讨问题,这是有益的。但试图以此改变对方,则往往会适得其反。每个人都或多或少把某种观点看成是自我的一部分。当你反驳他的观点时,便或轻或重地对他的自尊造成了威胁。所以争论双方很难单纯地就问题展开争论,其间往往渗入了保卫尊严的情感。这种情感促使双方把争论的胜负而不是解决问题看成最重要的。所以赢的一方常常难以抑制自己的洋洋得意,他把这看成是自己尊严的胜利,自己有潜力的明证。而输的一方则会觉得自尊受到伤害,他对胜方很难不产生怨恨。从而我们不难理解,为什么许多争论到最后会演变成人身攻击,或变成仅仅比嗓门高低的游戏。所以,争论对人际交往常常是一种干扰因素。

主动发现和赞赏别人的优点。每个人都有其不足,每个人也都有其所长。人类天性中最深切的冲力是"做个重要人物的欲望""人性中最深切的品质,是被人赏识的渴望。"心理学家认为,赞扬能释放一个人身上的能量,调动人的用心性。"赞扬能使赢弱的身体变得强壮,能给恐怖的内心以平静与依靠,能让受伤的神经得到休息和力量,能使身处逆境的人以务求成功的决心。"真心真意,适时适度地表示你对别人的赞扬,赞扬要对人也对事,能够增进彼此的吸引力。最有效的赞赏是赞扬他人身上那些并不是显而易见的长处和优点。如果你赞赏一个领导潜力强,他也会高兴;但若是赞赏他有风度或是很会教育子女,他必然会更高兴。如果你赞赏一个容貌出众的女孩子漂亮,可能不会引起太大的反响,因为她对这一点很自信;如果你说她性格很好或聪明,她可能会更为高兴。

四、锻炼提高人际交往潜力技巧

加强和提高人际交往与沟通的技巧很多,概括地讲有四种。

(一)善于结交

在人际交往中,结交的过程一般要精力彼此注意、初步解除和亲密接触三个阶段。善于结交是指能够巧妙地引起对方注意,并主动制造机会,自然地与对方进行初步接触,进而持续进一步接触的过程。

(二)善于表达

常言道:"与君一席话,胜读十年书。"谈话是沟通信息,获得间接经验的好形势,也是表达感情、增进友谊的重要手段。善于表达,要求表达的资料要清楚明确,表达的方式要恰当、幽默和风趣,使对方感到简单愉快。自我表露真正能够深入下去的交谈必然是双向的。因而,自我表露是另一项就应掌握的技能,即自信地袒露关于自己的信息——怎样想,有什么感受,对他人的自发信息如何反应等。然而,许多人却不能顺畅地表达自己的思想感情,从而给交往制造了障碍。自我表露需要把握好时机,否则就可能犯滔滔不绝、只顾自己之大忌。一般而言,谈自己的适宜时机之一是有人邀请你谈谈自己的时候。这时,如果你能适度地展开自己会引起大家的兴趣和好感。另一种时机是当他人谈的状况和感受与你自己比较一致时,即"我也……"的技巧。人们总是喜欢那些经历和看法与自己一致的人,因为赞成自己的人实际上是在肯定我们的价值和自信。所以,"我也一样""我也喜欢这个""我有过和你同样的经历"之类的表白往往能激发对方用心的反应,使谈话气氛热乎起来。

(三) 善于倾听

倾听的目的一方面是给对方创作表达的机会,另一方面是自己能更好地了解对方,以便进一步与其交往和沟通。学会提高倾听的艺术,首先要静听他人的谈话,不要贸然打断对方的话题,也不要时时插话,影响他人的谈话思路,或弄不清谈话的重点就断然下结论。其次,要鼓励对方讲下去,能够用简单的赞同、复述、评论接话等方法引导他人讲下去。另外,不要做无关的动作,如心不在焉、东张西望、爱听不停、不甚耐烦、不时看表、目光游离不定等动作。这些既影响对方讲话的兴趣,又是一种十分无礼的行为。记住,鼓励他人谈论他们自己、他们的感受、他们的成就,是赢得友谊的有力品质。

(四) 善于处理各类矛盾

在人与人的交往过程中,难免会产生各式各样的矛盾和摩擦,而善于处理问题,就是要求一个人在遇到麻烦的时候能够打破僵局,或者能够做到大事化小,小事化了,持续良好的人际关系,创造深入交往的氛围。从赞扬和诚心的感谢入手。在此之前,我们已深知赞扬和感谢的作用,它能够提高对方的自信和自尊,从而在感情上接纳我们。在这种背景下,我们诚恳地提出批评,对方往往更容易理解。就应做到自尊但不能自傲,坦诚但不轻率,谦虚但不虚伪,谨慎但不拘禁,淡泊但不轻浮,老练但不圆滑,勇敢但不鲁莽,随和但不懦弱。

心灵便利贴

旅途中,你会和陌生人聊天吗?

芝加哥大学布斯商学院的行为学家尼古拉斯·艾普利和朱丽安娜·施罗德发现,回避陌生人的陪伴可能会让我们错过让自己开心一下的好机会。他们在乘坐公共交通工具的上班族中进行了实验,指示他们在乘车过程中按以下三种方式行动:

1. 表现和平时一样;
2. 努力与陌生人交谈;
3. 独自一人待着。

研究者们原本预测与陌生人交谈可能是最让人不愉快的,然而,实验对象在后续访问中表示,这竟然是最令人开心的经历。不管是从个人还是整个社会角度来看,对陌生人友好都是有好处的,我们实验所获得的结果再一次证明了亲社会性对人自身的积极作用。

心理测验

人际关系行为困扰的诊断量表

这是一份大学生人际关系行为困扰的诊断量表,一共有28个问题,请你根据自己的实际情况,逐一对每个问题做"是"或"否"的回答。为了保证测验的准确性,请你认真作答。

1. 关于自己的烦恼有口难开。
2. 和生人见面感觉不自然。
3. 过分地羡慕和忌妒别人。
4. 与异性交往太少。
5. 对连续不断的会谈感到困难。
6. 在社交场合,感到紧张。
7. 时常伤害别人。
8. 与异性来往感觉不自然。
9. 与一大群朋友在一起,常感到孤寂或失落。
10. 极易受窘。
11. 与别人不能和睦相处。
12. 不知道与异性如何适可而至。
13. 当不熟悉的人对自己倾诉他(她)的生平遭遇以求同情时,自己常感到不自在。
14. 担心别人对自己有什么坏印象。
15. 总是尽力使别人赏识自己。
16. 暗自思慕异性。
17. 时常避免表达自己的感受。
18. 对自己的仪表(容貌)缺乏信心。
19. 讨厌某人或被某人所讨厌。
20. 瞧不起异性。
21. 不能专注地倾听。
22. 自己的烦恼无人可申诉。
23. 受别人排斥,感到冷漠。
24. 被异性瞧不起。
25. 不能广泛地听取各种意见和看法。
26. 自己常因受伤害而暗自伤心。
27. 常被别人谈论、愚弄。
28. 与异性交往不知如何更好地相处。

计分标准:选择"是"的加1分,选择"否"的给0分。

结果解释:

如果你的总分在0~8分之间,那么说明你在与朋友相处上的困扰较少。你善于交谈,性格比较开朗,主动,关心别人。你对周围的朋友都比较好,愿意和他们在一起,他们也都喜欢你,你们相处得不错。而且,你能从与朋友的相处中,得到许多乐趣。你的生活是比较充实而且丰富多彩的,你与异性朋友也相处得很好。一句话,你不存在或较少存在交友方面的困扰,你善于与朋友相处,人缘很好,能获得许多人的好感与赞同。

如果你的总分在9~14分之间,那么,你与朋友相处存在一定程度的困扰。你的人缘一般,换句话说,你和朋友的关系并不牢固,时好时坏,经常处在一种起伏之中。

如果你的总分在 15~28 分之间,那就表明你同朋友相处的行为困扰比较严重;分数超过 20 分,则表明你的人际关系行为困扰程度很严重,而且在心理上出现较为明显的障碍。你可能不善于交谈,也可能是一个性格孤僻的人,不开朗,或者有明显的自高自大、讨人嫌的行为。

第五节　心理知识拓展

一、电影"心"赏——《催眠·裁决》

轰动全港的林氏家族凶杀案踏入审讯最后一天,陪审团准备退庭商议时,成员之一许立生突然收到女儿茵茵被绑架的消息,神秘人要求曾为国际催眠权威的立生通过催眠术令陪审团裁定被告谋杀罪名成立,否则其女儿将被撕票,这也就意味着立生必须在狭小的空间内以及众目睽睽之下,不用专业工具隐秘地催眠至少 4 个人。立生偷偷将茵茵被绑架的信息转发给曾为国内特种部队成员的小舅杨凯后,进入了退庭商议室,开始了催眠与审判的较量。

图 4.3　电影《催眠·裁决》

二、心理训练营——宿舍人际关系训练

宿舍人际关系训练

近两年,高校连续出现投毒、杀害等恶性事件,这些事件的受害者和犯罪嫌疑人居然是"睡在我上铺的兄弟",宿舍成员之间如何协调处理好人际关系成为大家热论的一个话题。

1. 如何提高宿舍人际关系

1. 尽量与室友统一作息时间,不要太早或者太晚,影响别人休息;
2. "君子周而不比,小人比而不周",应当以平等的态度对待每一个人,不要和一部分人打得火热,而对另一部分人疏远不理;
3. 不触犯室友的隐私,未经室友同意,不乱翻别人物品;
4. 积极参加宿舍集体活动,主要和宿舍成员一起打水、上课和娱乐;
5. 良好的人际关系是以互助为前提的。多给予别人关心,当舍友有困难时要主动提出帮助,自己有困难也要求助室友;
6. 学会赞美,不吝啬对别人的夸奖。除非万不得已,尽量不要批评别人;
7. 不要夸夸其谈、自以为是,越想处处表现得比别人聪明的人越容易引起别人反感;
8. 维护共同的生活环境,完成该做的杂务。遵守宿舍成文或不成文的各项规定;
9. 用合理的方式解决日常矛盾。

以上9点,虽都是日常生活中的小事,倘若都能做到,对处理好宿舍关系能起到事半功倍的作用。反之,宿舍成员不但形同陌路,严重的还会吵架、打架,甚至出现致伤、致死事件。

2. 制定宿舍各项规章制度

"国有国法、家有家规",宿舍也应该有成文或不成文的规定,大家有规可依、有规必依,就能减少很多不必要的麻烦。

1. 宿舍全体成员一起协商制定宿舍作息时间制度:
① _____ ;
② _____ ;
……

2. 宿舍卫生需要大家来共同尽义务,大家一起协商排一份值班表,并写出值日同学应该完成的项目和每位同学自己每天应该完成的项目,最后,还要注明如果不值班应该受到什么样的惩罚等。

周次	周一	周二	周三	周四	周五	周六	周日
1							
2							
3							
4							

第五章　管理情绪,掌握人生

> 真正的管理人是管理人的情绪。
>
> ——顾修全

案例导入

老师您好,我是大二的一名学生。最近情绪一直比较低落,感觉做什么都提不起精神来。没有非常明确的目标,做事情也不能坚持。还有就是感觉自己一直以来都不太自信,每次站在台上说话都会非常紧张,眼睛不敢直视观众。站在台上时,觉得自己像个小丑,让别人指点和"观赏"。心里特别难受,控制不了的悲伤、郁闷。其实我也想去改变,现在我最大的一个问题是,上大二了,没有什么目标,学习也没有动力、没有激情,不知道怎么才能让自己振奋起来。开学才几天,就已经有两个同学问我:"你这学期怎么这么颓废呀?"后来自己想想确实也是。所以这几天就有些郁闷,不知道该怎么办?

案例分析

曾有媒体进行过一项高校流行语调查,"郁闷"一词以55%的得票率高居榜首。大一学生为"现实中的大学与想象中的象牙塔不一样""丧失了学习动力和人生目标"而郁闷;大二学生为"敏感的校园人际关系和恋爱问题"而郁闷;大三学生则开始因为"个人发展、就业问题"而郁闷。一个个体在长期处于郁闷情绪下身体免疫能力会急剧下降,长此以往还有可能导致成为"抑郁症"患者,因此大学生都需要了解情绪和情感,并力争成为情绪的主人,而不是情绪的奴隶。

第一节　情绪与情感概述

一、情绪与情感概述

社会中的人们,每时每刻都在体验着由自身的生理变化和外部客观世界的刺激引起的内心世界的喜悦、得意、悲哀或悔恨等感受,同时还常观察到别人的快乐、愤怒、忧虑或烦恼等情绪反应。人们在心情愉快的时候不仅能够促进身体健康而且能够保持较高的工作效率;而愤怒、忧虑会使人丧失信心。因此,学习和研究情绪和情感对于大学生具有十分重要的现实作用与理论意义。

情绪和情感是人类心理过程的一个重要方面。它伴随着认知过程而产生,并对认知过程产生重大影响。它也是人们对客观现实的一种反映形式。

(一) 情绪与情感的概念

情绪和情感是客观事物是否符合人的需要与愿望、观点而产生的态度体验。人们在活动与认识过程中,既表现出对事物的态度,也表现出这样或那样的情绪或情感。现实中有些事物使人高兴快乐;有些事物使人忧愁、悲伤;有些事物使人赞叹、喜爱;有些事物使人惊恐、厌恶。这些以特殊方式表现出来的主观感受或态度体验就是情绪或情感。

情绪和情感反映的是客观事物与人的主观需要之间的关系,是一种主观的体验。对客观事物产生什么样的情绪,取决于主体与客体事物之间是一种什么样的关系,取决于主体的态度。不同的人对同样的事物,或者同一个人在不同的时间、地点和条件下对同一件事的主观感受可能很不相同。例如同样是看《激情燃烧的岁月》电视连续剧,中老年经历了那个年代,看得津津有味,而小青年却感觉一般。

情绪总是由某种刺激引起的。自然环境、社会环境以及人自身都有可能成为情绪刺激源。当刺激被认知时,由于认知内容与人的需要具有各种不同的关系,就产生了人对认知内容的不同态度。凡是能满足人的需要或符合人的愿望、观点的客观事物,就使人产生愉快、喜爱等肯定的情绪和情感的体验;凡是不符合人的需要或违背人的愿望、观点的客观事物,就使人产生烦闷、厌恶等否定的情绪和情感的体验。

总之,情绪和情感是人对客观事物的态度体验,而这种态度体验反映着客观事物与人的需要之间的关系。

(二) 情绪与情感的区别与联系

1. 情绪与情感的区别

情绪和情感都是对需要满足状况的心理反映,同属于感情性心理活动的范畴,是同一过程的两个方面。情感是对感情性过程的体验和感受,情绪是这一体验和感受状态的活动过程。情绪与情感既难以分割又有着明显的区别,它们之间的区别表现在以下几点。

第一,情绪与情感的产生基础不同。情绪是与生理需要是否得到满足相联系的心理活动,情绪的产生始终与需要(特别是生理需要)、机体的活动、感觉知觉相关联。情绪是原始的,是人和动物(尤其是高级动物)所共有的。情感是与社会性需要是否得到满足相联系的心理活动,情感的产生主要与社会认知、理性观念及观点等相联系,是人类特有的心理活动。情感带有显著的社会历史制约性,是人的社会化的重要组成部分和标志。例如,饥饿时有了食物吃会很高兴,但我们不能说他产生了热爱食物的情感。

第二,情绪与情感的稳定性不同。情绪具有情境性和浅表性,它随情境或一时需要的出现而发生,也随情境的变迁或需要的满足而较快地减弱或消逝。例如,学生在重大考试之前,随着考试的临近,情绪会越来越紧张;一旦考试结束,紧张情绪就会消失。而情感是对事物态度的反映,是基于对主观和客观关系的概括而深入的认知和一贯的态度,它不仅具有情境性,而且具有稳定性和深刻性,因而是构成个性心理品质中稳定的成分。

第三,情绪与情感的表现特点不同。情绪表现有明显的冲动性和外显性,面部表情是情绪的主要表现形式。例如高兴时眉开眼笑,生气时咬牙切齿,激动时热泪盈眶,失望时垂头丧气,等等。而情感则显得比较深,经常以内隐的形式存在或以微妙的方式流露出来。例如,爱国主义情感是一种内心体验,一般不轻易表露,但对人的行为有重要的调节作用。

2. 情绪与情感的联系

人类的情绪和情感虽有区别,但两者又是密不可分的。它们都是对需要是否满足所产生的体验,是同一类型的心理活动。在一定意义上,可以认为情绪是情感的外部表现;情感是情绪的本质内容。一般地说,情感的产生会伴随有情绪反应,情绪的变化又常常受情感的支配。爱国主义情感强烈的人,就常常表现出特有的情绪反应。在上甘岭战役中,虽然极度缺水,但一杯水在志愿军战士手中辗转传递,竟没有人喝一口。这是人的生理需要服从社会需要的表现,因为人的情绪和情感是统一在人的社会本质之中的。为此,有些心理学家把形形色色的情绪和情感统称为感情。也有些心理学家对情绪和情感两个概念不做严格区分,常常交换使用。

(三)情绪和情感的特点

情绪与情感的最显著的特点是它们都具有两极性。情绪和情感有四种动力特征,即强度、紧张度、快感度和复杂度。在这四种动力特征中,情绪和情感都表现出相互对立的两极性,例如,情绪的强度方面有强和弱两极,紧张度方面有紧张和放松两极,快感度方面有愉快和不愉快两极,复杂度方面有复杂和简单两极。

关于强度。情绪体验可以在强度的两极端"强—弱"之间有不同等级的变化。情绪体验的强度首先取决于对象对人所具有的意义,这种意义越大,引起的情绪就愈强烈。

关于紧张度。情绪的紧张度是指情绪在"紧张—轻松"两极端之间变化。紧张度既取决于当前事件的紧迫性,也取决于人的心理准备状态和个体的个性品质。事情的成败对人愈重要,则关键时刻到来时的情绪就愈紧张。当紧急事件得到妥善解决之后,人们常有轻松感。紧张一般有助于全部精力的动员和集中。可能对活动产生有利的影响,也可能起抑制作用而使动作失调,从而妨碍活动的正常进行。

关于快感度。快感度是指情绪体验在"快乐—不快乐"两极端之间程度上的差异。悲伤、羞耻、恐惧、悔恨等是明显的不快乐的体验;而欢喜、骄傲、满意、自豪等是明显的快乐的感受。快感度与需要是否得到满足有关。事物能满足人的需要,会引起快乐的体验;不能满足需要的事物或与需要相抵触的事物,会引起不快乐的体验。

关于复杂度。各种情感的复杂程度是很不一样的。爱,包含柔情和快乐的成分;恨,包含愤怒、惧怕、厌恶等成分。有时,情感的成分非常复杂,甚至很难用言语来描述它到底是一种什么样的体验。而有的情感是很单纯的。现代心理学上,把快乐、悲哀、恐惧、愤怒看作是单纯的情绪,称为基本情绪或原始情绪。在这四种最基本的情绪的基础上,可以派生出许多种不同情感的组合形式,也可以赋予不同含义的社会内容。

二、情绪和情感的分类

人的一切心理活动都带有情绪色彩,而且情绪的表现形式多种多样。一般认为,快乐、愤怒、恐惧和悲哀是四种最基本的情绪,依情绪发生的强度、持续性和紧张度可以把情绪状态分为心境、激情和应激,而情感则与人的社会观念及评价体系分不开,按其内容、性质和表现方面的不同,又可分为道德感、理智感和美感。

(一) 基本情绪

快乐、愤怒、恐惧和悲哀这四种基本情绪是与人的基本需要相联系的,是天生的,通常还具有高度的紧张性。

1. 快乐

快乐是个人目的达到,紧张解除后的情绪体验。快乐的程度和紧张程度取决于目的重要程度和目的达到的意外程度,如果追求的目的非常重要,并且目的的达到带有突然性,则会引起异常的欢乐;否则只能引起微小的满意,一般把快乐程度分为:满意、愉快、异常的欢乐、狂喜。

图 5.1 快乐的面部表情(中国情绪面孔系统 CAFPS)

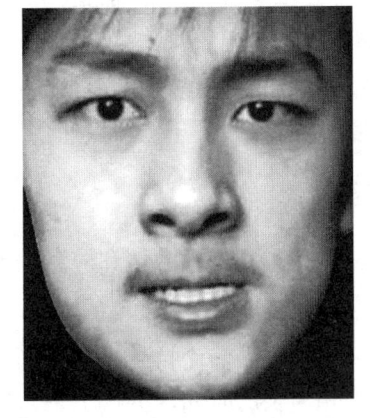

图 5.2 愤怒的面部表情(中国情绪面孔系统 CAFPS)

2. 愤怒

愤怒是个人目的不能达到或一再受到妨碍从而逐渐积累起紧张而产生的情绪。挫折不一定引起人的愤怒,但当人们认为其受挫的阻挠是不合理时,甚至是恶意的,则最容易引起愤怒。一般把愤怒的程度分为:轻微的不满、生气、愠怒、大怒、暴怒等。

3. 恐惧

恐惧是个人企图摆脱、逃避某种情境而又无能为力时所产生的情绪。恐惧是一种会使个体企图摆脱和逃避危险的情绪。引起恐惧的关键因素是人缺乏处理可怕情境的力量。恐惧具有很强的感染力，一个人在恐惧时，往往会引起周围人的不安和恐惧。从进化的观点看，惧怕可以作为警戒信号，有助于人逃避危险，还有利于群体的社会结合以保证安全。但惧怕具有压抑作用，对认知活动也有消极影响。严重的惧怕使人感知狭窄，思维刻板，行动呆板。

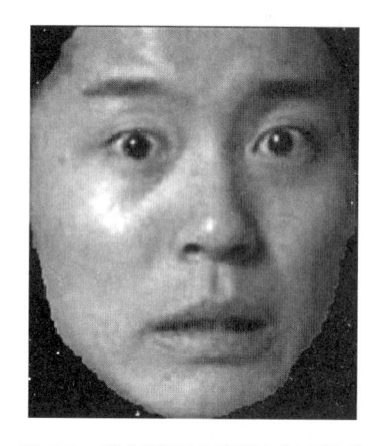

图 5.3　恐惧的面部表情（中国情绪面孔系统 CAFPS）

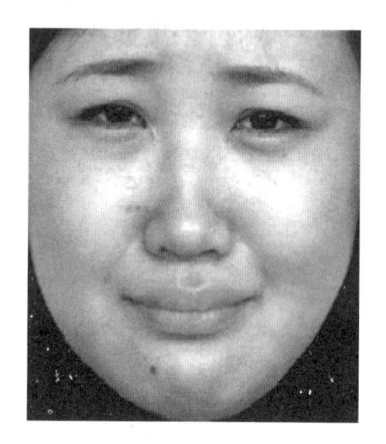

图 5.4　悲伤的面部表情（中国情绪面孔系统 CAFPS）

4. 悲哀

悲哀是个人在失去所盼望的、所追求的东西或有价值的东西时所引起的情绪，由悲哀所带来的紧张释放产生哭泣，哭泣一般不超过 15 分钟，在这段时间内完全可以减轻过度的紧张。悲哀的强度取决于失去事物的价值，失去的东西价值越大，引起的悲哀也越强烈。一般把悲哀的程度分为：遗憾、失望、难过、悲伤、悲痛。

（二）情绪状态

情绪状态可以分为心境、激情和应激三种。

1. 心境

心境是一种微弱、平静而持续时间较长的情绪状态。如心情愉快、舒畅或心情烦闷、抑郁不快，在一个相当长的时间内持续下来。这种情绪状态倾向于扩散和蔓延，处在某种心境中的人，往往以同样的情绪状态看待一切事物。心境可以由对人具有某种意义的各种情况所引起。工作的顺逆、事业的成败、人们相处的关系、健康状态，甚至自然环境的影响，都可以成为引起某种心境的原因。关于引起心境的原因人们并不都能意识到，所以经常可以听到这样说："不知为什么这几天这么烦闷。"心境虽然由客观事物引起，但它还受人的主观意识所调节和支配。除了由当前情境产生暂时的心境外，人还可以有各自独特、稳定的心境或称主导心境。主导心境往往与一个人的人生观密切相关。积极的、良好的、乐观的心境能使人精神振奋，促进人的主观能动性的发挥，有益于人的健康，也有利于思想政治教育的接受；消极的不良心境使人精神萎靡、意志消沉，降低人的活动效率，有碍于健康，也不利于思想政治教育的有效开展。

2. 激情

激情是一种强烈、短暂,然而具有爆发性的情绪状态。狂喜、愤怒、恐惧、绝望等都属于这种情绪状态。激情是由对人具有重大意义的强烈刺激和发生对立意向冲突而过度抑制或兴奋所引起。在激情状态下,总是伴有激烈的内部器官活动变化和明显的表情动作。例如愤怒时全身发抖,紧握拳头;恐惧时毛骨悚然,面如土色;狂喜时手舞足蹈,欢呼跳跃。激情的发展大致要经历三个阶段:一是初始阶段,由于意志力减弱,身体变化和表情动作越来越失去控制,高度紧张使细微的动作发生紊乱。这时人的行为受情绪体验的左右。二是爆发阶段,人失去意志的监督,发生了不可控制的动作和失去理智的行为。三是激情爆发后的平息阶段。这时会出现平静和疲劳现象,严重时甚至精力衰竭。控制激情是完全可能的。在激情发生的最初阶段有意识地加以控制,能将危害性减轻到最低限度。例如范进得知自己中举后的拍手大笑,笑着往门外飞跑等表现就是重大刺激而引起的激情状态。

3. 应激

应激是在出乎意料的紧张情况下出现的情绪状态,是人对意外的环境刺激做出的适应性反应。人们在不寻常的紧张状况下把自身各种资源(首先是内分泌资源)都动员起来,以应付紧张的局面时所产生的复杂的生理和心理反应都属于应激状态。应激状态对人的活动有很大的影响。有时应激引起的身心紧张有利于人全力解决紧急问题,维持一定的紧张度,保持高度警觉,有助于认知功能的发挥,使人做出平时所不能做出的大胆判断和动作。但是,有时应激所造成的高度紧张又会阻碍认知功能的正常发挥。紧张和惊恐也会导致人们的感知、注意产生局限,思维迟滞,行动刻板,正常处理事件的能力反而大大削弱。应激状态会改变机体的激活水平,特别是肌肉的紧张度、血压、腺体的分泌、心率、呼吸系统都有明显的变化。这些反应有助于个体适应急剧变化的环境刺激,维护机体功能的完整性。但是,长期处于应激状态也会引起人体生物化学保护机制的溃退,会导致某些疾病的出现。

(三) 情感种类

人的社会性情感组成了人类所特有的高级情感,它反映着人们的社会关系和生活状况,体现出人的精神面貌并渗透到人类社会生活的各个领域,具有鲜明的社会历史性。人类较高级的社会性情感可以分为道德感、理智感和美感。

1. 道德感

道德感是个体根据一定的社会道德行为标准,在评价自己或他人的行为举止、思想言论和意图时产生的一种情感体验。如果自己或他人的思想和行为符合道德规范的要求,则产生赞叹、钦佩等肯定的情感,对不道德的行为产生厌恶和憎恨。对于尽到责任的行为感到心情舒畅,心安理得或产生尊敬感等体验;对于未尽到责任的行为会感到内疚,产生否定的道德体验如愧疚、痛苦或蔑视等。产生道德感的基础是对社会道德规范的道德认识,缺乏这种认识,道德感就无法产生。道德感从社会生活的各个方面表现出来,它表现在对待国家、集体、人与人之间的关系,也表现在对待工作、事业、学习等各个方面。如爱国主义情感、集体主义情感、责任感、义务感、事业心、荣誉感、自尊心等。道德规范具有社会性、历史性和阶级性,是在一定的社会历史条件下形成的。不同时代、民族、文化环境和阶级有着不同的道德评价标准。社会主义社会的最高道德标准是为实现共产主义而奋斗,热爱祖国和人民,助人为乐等是这个社会崇尚的道德规范。

2. 理智感

理智感是人对认识活动成就进行评价时产生的情感体验。如人们在探索真理时会产生求知欲,了解和认识求知事物时有兴趣和好奇心。在解决疑难问题时会出现迟疑、惊讶和焦躁,问题解决后产生强烈的喜悦和快慰。坚持自己观点时有强烈的热情,由于违背了事实而感到羞愧等,都是理智感的体现。理智感是高级情感,是在认识过程中产生和发展起来的,对人们学习知识、认识事物发展规律和探求真理的活动有积极的推动作用。例如,好奇心是探求真理的源泉,兴趣是学习最好的老师。理智感是个体良好精神境界的体现,是追求真理的精神力量,对人们的社会实践和科学研究有推动作用。理智感的推动作用发挥得怎样与个体已有的知识水平和经验有关,也与世界观、理想等有关。在思想政治教育中,培养受教育者良好的理智感是十分重要的。

3. 美感

美感是对事物美的体验。它是人们根据美的需要按照个人的审美标准对自然和社会生活中各种事物进行评价时产生的情感体验。人们总是根据审美的需要和观点来评价自然景色、艺术作品和社会行为的美与丑。美感与道德感经常是一致的,但又是有区别的。美感使人精神振奋、积极乐观、心情愉快、丰富人的心理生活,增加生活的情趣,从而促进人类文明的发展。审美标准是美感产生的关键。客观事物中凡是符合个人审美标准的,就能引起美感体验。同道德感一样,美感也是在一定的社会历史条件下产生的,受到社会历史条件的制约,具有社会性、历史性和阶级性,美感的这些特性主要是通过审美标准来体现。思想政治教育要培养人们树立健康向上的审美标准,从而陶冶美感。

心灵便利贴

颜色可以影响情绪吗?

不同的色彩会使人产生不同的感受,颜色能够影响和改变一个人的情绪,这一点早已被大量的事实所证明。据说,英国有家皮包制作工厂,因将所有的墙壁、机器和桌子都涂上黑色,结果工人中就出现了不少精神病人。以下就简要介绍一下各种色彩对情绪的影响:

红色:兴奋神经,给人以鼓舞,使人兴奋激动,想到太阳,想到火。它能渲染热闹的气氛,所以在迎亲、嫁娶和喜庆的节日中,常常选用红色。我国的国旗采用的是红色,它有利于鼓舞将士们的斗志,能调动全国人民的爱国热情。红色能使忧郁病人兴奋起来,但过久凝视大红色,会影响视力,会产生一种恐怖感。

黄色:使人情绪稳定,给人清纯、暖烘烘的感觉,并能增进食欲。黄色原来带有神秘高贵的意味,宗教、皇室用得较多。黄色明亮、柔和,显得活跃,索雅,使人兴高采烈,充满喜悦,所以尤受年轻人钟爱。

绿色:镇定神经,维持正常的血液循环,给人温柔、舒适、宁静之感。绿色能够降低眼压,解除眼睛疲劳,缩小视网膜上的盲点,促进眼部供血,安定情绪。

蓝色：也有镇静作用，给人和谐的感觉。蓝色让人想到蔚蓝的天空和大海，蓝色的灯光可促进睡眠，具有缓慢降低血压和预防治疗感冒的作用；而戴蓝色镜片的眼镜旅行或出差，可以减轻晕动病的发作。

紫色：给人美而新的感觉，可使孕妇感到镇静、安定。

白色：给人以明快、洁净、卫生严肃的感受。医院里常使用白色。白色亦有空虚、恐怖之感。所以近年来，已有些医院进行色彩革命，如手术室的医护人员改穿蓝色工作服，而妇产科医生穿着粉红色服装等，收到一定的效果。

黑色：给人暗淡、严肃、恐怖、压抑、哀痛及沉闷的感受。所以一般举行葬礼时，常使用黑色的袖章，而古人入殓的棺木也基本是黑色的。

第二节　大学生情绪管理

进行大学生情绪管理必须了解大学生的情绪特征和常见的情绪困扰，提高大学生对自己和对他人的情绪认知能力，指导他们培养良好情绪的方法，着力辅导大学生学会调控情绪，并锤炼他们挫折的承受力。

一、情绪管理

（一）情绪管理的概念

情绪管理是从尊重人、依靠人、发展人、完善人出发，提高人们对情绪的自觉意识，控制情绪低潮，保持乐观心态，不断自我激励、自我完善。它对人们具有相当重要的意义，情绪管理不仅有利于建立和谐的人际关系，有利于人们的身心健康，还有利于开发身心潜能，塑造健全人格。近十几年来，由于情绪对人的认知和行为的影响作用，心理学界一度掀起情绪研究的热潮。20世纪90年代，沙洛维和梅耶提出了情绪智力的概念，又将情绪的研究推向了高潮。根据情绪智力的内涵，人们已清楚地认识到情绪不只是个体的心理现象，同时也是社会现象。情绪有其社会接受方式、社会沟通方式和社会支持方式，因此，情绪需要管理。

（二）情绪管理的内容

情绪管理包括情绪识别、情绪调控、情绪表达、自我激励等多方面内容。

第一，情绪识别，即了解自己和他人的情绪，培养情绪认知能力。情绪智商的核心是情绪认知能力，即当自己的某种情绪刚一出现就能觉察的能力。完整的情绪认知能力不仅仅指情绪的自我认知，还包括对他人情绪的识别，理解他人情绪的能力。

第二，情绪调控，即培养情绪自我控制能力。情绪调控主要是指对负性情绪的控制、疏导和消除，并培养乐观的积极情绪。它是在准确认识自己情绪的基础上，分析这种情绪产生的原因,并通过适当的方法予以缓解。情绪的产生受很多因素的影响,进行情绪的归因训练能帮助人们提高情绪的自我理解和领悟能力。情绪调节和控制的方法很多,不同的理论流派有不同的技术和方法,转移和升华、倾诉、宣泄、认知重建、放松训练等方法都可以用来调节自己的情绪。

第三,情绪表达,即合理地表达情绪以发展人际交往能力。人们在交往过程中会因为交往内容和方式的改变而体验到各种情绪,情绪也深深地影响着交际的内容和方式。正确的情绪认知和表达可以抒发自己内心的感受,让别人更了解你,增进彼此的关系;错误的情绪表达方式往往会出现许多防御性不良互动,会让彼此关系变得紧张。情绪管理要求我们在学会识别自己和他人情绪的基础上恰当地表达情绪,发展良好的人际关系。

第四,自我激励,即通过自我调动,建立和维护良好的情绪状态。这就要求人们了解良好的情绪状态的表现,为实现一定的目标进行自我调动,指挥自己的情绪,包括能始终保持高度热情,不断明确目标,使情绪专注于目标等。通过自我激励,培养良好的情绪,控制情绪低潮,保持乐观心态,不断自我完善。

二、大学生的情绪特征和常见困扰

(一) 大学生的情绪特征

大学生正处在青年时期,他们的情绪与其整个心理过程一样正处于蓬勃发展的时期,即由不成熟迅速走向成熟的重要时期,并且情绪的成熟比之认知的成熟较晚一些。大学生情绪最基本的特征是它的两极性和矛盾性。

大学生情绪的两极性指情绪容易从一个极端跳到另一个极端,大起大落,摇摆不定,跌宕起伏。表现在苦恼时受到激励则为之振奋;热情洋溢时受到挫折则易灰心丧气。有时常常对事物做出要么"好"、要么"坏"的绝对评价。在求知情绪上,表现为如果他们在追求知识方面取得效果,则越学越有兴趣,越学越有劲,如考上研究生、知识竞赛获大奖、出国留学等;反之,则悲伤、沮丧、压抑。在求友、求爱的情绪上,表现为如果找到心爱的对象,恋爱顺利并成功,就会快乐、高兴;若遭遇失恋,就会产生悲伤的情绪,甚至失望、绝望。

大学生情绪的矛盾性是大学生的生理与心理的矛盾、个人需要与社会满足间的矛盾、理想与现实差距的矛盾、理想的我与现实的我矛盾等种种矛盾冲突,带来的情绪上的反应。因此,情绪的两极性是情绪矛盾性的外化和表现形态。而这种情绪矛盾性的极端形式就是情绪的两极性。

由于情绪的两极性、矛盾性,往往使大学生的情绪呈现出如下特点。

一是情绪体验丰富多彩。大学生处在心理未成熟向成熟发展的过渡期,他们的情绪表现出既有儿童少年时期残留下来的天真幼稚,又有成年期的深思熟虑,而两性情感的介入更使大学生的情绪表现多姿多彩。一般认为,随着年龄增长,年级升高,社会性情感趋于丰富,更多地表现出关心他人和社会,积极思索人生的情感倾向。另一方面,不同的个体在情感发展、情绪表现上呈现出一定的差异性,男女的情绪各有自己的特点,这就使大学生这一群体的情绪体验表现出丰富多彩的特征。

二是情绪波动较大。随着认知水平的提高,知识经验的积累,大学生对自己的情绪已有了一定的控制能力,情绪趋于稳定。但同成年人相比,大学生情绪仍带有明显的波动性,时而激动,时而平静,时而积极,时而消极。学习成绩的优劣、同学关系的好坏、恋爱的成败等,都会引起大学生情绪的波动。

三是情绪体验强烈并易冲动。大学生在外界刺激下表现出强烈的情绪体验,很容易产生冲动性情绪行为,表现得感情用事,也表现出情绪易心境化。例如:在心境平静时,对别人的玩笑会无所谓,而在心情烦躁时,就会因开玩笑、小事情发起猛烈攻击。大学生中发生打架斗殴的事件大多属于此。

四是情绪的不稳定性和可控性并存。大学生的情绪由于带有两极性和矛盾性的基本特征,所以其情绪就表现出稳定性和波动性并存,即有一定的控制力,但同成年人相比仍带有明显的波动性。外显性与内隐性并存,即他们的喜怒哀乐常形于色,但又有意识地控制自己的情绪,学会了一些曲折的文饰的表达方式。冲动性与理智性并存,即大学生虽有强烈的情绪体验,易冲动,但他们的理智、自控能力已有了较高程度的发展,多数情况下是能理智地思考问题的。由于大学生具有较高的文化修养,具备反省自身弱点的能力和控制自己情绪变化的能力,因此大学生情绪又表现出可控性的特征。

(二) 大学生常见的情绪困扰

处在心理发展由未成熟走向成熟的大学生,常见的情绪困扰有自卑、过度焦虑、抑郁、易怒、恐惧、嫉妒和冷漠。

1. 自卑

自卑是个体由于某种生理或心理上的缺陷或其他原因所产生的对自我认识的态度体验,表现为对自己的能力或品质评价过低,轻视自己或看不起自己,担心失去他人尊重的心理状态。大学生的自卑主要表现在:敏感和掩饰、自暴自弃、逃避现实、自傲、封闭以及逆反心理。产生自卑感的原因是多方面的,既有主观因素,又有客观因素。就主观因素来说,主要有:不能正确地面对现实或缺乏某些个人专长,觉得自己平平庸庸和默默无闻而产生自卑感;因失恋或单相思产生较为严重的自卑心理;因性格、智力等方面的缺陷导致交际能力较差、难以适应新的环境而产生厌恶自己的自卑感;不恰当的自我评价使自己失去自信也产生自卑等。而大学生产生自卑的客观原因也是多方面的。如学校、专业不如意,个人先天条件的缺陷,新的学习生活环境、家庭地位与经济条件差或父母离异等,都可能使大学生产生自卑感。要克服自卑感,首先要建立起正确对待自卑的态度,分析产生自卑的原因,正确认识它,继而通过建立合理、积极的自我评价来消除和克服自卑。

2. 焦虑

心理学的研究表明适度的焦虑对于个体的成长是非常有必要的,但是过度焦虑是一种伴随着某种不祥预感而产生的令人不愉快的情绪,是一种复杂的情绪状态,包含紧张、不安、惧怕、愤怒、烦躁、压抑等情绪体验。许多人说不出自己焦虑的原因,但研究表明,事情的不确定性是产生焦虑的根源。焦虑可划分为三类:一是神经性焦虑,当人意识到内心的欲望与冲突而无法控制时所发生的恐惧感,有时以无名的恐惧出现,有时发生强烈的非理性的恐惧。二是现实性焦虑,这种焦虑是由现实环境的压力与困难引起的,自我无力应付。例如,无力参与竞争、期望过高、要求过严、社会文化差异悬殊等。三是道德性焦虑,是由社会生活准则引起的对自我的责备与羞愧感,因而唯恐犯错误或触犯不能逾越的规定,时常自责,受到罪恶感的威胁。这三种类型的焦虑不是单一的,有时神经性焦虑与现实性焦虑混合起来;有时道德性焦虑与现实性焦虑混合起来;有时神经性焦虑与道德性焦虑混合起来;也可能是三种焦虑的混合。引起大学生焦虑的原因是多方面的,有因生活环境适应困难产生的焦虑;有因学习不适应产生的焦虑,考试焦虑在大学生中就很常见;也有因对自己身体状况过分关注而产生的焦虑。应当指出,大学生的焦虑大多是正常的,即客观的、现实的焦虑,保持适度焦虑是必要的,但过度焦虑就是不良情绪状态了。过度焦虑会使人心情过度紧张,情绪不稳定,不能正确地推理判断,记忆力减退,以致影响考试成绩和人际关系。克服焦虑主要是要科学地认知引起焦虑的原因并进行正确评价,学会放松,并增强自信心。对于那些自己感到无法控制的、比较严重和持久的焦虑表现,或有焦虑性神经症的表现大学生则应及时寻求心理咨询者的帮助和治疗。

3. 抑郁

抑郁是一种感到无力应付外界压力而产生的消极情绪,常常伴有厌恶、羞愧、自卑等情绪体验。抑郁就像其他情绪反应一样,人人都曾体验过。对大多数人来说,抑郁只是偶尔出现,时过境迁很快会消失。但也有少数人长期处于抑郁状态,导致抑郁症。性格内向孤僻、多疑多虑、不爱交际、生活中遭遇意外挫折的人更容易陷入抑郁状态。情绪抑郁的大学生的主要表现是:情绪低落、思维迟缓、郁郁寡欢、闷闷不乐、兴趣丧失、缺乏活力,干什么都打不起精神;不愿参加社交,有意回避熟人,对生活缺乏信心,体验不到生活的快乐;并伴有食欲减退、失眠等。长期的抑郁会使人的身心受到严重伤害,使大学生无法有效地学习和生活。抑郁情绪是大学生群体中一种比较普遍的不良情绪表现。在大多数情况下,大学生的抑郁情绪都可找到较为明显的精神因素的影响,主要表现为因学习成绩落后、失恋、人际关系不和谐以及其他有关的负面生活事件的影响。一些大学生产生抑郁是由于对一些负面事件的不正确认识,他们过分概括化的评价,追求完美,因而对自我价值做出了不合理评价。因此,改变不合理观念,对出现的负面生活事件和自我价值建立正确的认识、评价和态度是克服和消除抑郁的关键。此外,培养乐观的人生态度,注意锻炼自己的意志,学会合理表达自己的感情对克服抑郁情绪都是有益的。

心灵便利贴

轻度抑郁症,离我们有多远?

当身边的朋友出现悲观消极、伤心失望、失眠等表现,或者对任何事都提不起兴趣,我们就需要小心了,因为这样的情况持续时间超过两周,就可能转化为轻度抑郁症。轻度抑郁症的第一个重要特点是存在"内苦外乐"的症状,这类人外表看来无异常表现,甚至可以给人一种愉快乐观的假象,其实他们内心有痛苦悲观、多思多虑、自卑消极、脑力下降和严重失眠等症状。第二个特点是社会功能下降,影响正常的生活。例如大中小学生会出现学习成绩突然下降,注意力难以集中,头脑混沌等现象;已工作的人会突然陷入无能为力的消极被动状态,工作效率下降。第三个特点是出现顽固持久、久治难愈的以失眠为中心睡眠障碍,不经过系统的治疗,则很难解除睡眠障碍。第四个特点是临床表现以心境低落,兴趣和愉快感丧失,容易疲劳,如果无缘无故地持久两周以上,甚至数月不见好转,通常被视为轻度抑郁症最典型的症状。如果出现这样的情况,一般的心理安慰则很难起到良好的效果,应及时建议好友寻找专业的心理咨询或心理治疗帮助。

4. 容易发怒

容易发怒是大学生中常见的消极情绪,它是遇到与愿望相违背的事情,或愿望不能实现并一再受到挫折,致使紧张状态逐渐积累而产生的敌意情绪。有的大学生因一句不顺耳的话、一件不顺心的事,就激动得暴跳如雷,或出口伤人,或拳脚相加。盛怒过后,却后悔不迭。发怒对一个人的身心健康有明显的不良影响。通常当人发怒时,出现心跳加速、心律失常,严重时可导致心脏停搏甚至猝死。由于发怒而导致心悸、失眠、高血压、胃溃疡以致心脏病的也不在少数。此外,发怒会使人丧失理智,阻塞思维,导致损物、伤人,甚至犯罪等许多失去理智的行为。大学生中一些违法乱纪的事件,大多是在发怒的情绪下发生的。易怒的大学生一是由于性格因素所致,如胆汁质的大学生更具有冲动、易怒的情绪特征。二是由于许多错误认识所致,如发怒可以威慑他人,发怒可以推卸责任,发怒可以换回面子,发怒可以满足愿望等。然而事实上,易怒者总是事与愿违,所得到的不是尊严、威信,而是他人的厌恶,更严重的后果是自己心绪更加不宁。三是自我评价偏高的大学生也容易发怒。可用躲避刺激、转移刺激、释放紧张性能量和运用意识来克制等方法来制怒。

5. 恐惧

恐惧指病理性特点的恐惧,即对常人一般不害怕的事物感到恐惧,或者恐惧体验的强度和持续时间远远超出常人的反应范围。它是对某一类特定的物体、活动或情境产生持续紧张的、难以克服的恐惧情绪,并伴随着各种焦虑反应,如担忧、紧张和不安,以及逃避行为。恐惧症常常有明显的强迫性,即自知这种恐惧是过分的、不必要的,但却难以抑制和克服。它表现为个体对某一特定事物或情境产生异乎寻常的强烈恐惧或紧张不安的内心体验并出现回避反应。恐惧症是一种常见的情绪性病症,它包括社交恐惧、动物恐惧、旷野恐惧、高空恐惧等多种类型。常见的大学生恐惧症主要表现为社交恐惧。有些大学生在与人交往时,会不自觉地感到紧张、害怕以致手足无措、语无伦次,有些甚至发展到害怕见人的地步。患有社交恐惧症的大学生往往表现出明显的焦虑和回避行为。有些大学生的社交恐惧常常是以同异性交往的情境为恐惧对象,随着症状的加重,恐惧对象还会从某一具体的异性或情境泛化到其他异性,甚至其他无关的人或情境。恐惧症的原因比较复杂,一般认为与以前生活中的不良经历有关,或者是通过条件反射作用而建立的一种不适应的行为。此外,患有恐惧症的大学生也常常表现出一定的性格特点,如胆小、孤僻、敏感、退缩和依赖性等。若能有效发掘出引起恐惧的主客观原因,结合正确的心理治疗方法,是可以治愈该症的。

> **心灵便利贴**
>
> **飞机恐惧症,你明白自己真正恐惧的是什么吗?**
>
> 刚刚大学毕业的小C想要用一次旅行来犒劳自己之前的劳累,可是临行前却取消了行程,还被扣了许多的违约金。身边的人都感到不可思议,小C的内心也痛苦不堪。她暗自纳闷,自己就是因为百度了许多空难而不敢坐飞机吗?原来小C的童年,被严格地控制着,不准乱跑,不准做这做那,并曾经因为乱跑而遭到了家庭严重的指责。童年经历将小C的三观塑造成:这个世界很危险,随时都有可能发生不好的事,令我受到伤害。因此,小C的内心对世界产生了深深的恐惧。

6. 嫉妒

嫉妒是一种因他人在某些方面优于自己而产生的带有忧虑、愤怒和怨恨体验的复杂情绪。表现在不能容忍别人的进步与优点,通过诋毁对方达到心理上的暂时平衡。嫉妒的实质是自信心或能力缺乏的表现。嫉妒发生的原因是通过与他人比较来确定自身的价值,如果别人价值增加便会觉得自己的价值在下降而产生痛苦的体验,这种情绪很容易转化成为对所比较对象的不满和怨恨,进而产生种种嫉妒行为,如:寻找对方不足将其贬低;散布谣言诋毁对方名誉;采取极端手段毁物伤人;出于防御心理在对方面前表现出一种傲慢的、难以接近的面孔,用以维护自己的"自尊"等。轻微的嫉妒会使人意识到压力的存在,促使人去拼搏奋进,成为赶上被嫉妒者的动力。但严重的嫉妒所导致的更多是焦虑和敌意。有人曾在大学中做过调查,发现大学生中的嫉妒有七类:一是嫉妒别人政治上的进步,二是嫉妒别人学习上的冒尖,三是嫉妒别人某一方面的专长,四是嫉妒别人生活上的优裕,五是嫉妒别人社交上的活跃,六是嫉妒别人仪表上出众,七是嫉妒别人恋爱上的成功。嫉妒心重的人,从不去赞美别人,有的只是怨恨与傲慢,很难让人接近,人际关系往往紧张,自己也非常痛苦,既不利己又伤害别人。我们可以通过增强自信,提高能力,调整自我价值的确认方式,不盲目与他人比较,克服虚荣心等方法来克服嫉妒情绪。

7. 冷漠

冷漠是一种对人对事漠不关心的消极情绪体验。处于冷漠情绪的大学生,在行为上常表现为对生活缺乏热情,对集体活动漠不关心,对周围的同学态度冷漠,对学习应付了事、缺乏兴趣,大多独来独往,十分孤僻。产生冷漠的主要原因往往与个人经历与性格特点有关,如从小缺乏父母关爱、与家人关系冷漠、自己的努力得不到承认、好心得不到理解等。片面、固执的思维方式,心胸狭窄,耐受力差,过于内向的个性特点也容易产生冷漠情绪。表现冷漠的人往往内心很痛苦、孤寂,具有强烈的压抑感,而过分的压抑又会破坏心理平衡,影响身心健康。培养良好的个性品质,正确对待挫折,积极参加各种有益的活动都可以改变冷漠情绪。

三、提高大学生的情绪认知能力

大学生情绪管理团体心理辅导的重要任务之一,是提高大学生的情绪认知能力。情绪认知是情绪管理的基础和前提,也可以说是第一步,因为没有对情绪的认识,就谈不上对情绪的管理了。情绪认知能力包括两个方面:一是对自己情绪的觉察能力;二是对他人情绪的识别能力。

(一) 提高对自己情绪的觉察能力

情绪属于一种自发性的反应,要用理智去控制它的发生很难,因此我们进行情绪管理的第一步,就是在情绪来临时,去观察并觉察自己到底处在什么情绪状态,并进一步分化辨识它,了解情绪发生的原因,恰当地表达出自己的感受。

提高对自己情绪的觉察能力,首先是运用内省法,知道自己的感受即表面情绪,并分化辨识表面情绪背后真正的需求和情绪感受,然后平静地接纳它。这就要求我们做到以下几点:

第一,应能及时觉察自己所处的情绪状态。也就是应提醒自己注意:我现在的情绪是什么?不管你处在何种负面情绪中,先暂停、中断目前的情绪,跳出来,让自己先能察觉自己的情绪,是高兴还是生气,是舒服还是不舒服。如当你因为朋友约会迟到而对他冷言冷语时,就应问问自己:我现在有什么感觉?应自我确认冷言冷语背后的情绪是生气。只有当我们认清自己的情绪,知道自己现在的感受时,才有机会掌握情绪,而不会被情绪所左右。

第二,应分化辨识表面情绪背后的真实情绪感受。由于情绪本身的复杂多变,我们所直接感受或表现出来的可能是已经包装或伪装的情绪,例如以生气的方式来掩藏内心受伤的感觉等,所以我们要学习分化并辨识我们真正感受到的情绪,而不被表面情绪所局限,忽略自己真正的需求或感受。当我们对情绪不够熟悉,或是不够了解的时候,常常无法明确地辨识我们所感受到的情绪。如有时候我们只能粗略地感受到不舒服、不愉快,至于那个"不舒服"是什么,却说不上来,这时候我们就需要进一步探索情绪,试着问自己:是什么让我感到不舒服?这不舒服是愤怒、悲伤、挫折、害怕、羞耻还是罪恶感受?如果是接近愤怒的感觉,是不平、不满、有敌意、生气,还是愤慨呢?如果是羞耻那类的情绪,是觉得愧疚、尴尬、懊悔还是耻辱?这样一步一步引导自己,就可以将原本模糊、笼统的情绪,分化成比较具体、明确的情绪,也才能进一步利用情绪所带来的线索,加以应对。

第三,还应进一步澄清我们的复杂情绪,以便清晰了解我们所处的情绪状态。通常我们是处在一种复杂的情绪状态中,如有时我们会心中意念纷扰、情绪五味杂陈,整个人有心烦意乱之感,此时,我们就必须暂停并中断目前情绪,冷静地进行澄清。只要情绪中夹杂着两种以上的复杂情绪,就需要进一步加以澄清,应将那些纠葛、混合的情绪抽丝剥茧,辨识出隐藏的真实情绪。理清情绪,就能比较清楚自己的情绪状态,对症下药,有效解决真正问题。澄清情绪还能帮助我们将注意力集中于内省,有安定情绪的作用。

提高对自己情绪的觉察能力,其次是要通过分析认清引发情绪的原因。只有认清了引发情绪的原因,才能了解自己情绪发生的来龙去脉,真正觉察自己的情绪。这就要求我们:

第一,要清楚地了解影响情绪的各种因素。情绪是外界刺激通过人们的认知评价之后产生的一种主观体验。正如前边情绪概述中已介绍过的,影响我们情绪的因素是来自各方面的,既有外界刺激方面的原因,即客观原因,更有自身认知评价方面的原因,即主观原因。

第二,应深入分析引起我们情绪的主观原因。通常,我们都相信,我们之所以愤怒、生气、忧郁,原因是外在境况引发的。而 20 世纪 50 年代发展起来的 ABC 理论却认为,情绪并非直接源自外在诱发事件,而应该归因于个体对于这件事的观念和想法(该理论和方法我们将在接下来的内容中详细介绍)所以探讨原因、了解情绪背后的想法和信念,可以帮助我们弄清楚是哪些想法或思考方式让我们产生了负向的情绪。其实,如果想法是理性的,那么我们的挫折容忍力会比较高,即使事情不尽如人意,令人挫折、失望,但是还是可以忍受的。反之,如果想法是非理性的,就容易让我们产生比较强烈的负向情绪,增加不必要的困扰,对挫折容忍力也比较低,而这些想法对于如何达到我们想要的目标,也毫无帮助。因此我们应该了解哪些想法是属于非理性的,避免非理性和扭曲的思考方式。

提高对自己情绪的觉察能力还应平静地接纳自己的情绪,并将它恰当地表达出来。这就要求我们:

第一,平静地接纳自己的情绪。情绪的能力是整体的,只有自由地体验各种情绪,才能感受更多流畅的情绪。一个心理健康的人并不否定自己负向情绪的存在,而且会给它一个适当的空间,绝不压抑或控制,而是能够去了解、接纳自己的情绪,并学习如何与它相处,这远比压抑、否认有益多了,接纳自己内心感受的存在,才能谈及有效管理情绪。

第二,恰当表达自己的情绪。我们常常无法向他人表达我们的真实情绪,是因为我们通常持这样一些误解:自己认为这样的表露会让自己难堪;认为只要不说出自己的感觉就可与对方维持和谐关系等。然而无论是高兴、伤心或难过,当我们有机会将那些感受说出来的时候,这本身就是一种纾解。但人们在表达情绪时容易犯这样一些错误:弄不清楚自己的感受,所以乱发脾气;不敢直接表达情绪,所以冷漠相对,一言不发;一味指责对方;夸大过错;拒人于千里之外;讨好等。我们如何有效地表达自己的情绪呢?在觉察自己真正的感受后掌握良好的时机表达自己的情绪。表达情绪时的有效方式应是以平静、非批判的方式叙述情绪的本质,描述而不是直接发泄,且情绪的言语表达要清楚、具体。恰当的表达是为了让我们内心的感受找到出口,也是为了让对方可以多了解我们。能恰当表达自己的情绪也说明我们是有了良好的自我情绪觉察能力。

(二) 提高对他人情绪的识别能力

提高对他人情绪的识别能力,有助于清晰地认知自己的情绪,更好地管理自己的情绪,建立良好的人际关系,进而促进身心健康。如何提高对他人情绪的识别能力呢?

1. 要了解人类情绪表现即表情的特点

表情既具有先天遗传性,又是受后天的社会文化因素制约的。表情是情绪所特有的外显行为,它包括情绪在面部、言语和身体姿态上的表现,称为面部表情、言语表情和身段表情。情绪表现具有先天遗传性。世界上所有的儿童当受伤或悲哀时都哭泣,快乐时都发笑。有些面部表情似乎全世界都是一样的,代表着相同的意义,而和个人生长的文化无关。一项研究把代表快乐、愤怒、厌恶、恐惧和惊奇的面部表情的照片给五种不同文化的人(美国、巴西、智利、阿根廷和日本)观看,结果表明,他们很容易指出每种表情所代表的情绪。甚至与世隔绝的前文化部族人,与西方文化毫无接触,也能正确地判断面部表情。虽然基本情绪的表现具有先天遗传性,但它们的具体表露却受社会文化因素的制约,特别是复杂情绪的表露更是如此。由于我们的情绪表现能被别人识别,而情绪表现又具有一定的社会价值。因此,在什么情况下表示何种情绪是人们后天学会的。有时我们力图掩盖自己的真正情绪,有时甚至故意表现和内心情绪不一致的表情,有时则力图夸大或修饰我们的表情。这些现象称为情绪"表露规则"。尽管伴随特定情绪的面部肌肉运动模式是由生理决定的,但这种运动显然是受"表露规则"控制的,受社会文化因素制约的。情绪识别实际上并不是针对表情本身,而是针对它背后的意义。情绪识别是一种复杂的认知过程,包含观察、分析、判断、推理等。

2. 要把握情绪识别的规律性

如何准确识别别人的情绪呢?情绪识别的准确度受多种因素的影响。一是从面部表情中识别。从面部识别情绪的主要线索并不在"眉目之间",而应特别借助面部那些活动性更大的肌肉群的运动来识别。二是有些情绪容易识别,有些则较难识别。一般来说快乐和愤怒最容易识别,而对恐惧、哀痛、厌恶等的识别较困难。三是从情绪行为的前后关系中识别情绪,准确度高;而孤立地识别情绪,准确度低。四是面部表情的识别,如果能和身段表情结合起来,那就更有利于准确地判断情绪状态。识别身段表情,其中双手的表情占着很重要的地位。识别双手表达情绪的准确度可以达到和识别面部表情一样的水平。在日常生活中,即使我们看不清一个人的面孔,但只要能看清他的身体动作也能了解其情绪状态。如发抖表示紧张,鼓掌表示欢迎、快乐,紧握拳头表示愤怒,等等。五是言语表情的重要性也不可低估。同样一句话,由于说话者口气腔调的不同,往往可以使人就说话人的情绪做出相当准确的识别,而听话人的感受也因之而有很大差异。六是要准确地识别一个人的情绪单凭表情是不充分的,正常成年人的情绪表现是可以随意调节的,情绪可以在没有表情的情况下生产,表情也可以在没有情绪体验的情况下出现。因此,必须结合其他指标(如当时的情境,这个人的个性特征等)综合地进行比较才能达到。

心灵便利贴

情绪识别有规律吗?

保罗·艾克曼,美国心理学家,出生于华盛顿,主要研究脸部表情辨识、情绪与人际欺骗。他提出不同文化的面部表情都有共通性。他受达尔文《人与动物的情绪表达》一书的启发,一开始是研究西方人和新几内亚原始部落居民的面部表情,他要求受访者辨认各种面部表情的图片,并且要用面部表情来传达自己所认定的情绪状态,结果他发现某些基本情绪(快乐、悲伤、愤怒、厌恶、惊讶和恐惧)的表达在两种文化中都很雷同。艾克曼和Friesen较早地对脸部肌肉群运动及其对表情的控制作用做了深入研究,开发了面部动作编码系统来描述面部表情。他根据人脸的解剖学特点,将其划分成若干既相互独立又相互联系的运动单元(AU),并分析了这些运动单元的运动特征及其所控制的主要区域以及与之相关的表情,并给出了大量的照片说明。许多人脸动画系统都基于FACS。四十年研究生涯中,他曾研究新几内亚部落民族、精神分裂病人、间谍、连续杀人犯和职业杀手面容。联邦调查局、中央情报局、警方、反恐怖小组等政府机构,甚至动画工作室也常请他当表情顾问。

四、大学生情绪调控的方法

情绪对人的发展影响极大,情绪的调控不仅与身心健康密切相关,而且与一个人能否适应社会、获得事业成功和更好地享受生活有紧密联系。但是对于情绪的调节和控制,并不等于简单的压抑。真正健康、高度发展和成熟的人能尽量避免不良情绪的出现,使自己经常处于良好的情绪状态。要做到自如地调控自己的情绪,必须了解情绪控制的可能性,并学习一些情绪自我调控的方法。

(一)影响情绪变化的因素

1. 影响情绪的主观因素和客观因素

情绪是由客观刺激引起的主观体验,可见客观的事物与主观的信念同时影响着人们情绪的变化。因此,要改变一种情绪,便可以从两个方面入手,要么改变客观事物的性质,要么改变内心主观认知的倾向。

客观事物的性质,有的是能被人们改变的。如将失败转变为成功,情绪就会由悲转喜;把危险解除,恐惧就会消失;将重要的任务圆满完成,紧张就会变为轻松;找到知心朋友,孤独就被温暖所代替。而有的客观事物是不能被人们改变的,如"天有不测风云",天晴下雨的天气可能影响情绪,但天气是不会改变的等。主观认知和理念则是可以改变的。如把失望作为成功交学费,沮丧就会转为振奋;把沉重的任务、艰难的工作看作锻炼自己的机会,压抑就会变为兴奋;不用想象中的灾难和不幸吓唬自己,恐惧就会大大减轻;领悟了世间有些路必须一个人去走,就可能学会在一定程度上享受孤独。

2. 影响情绪的先天因素和后天因素

每个人的确存在被先天因素所决定的比较稳定的情绪反应倾向,同时也有在后天环境中通过学习获得的,可以加以改造的情绪反应倾向。影响情绪的先天因素主要有两种。一种是人的气质类型,它决定着人们的情绪反应倾向,这是不易改变的,正如俗话所说,"江山易改,本性难移"。但人们可以通过了解自己的情绪倾向,接纳自己的现状,并设法扬长避短。另一种是与情绪有关的一些生理需要和感观刺激,如饮食、睡眠、性需要以及温度、光线、色彩、声音、气味、触摸、运动等刺激。当人们的基本生理需要得到了适当满足时,就会产生愉快、轻松、平静等情绪;如果这些需要没得到满足,就会产生痛苦、压抑、不安等情绪。这些生理需要和感观刺激倒是可以通过满足某些生理需要使情绪得到改善。影响情绪的后天因素则完全可以被人加以利用或改变。有很多情绪都是后天习得的,如乐观、沉稳、奋发、同情、勇敢、自豪、嫉妒、恐怖等。如父母恐吓小明"天黑不要出去,外面有大灰狼""不听话就带你去打针",久而久之,小孩对天黑和打针这些对人们本来无所谓的事物产生了恐惧,心理学家称这是习得的恐惧。后天人们所处的环境、受到的教育、社会家庭的影响、个人的生活经历,都可能导致人们情绪倾向的明显改变。如一场致命的打击也许会使一个人自暴自弃,从此一蹶不振;而一个一向紧张胆怯的人在实现了一次从未有过的成功的自我表现之后,也许会变得坦然镇定了很多。这些后天因素都是可以被创造、利用或改变的。

3. 情绪发生时的身体内部变化和外在表现

内在的生理变化有一部分在一定程度上可以通过人为的手段加以改变,有的则无法改变。而外在的表情动作大部分是可以被人们所改变的。心理学家通过实验手段研究证实,与情绪有关的生理变化主要有:循环系统的变化,包括心率、血压、血糖和血液含量的变化,如愉快时心跳平静,紧张时心率加快、血压升高等;呼吸系统的变化,包括呼吸频率、深浅、节奏的变化,如"紧张得喘不过气来"等;腺体的变化,包括身体内、外分泌活动的变化,如"吓出了一身冷汗"等;肌肉的变化,包括骨骼肌和内脏肌肉的活动,恐惧时瘫软,紧张时颤抖等;脑电波和皮肤电阻的变化,如平静清醒状态下,脑电波呈现出 a 波(8—14 次/秒),紧张焦虑时便出现频率较高的 β 波(14—30/秒)等。这些身体的内在变化有的是无法改变的,有的则可以通过气功、深呼吸、放松训练等加以改变。情绪发生时外在的表情动作包括面部表情,如哭、笑、皱眉、目瞪口呆等;身体姿态、手的动作,如昂首挺胸、垂头丧气、手舞足蹈、捶胸顿足、紧握拳头,手足无措等;语言、语速、语调的变化,如满意时啧啧称赞,嫉妒时怪腔怪调等,这些大部分是可以被人们所改变的。如平时多笑,"笑一笑,十年少",笑口常开可以帮助人们保持愉快的情绪,抵御不良情绪的滋生。

综上所述,在情绪变化所依赖的主观因素与客观因素、先天因素与后天因素、内部变化与外在表现等各种因素中,有些是不易改变的,而相当部分是可以通过努力改变的,这就为我们自我调控情绪提供了可能性。

(二) 情绪调控的方法

有必要指出,凡是有利于身心健康的生活方法,都对调控人类情绪有利,因此,调控情绪的具体方法种类非常多。下面所列的方法主要用于情绪障碍调控,也适用于其他心理问题。

1. 情绪疏泄法

激烈紧张的情绪活动一般有五条出路:一是忍气吞声,强压怒火。心理学研究表明,许多身心疾病,如胃溃疡、高血压、癌症,都与情绪压抑有关。二是投向自我,情绪激动又不便发作时,打自己耳光、摔自己的东西,甚至去上吊、自杀。三是转化为无意识冲突,成为神经症的根源。四是报复性发泄,伤害他人或财物,容易造成不可挽回的损失。五是正常的发泄,不掩饰自己的不满或气愤情绪,直接表达出来。

情绪疏泄方法是指在大学生仍处于较激烈的情绪状态时,允许其直接或者间接表达其情绪体验与反应。简单而言,即高兴就笑,伤心就哭,"男儿有泪不轻弹"不符合情绪调控的疏泄方法,不值得提倡。坦率地表达内心强烈的情绪,如愤怒、苦闷、抑郁情绪,心情会舒畅些,压力会小些,与情绪体验同步产生的生理改变将较快地恢复正常。所以为了心理健康,该笑就笑,该哭就哭。

情绪疏泄方法可以分为直接疏泄法与间接疏泄法。直接疏泄法是在刺激引发情绪反应之后,即时表达自己的内心感受,如遭遇到不公平对待,可以马上提出来;被人伤害后,直接告诉对方自己很生气,要求赔礼道歉。间接疏泄法是在脱离引发强烈情绪的情境之后,向与情境无关的人表达当时的内心感受,发泄自己的愤怒、悲痛等体验。例如,在受到欺侮后,向家人或能够主持公道的人倾诉,以平息激烈的情绪活动。

情绪疏泄方法也有"度"的问题,不能把合理的情绪疏泄理解为激烈的情绪发泄。情绪发泄是指在激情状态下,由于自我控制能力不强,以暴力或其他不恰当的方式发泄情绪,其后果往往很严重,不利于问题的解决,反而会引发新的问题。如大学生之间发生矛盾,可能会出手打架伤人,即时的痛快招来即时的痛悔。所以情绪疏泄原则和方法都强调其合理性,而不是一味地发泄情绪。大学生应该学会克制、宽容、忍让,情绪的发泄不得损害其他人的利益。

心灵便利贴

闺蜜诉苦后,真的就开心了?

近年来,美国一些心理学家对人们的孤独感进行了两项调查:一项调查100%的受访者都说常常感到孤独;另一项调查也发现有67%的人时常感到孤独。女人们通常会庆幸,当你感觉孤单寂寞难过的时候,身边还有一位朋友可以倾诉,可以让你任意倾吐苦水。但是,美国密苏里州大学的科学研究告诉人们,可能你会在倾诉的时候得到心灵上的缓解和舒适,但是长此以往将会造成你和"闺蜜"的抑郁倾向。心理学家表示,这种行为在女性特别是年轻女孩当中非常普遍,她们经常聚在一起讨论"为什么他不打电话来?""我该和他分手吗?"之类的情感问题。但是这种讨论却常常给她们惹来抑郁的后果,因为不健康情绪可"传染",女性原本就比男性容易抑郁和焦虑,而"共同反刍"会将女性困在负面的思维模式中无法自拔。而男性朋友之间这种感性的对话发生得比较少,所以不会加重他们的焦虑或者抑郁情绪。

因此,作为一名闺蜜在听取好友诉苦的过程中也需要重视吐苦水的双重作用,如果能在耐心地听取好友的悲观想法后,不妨和她一起将注意力集中在解决问题的办法上,启发好友,重建希望,如果能一同规划合理的走出心理雾霾计划,抑郁、消极的情绪则会减少很多。

2. 认知调控法

一般来说,人的心理有两个层面,一个是情感层面,一个是认知层面。情绪疏泄法是通过心理宣泄解决情感层面的问题,情感层面的问题解决了,人的理智就会逐渐恢复。但是,有时人的认知层面的问题不解决,情感层面问题的解决也是暂时的,以后遇到问题仍会再次受挫。因此,解决认知层次的问题对于摆脱情绪困扰是非常必要的。运用此种方法时可以从以下几个方面入手。

(1) 不要期望值过高,过分苛求自己

俗话说:希望越大,失望也就越大。在现实生活中,不少人的挫折感均来源于对自己的期望值过高,苛求自己。因此,我们要学会以平和的心态待人处事,学会给自己留下一定的空间,把目标锁定在能力所及的范围之内。而不是好高骛远,四处出击,要求自己事事都超过别人。同时,对任何人、任何事都不必期望值过高,这样,当事物发展没有朝着你预期的方向进展时,你就不会产生强烈的挫败感。

(2) 学会妥协和放弃

人的一生会有许多愿望和追求,但由于主客观条件的限制,不可能一一得到实现。这样,就需要我们学会放弃和妥协。否则,我们就会被这些欲望和目标所累,而失去了人生的洒脱和生活的乐趣。就像一个登山者,一心想登上顶峰而急于赶路,结果忘了欣赏沿途的风景。那么,登山的乐趣也就无从体现。即使站在山顶,想想自己的付出与所得,也会有不平衡的感觉。

(3) 学会自我安慰

自我安慰也称合理化。指个体遭受挫折后,为了维护自尊,减少焦虑,就找出种种理由为自己辩解,增加自己行为的合理性和可接受性,以起到减轻心理压力,获得自我安慰的作用。

合理化的辩解有助于精神安慰。在社会生活中,人们的需要不可能全部获得满足,进行自我安慰可以使人的内心达到平衡。因此,在某种情况下,它不失为一种自我防卫心理的方法。

此外,还可以与境况不如自己的人比较,通过比较产生"比上不足,比下有余"的心理。俗话说"人比人,气死人"。人们的许多不平衡源于人与人之间的比较。因此,我们要想减少不平衡的心理,就要学会和境遇不如自己的人比较,不要总是和比自己强的人比较,那样,会加重心理不平衡。

(4) 运用合理情绪理论自我调节情绪

理性情绪理论又称为 ABC 理论,是由美国临床心理学家埃利斯提出的。他认为:"人不是为事情困扰着,而是被对这件事的看法困扰着。"

所谓 ABC,A 指事件(Accident);B 指信念(Beliefs),也称为非理性信念,是指个体在遇到诱发事件之后,对该事件的想法、解释和评价;C 是指这件事发生后,人的情绪和行为结果(Consequence)。通常人们会认为,人的情绪是直接由诱发性事件 A 引起,即 A→C。ABC 理论则指出,诱发性事件 A 只是引起情绪的间接原因,而人们对诱发性事件所持的信念、看法和解释才是引起情绪更为直接的原因,即 A→B→C。

理性情绪理论的应用步骤:

首先,是将引发不良情绪的事件和认识一一列出。

其次,找出引发不良情绪的非理性观念。非理性观念有下几种主要特征:

(1) 绝对化。即对什么事物都怀有认为必须或不会发生的信念,这种特征常常表现为日常生活中"应该""必须""一定""绝对"等用语上。例如,"我必须成功""别人必须对我好"等。

(2) 过分概括化,即以偏概全的思维方式。它常常把"有时""某些"过分概括化为"总是""所有"等。它具体体现在人们对自己或他人的不合理评价上,典型特征是以某一件或某几件事来评价自身或他人的整体价值。例如,有些人遭受失败后,就会认为自己"一无是处、毫无价值",这种片面的自我否定往往导致自卑自弃、自罪自责等不良情绪。而这种评价一旦指向他人,就会一味地指责别人,产生怨恨、敌意等消极情绪。在这种非理性特征中,世界上事物只有两类,要么正确、要么错误。

(3) 灾难化。常会表现为,一旦出现了……即天就要塌了,再没有比这更可怕的了,等等。例如,"我没考上大学,一切都完了""我没当上处长,不会有前途。"这种想法是非理性的,因为对任何一件事情来说,都会有比之更坏的情况发生,所以没有一件事情可被定义为糟糕至极。但如果一个人坚持这种"糟糕"观时,那么当他遇到他所谓的百分之百糟糕的事时,他就会陷入不良的情绪体验之中一蹶不振。

契诃夫说过这样一句话:要是火柴在你的衣袋里燃起来了,那你应当高兴,而且感谢上苍——幸亏你的衣袋不是火药库。

因此,在日常生活和工作中,当遭遇各种失败和挫折,要想避免情绪失调,就应多检查一下自己的大脑,看是否存在一些"绝对化要求""过分概括化"和"糟糕至极"等不合理想法。如有,就要有意识地用合理观念取而代之。

第三,通过对非理性观念的认识和纠正,找出合理的观念。

第四,通过建立合理的信念,最后达到情绪感受的改变。前面已指出,情绪反应产生于主体认识到刺激的意义和价值之后,对相同的刺激,不同的评价将会引起不同的情绪反应。所以可以用调整、改变认知的方法调控情绪反应和行为。例如,之所以出现考试紧张,是因为我们认为考试很重要,考不好会被人看不起,担心不及格、补考等可怕的后果。这时我们可以通过自我言语暗示放松紧张情绪,如果认为考差一点关系不大,紧张情绪就会缓解。

心灵便利贴

常见的不合理信念

1. 人应该得到生活中所有对自己是重要的人的喜爱和赞许;
2. 有价值的人应在各方面都比别人强;
3. 任何事物都应按自己的意愿发展,否则会很糟糕;
4. 一个人应该担心随时可能发生灾祸;
5. 情绪由外界控制,自己无能为力;
6. 已经定下的事是无法改变的;
7. 一个人碰到的种种问题,总应该都有一个正确、完满的答案,如果一个人无法找到它,便是不能容忍的事;
8. 对不好的人应该给予严厉的惩罚和制裁;
9. 对于困难与责任,逃避比面对要容易得多;
10. 要有一个比自己强的人做后盾才行。

3. *活动转移法*

活动转移法是指在处于情绪困境时,暂时将问题放下,从事所喜爱的活动以转变情绪体验的性质,达到调控情绪的目的。事实证明,音乐是调控情绪的最佳方式之一。欢快有力的节奏使情绪消沉者振奋,轻松优美的旋律让紧张不安者松弛,大学生可以学习乐器和音乐创作,把内心的体验转化成心灵的曲调,并从中体验成功。

体育活动也是转移调控情绪的良好方法。当情绪状态不佳时,游山玩水、打球下棋都是极好的情绪调控手段,体育活动既可以松弛紧张情绪,又可以消耗体力,使消沉者活跃,激愤者平静,实现平衡情绪的目的。

活动转移法按其转移的方向可分为两类:一是消极地转移,一是积极地转移。消极地转移是指情绪不佳时,转而去吸烟、酗酒、自暴自弃。这是大学生应该努力避免的转移方向。积极转移是指把时间、精力从消极情绪体验中转向有利于个人和人类幸福和未来发展的方向,如勤奋学习、从事研究。积极转移是大学生调控情绪努力的方向。

活动转移法之所以有效,其原因有三:一是转移的活动是大学生所喜爱的,从事该类活动,大学生马上可以感受愉悦;二是活动的成功有利于帮助大学生寻找自我价值所在,获得自尊;三是每个人的时间、精力有一个限度,用于第一件事多些,用于第二件事自然就少些,无暇再深刻体验负性情绪。

心灵便利贴

运动消气中心

前些年,在法国出现了一种新兴娱乐场所:运动消气中心。紧接着,世界各地都出现了这种运动消气中心。据其广告宣称,运动消气中心保证能使顾客满腹怨气而来,轻松愉快而归。

中心的主办人大多是运动心理专家和有经验的心理咨询医生,他们针对诸多问题,如失业、失恋、家庭矛盾等,帮助人们对情绪进行调节。心理医生的跟踪调查表明,运动是缓解抑郁心情的最好方法。因此,每个运动中心均有专业教练、专业心理咨询师指导。在人们走进运动消气中心后,他们教来访者如何大喊大叫,甚至大哭大闹、扯毛巾、打枕头、捶沙发、摔东西、骂人等。运动消气中心还有更为先进的心理"出气"治疗。心理医生帮助来访者找到烦恼的"气因",用语言开导后,再让"出气者"做一种专门为其设计的运动量颇大的"消气操"。为了适应来访者不同类型的需要,有的运动消气中心上下左右都铺满了海绵或者地毯,任人摸爬滚打。大多数生气的人,来这里都能够"失意而来,满意而归"。由于"治疗"效果显著,这一行业生意日渐兴隆。

改善心情有许多方法,在各种方法中,运动尤其是有氧运动最能消除人的烦恼心情。运动过后,不仅仅达到了宣泄的效果,也改善了身心状态。医学研究指出,运动可以与振奋情绪的药物相媲美。另外,家务劳动也具有类似效用,不过效果要差一些。要想有最好的心情,关键是做有氧运动,如跑步、骑自行车、快走、游泳和其他重复性的持续运动。耗氧运动可以加快心率,加速血液循环,改善身体对氧的利用。这种运动每次至少持续20分钟,每周3~5次较适宜。

生命在于运动,好心情更离不开运动。

4. 寻求社会支持法

当大学生陷入较严重的情绪障碍时,有必要向社会支持系统寻求支持。每个大学生都应该建立自己的社会支持系统,有能够在心理方面给予自己支持、帮助的社会网络,如亲人、朋友,或者是专业的社会工作者、心理医生。社会支持系统的存在有多方面的意义:一是倾诉的对象,苦恼的人将苦恼向他人倾诉之后,会有轻松解脱的感觉,大学生应该经常利用这种情绪调控手段;二是提供新的看问题的视角和思路,帮助当事人走出个人习惯的思维模式,重新评价困境,寻找新的出路;三是社会工作者和心理医生可以提供专业意见、建议,运用心理学手段和方法帮助大学生更有效地解除情绪障碍。

5. 身体放松调节法

身体放松调节法又称为松弛反应训练,是一种通过肌体的主动放松来增强人对自我情绪控制能力的有效方法。它的基本原理是通过训练放松所产生的躯体反应,如减轻肌肉紧张、减慢呼吸节律和使心律减慢等,以达到缓解焦虑情绪的目的。

具体的操作步骤如下(此方法最好是在老师的指导下进行):

在一个较为安静环境中,舒适地坐(或仰卧)在沙发上或躺在床上;

步骤一:让自己初步体验肌肉的紧张。操作要领:① 伸直并绷紧双臂,握拳;② 绷紧双臂肌肉;握紧双拳;用力,并保持数秒钟;③ 之后放松双臂,松拳,放松休息数分钟;

步骤二:在上一步骤基础上进一步绷紧肌肉。操作要领:① 伸直双臂,握拳;同时,伸直并绷紧双腿,双脚脚尖内勾,呈倒钩式;③ 上述各部肌肉同时用力,并保持数秒钟;④ 之后放松上述各部的肌肉,放松休息数分钟;

步骤三:在前两个步骤基础上达到全身肌肉的紧张。操作要领:① 伸直双臂,握拳;同时,伸直并绷紧双腿,双脚脚尖内勾,呈倒钩式的基础上,同时紧皱前额部肌肉,锁紧眉头,紧闭双眼,皱起鼻子和脸颊,紧咬牙关,紧收下颚,紧闭双唇,紧绷两腮;梗直脖子;胸部、腹部肌肉绷紧;躯干用力挺起;③ 全身各部分用力绷紧,并保持数秒钟;④ 之后放松上述各部的肌肉,放松休息数分钟;

步骤四:在全身肌肉紧张的前提下,配合呼吸,加强对紧张的体验。操作要领:① 深吸一口气(用腹式呼吸),憋住气;② 伸直双臂,握拳,头向后梗;伸直并绷紧双腿,双脚脚尖内勾,呈倒钩式;同时,胸部、腹部肌肉绷紧;③ 屏住呼吸,全身各部分用力绷紧并保持,直至身体和呼吸的最后极限;④ 放松呼吸,并放松上述各部的肌肉;

步骤五:紧接步骤四,指导语暗示全身的肌肉、呼吸乃至身心的放松。操作要领:① 肌肉放松指导语:头部肌肉放松,面部肌肉放松,脖子放松,双肩放松,双臂放松,双手放松,手指放松,胸部放松,腹部放松,双腿放松,双脚放松,脚趾放松;② 呼吸放松指导语:呼吸再放慢,变得越来越慢、越来越深、越来越沉;③ 身心放松指导语:你会感到身体变得很沉、很重,全身感到越来越沉、越来越重;感到全身很累,很疲倦;好像有一种昏昏欲睡的感觉;自己什么都不去想、什么都不愿意想;感到心情很放松……

步骤六:让自己体验此时此地的放松感受。放松训练结束。

心理测验

你的情商怎么样?

第1—9题:请如实选答下列问题。

1. 我有能力克服各种困难:

A. 是的　　　　　　B. 不一定　　　　　　C. 不是的

2. 如果我能到一个新的环境,我要把生活安排得:
A. 和从前相仿　　　　B. 不一定　　　　　　C. 和从前不一样

3. 一生中,我觉得自己能达到我所预想的目标:
A. 是的　　　　　　　B. 不一定　　　　　　C. 不是的

4. 不知为什么,有些人总是回避或冷淡我:
A. 不是的　　　　　　B. 不一定　　　　　　C. 是的

5. 在大街上,我常常避开我不愿打招呼的人:
A. 从未如此　　　　　B. 偶尔如此　　　　　C. 有时如此

6. 当我集中精力工作时,假使有人在旁边高谈阔论:
A. 我仍能专心工作　　B. 介于A、C之间　　　C. 我不能专心且感到愤怒

7. 我不论到什么地方,都能清楚地辨别方向:
A. 是的　　　　　　　B. 不一定　　　　　　C. 不是的

8. 我热爱所学的专业和所从事的工作:
A. 是的　　　　　　　B. 不一定　　　　　　C. 不是的

9. 气候的变化不会影响我的情绪:
A. 是的　　　　　　　B. 介于A、C之间　　　C. 不是的

第10—16题:请如实选答下列问题。

10. 我从不因流言蜚语而生气:
A. 是的　　　　　　　B. 介于A、C之间　　　C. 不是的

11. 我善于控制自己的面部表情:
A. 是的　　　　　　　B. 不太确定　　　　　C. 不是的

12. 在就寝时,我常常:
A. 极易入睡　　　　　B. 介于A、C之间　　　C. 不易入睡

13. 有人侵扰我时,我:
A. 不露声色　　　　　B. 介于A、C之间　　　C. 大声抗议,以泄己愤

14. 在和人争辩或工作出现失误后,我常常感到震颤,精疲力竭,不能安心工作:
A. 不是的　　　　　　B. 介于A、C之间　　　C. 是的

15. 我常常被一些无谓的小事困扰:
A. 不是的　　　　　　B. 介于A、C之间　　　C. 是的

16. 我宁愿住在僻静的郊区,也不愿住在嘈杂的市区:
A. 不是的　　　　　　B. 不太确定　　　　　C. 是的

第17—25题:在下面问题中,每一题请选择一个和自己最切合的答案。

17. 我被朋友、同事起过绰号、挖苦过:
A. 从来没有　　　　　B. 偶尔有过　　　　　C. 这是常有的事

18. 有一种食物使我吃后呕吐:
A. 没有　　　　　　　B. 记不清　　　　　　C. 有

19. 除去看见的世界外,我的心中没有另外的世界:
A. 没有　　　　　　　B. 记不清　　　　　　C. 有

20. 我会想到若干年后有什么使自己极为不安的事:
   A. 从来没有想过　　　B. 偶尔想到过　　　C. 经常想到

21. 我常常觉得自己的家庭对自己不好,但是我又确切地知道他们的确对我好:
   A. 否　　　　　　　　B. 说不清楚　　　　C. 是

22. 每天我一回家就立刻把门关上:
   A. 否　　　　　　　　B. 不清楚　　　　　C. 是

23. 我坐在小房间里把门关上,但我仍觉得心里不安:
   A. 否　　　　　　　　B. 偶尔是　　　　　C. 是

24. 当一件事需要我作决定时,我常觉得很难:
   A. 否　　　　　　　　B. 偶尔是　　　　　C. 是

25. 我常常用抛硬币、翻纸、抽签之类的游戏来预测凶吉:
   A. 否　　　　　　　　B. 偶尔是　　　　　C. 是

第26—29题:下面各题,请按实际情况如实回答,仅须回答"是"或"否"即可,在你选择的答案下打"√"。

26. 为了工作我早出晚归,早晨起床我常常感到疲惫不堪:是_____　否_____

27. 在某种心境下,我会因为困惑陷入空想,将工作搁置下来:是_____　否_____

28. 我的神经脆弱,稍有刺激就会使我战栗:是_____　否_____

29. 睡梦中,我常常被噩梦惊醒:是_____　否_____

第30—33题:本组测试共4题,每题有5种答案,请选择与自己最切合的答案,在你选择的答案下打"√"。

答题标准如下:(1)从不　(2)几乎不　(3)一半时间　(4)大多数时间　(5)总是

30. 工作中我愿意挑战艰巨的任务。1　2　3　4　5
31. 我常发现别人好的意愿。1　2　3　4　5
32. 能听取不同的意见,包括对自己的批评。1　2　3　4　5
33. 我时常勉励自己,对未来充满希望。1　2　3　4　5

计分时请按照记分标准,先算出各部分得分,最后将几部分得分相加,得到的那一分值即为你的最终得分。

第1—9题,A计为6分,B计为3分,C计为0分;

第10—16题,A计为5分,B计为2分,C计为0分;

第17—25题,A计为5分,B计为2分,C计为0分;

第26—29题,每回答一个"是"得0分,回答一个"否"得5分。

第30—33题,从左至右分数分别为1分、2分、3分、4分、5分,总计为_____分。

如果得分在150分以上,那你就是个EQ高手:你尊重所有人的人权和人格尊严。不将自己的价值观强加于他人,对自己有清醒的认识,能承受压力。自信而不自满,人际关系良好,和朋友或同事能友好相处,善于处理生活中遇到的各方面的问题,认真对待每一件事。

如果得分在130~149分,说明你的EQ较高:你是负责任的"好"公民。在一些情况下易受别人焦虑情绪的感染,比较自信而不自满,较好的人际关系,能应对大多数问题,不会有太大的心理压力。

如果得分在 90~129 分,说明你的 EQ 一般,易受他人影响,自己的目标不明确。能应付较轻的焦虑情绪,把自尊建立在他人认同的基础上,缺乏坚定的自我意识,人际关系较差。

如果得分在 90 分以下,说明 EQ 较低,自我意识差,无确定的目标,也不打算付诸实践,严重依赖他人,处理人际关系能力差,应对焦虑能力差,生活无序,无责任感,爱抱怨。

第三节　心理知识拓展

一、电影"心"赏——《头脑特工队》

莱莉的父亲因为工作原因举家搬迁到旧金山,莱莉只得和熟悉的中西部生活说再见。和所有人一样,莱莉也是被五种情绪共同支配——快乐、恐惧、愤怒、厌恶和悲伤。这五位情绪们居住在莱莉脑海里的控制中心,在那里他们可以通过适当调配来指导莱莉的日常生活。乐乐作为团队的领导,她协同其他伙伴致力于为小主人营造更多美好的珍贵回忆。然而莱莉随同父母搬到了旧金山,肮脏逼仄的公寓、陌生的校园环境、逐渐失落的友情都让莱莉无所适从,她的负面情绪逐渐累积,内心美好的世界渐次崩塌。为了保护这一切,乐乐只有行动起来。

图 5.5　电影《头脑特工队》

二、心理训练营

(一)游戏名称:指手画脚

游戏规则:每2人参加。一人用动作比画,不能说词语中出现的字。另一人猜,规定时间内猜中词语多的获胜。

设定几种情景,让大家知道(建议5个比较适宜)

举例:1. 自己的日记本被妈妈发现,并且翻看;

2. 同学相向而坐或站(单排背向讲台);

3. 老师依次出示不同的情景,面对讲台的人只能通过面部表情来表达在此种情景中自己的反应,并请背对讲台的一排同学猜表达的是哪一种情景(可以对调做);

4. 在剩下最后一个情景时,告诉表演者,他们只需要微笑;

5. 老师根据最后一个情景,如果我们用微笑来面对的时候,会有怎么不一样的结果,由此引出本次情绪管理的主题。

(二)游戏名称:魔王闯关——坚定意念

游戏目的:让学员无拘无束地释放出情绪能量,发展其良好的个性,培养开朗的性格(老师可以告诉学员以后可以用这样类似这样的方式来调节自己的情绪)

游戏内容:

A. 让教官扮演"魔王",并做出凶狠残暴的表情(需要逼真)在学员报出口令请求通过时,只有经过"魔王"的同意方能闯关成功。

B. 过关口令:报告魔王,我是×××,我强烈要求从甲地到达乙地,途中不管有什么困难,我都坚决不放弃目标!坚持到底,永不放弃!请魔王允许通过!

C. 过关者报出口令时要求要做到大声响亮、清晰无误、坚毅有力、发自内心不能眼神闪躲、身体也不能表现出退缩的姿态,否则将不予通过。

D. 魔王根据过关者表现出的意愿的强烈程度决定是否放行(一定要严格要求标准),过关者必须无条件服从,魔王无需向过关者解释不能通过的原因(这个一定要让学员自己觉悟),每个过关者皆只有三次过关机会。

E. "魔王"可以适当地拦住一两个意念比较坚定的过关者,目的在于让学员明白在人生过程中会出现一些过意刁难的人,即使做得很好,仍然得不到他们的肯定。而对于这些人,只有做到更好,做到让他们满意为止。这样做的用意在于让学员意识到:口号不是只用于喊一喊的,当你这样喊的时候心里还必须得这样想。只有当这句话成为真正的内心愿望的时候才能表现出坚定、勇敢。

F. 每个过关者过关的间歇之间,"魔王"会倒数5秒,如果这期间还是没有过关者出现的话,全组成员都将受罚。

第六章　科学用脑,高效学习

> 人不光是靠他生来就拥有一切,而是靠他从学习中所得到的一切来造就自己。
>
> ——歌德

案例导入

小轩是大一学生。谈到她的苦恼,最主要的问题就是无法专注于学习,注意力难以集中,另外伴有轻微的考试焦虑症。在上大学之前,没有出现过此种情况,高中阶段成绩优良,学习压力小,学业上一帆风顺,直到考上大学。但是,她是理科生,偏偏被调剂到一个理科专业,专业不对口,在开学初参加过转专业考试,可是结果并不理想,转专业没有成功。

案例分析

来访者小轩是对大学新环境的适应不良,对自己较高的要求,但客观上未能实现,因而产生焦虑情绪,同时出现相应的躯体反应,如头疼。其学习动机不足是因为学习目标不明确,学习兴趣欠缺,出现学习情绪低落,学习态度冷漠。其考试焦虑的原因是平时学习投入少,担心挂科被取笑。大学考试科目多,内容杂,复习迎考任务重,因此疲惫不堪、心理压力大。

第一节　学习及学习心理概述

学习是心理结构的构建过程,是通过同化和顺应作用,将主体新获得的经验和原有经验结构相整合而实现的。因此,欲进行有效的学习,原有心理结构中需具备适当的知识、技能和一定的学习动机,需培养良好的学习心理。在大学阶段,学习是大学生生活的主旋律、中心任务和主要活动形式。与中学的学习不同,大学学习有着很强的目的性、自主性、选择性和探索性。大学的生活不单是为了学习而学习,而是为追求而学习,为未来而学习,为发展而学习。更为重要的是,大学时期是学子们求知欲最旺盛、记忆力最强和反映最佳的黄金时期。因此,学习不仅是学生未来事业的基础,更是其成长的过程。

大学阶段的学习是一种特殊形式的学习,有其自身的特点和要求。这种特点和要求又对当代大学生的学习心理产生了广泛而深刻的影响,使其表现出不同于中小学阶段的独特性。

一、什么是学习

"学习"一词在我国古代就已经出现,早在2000多年前,孔子就说过"学而时习之,不亦乐乎"。那么,心理学中是如何界定"学习"这一概念的呢?

心理学认为学习可以理解为广义和狭义两种概念。广义的学习是指个体在活动中通过经验引起的行为或者心理的相对持久的变化。广义的学习既包括人类的学习,也包括其他动物的学习。狭义的学习仅指人在社会实践过程中,在与他人的交往中,运用语言这一中介,自觉、主动地掌握和个体经验的过程。人类的学习在内容、形式、过程、性质以及功能等方面与动物都是不同的。动物的学习是局限于消极被动地适应环境,而人类学习不仅自觉而且主动,还能够对环境施加影响。

大学的学习既不同于儿童的学习,也不同于成人的学习,是人类学习的一种特殊形式和特殊阶段,是在学校教师有目的、有计划、有组织和有系统的指导下,以掌握间接经验为主的智力实践活动过程。

二、当代大学生学习心理的特点

大学教育是学校教育的最高层次,就受教育者的学习生涯来说,这是从学校教育中的学习走向社会工作环境中的学习的过渡阶段。同时,大学生从青春期进入成人期后,其身心发展在很多方面会出现新的变化和特征。因此,大学学习不仅具有学校教育中的一般学生学习的基本属性,也有其特殊性,这些都意味着,比起中小学生,大学生的学习在学习目标、学习内容和学习方式上都会出现很大的变化。了解和把握大学生学习的特点,有助于我们更好地适应大学的学习生活。

(一) 学习的自主性

进入成人期后,大学生的自我意识开始成熟并日趋稳定,生理、心理特征以及大学学习的任务和环境决定其在学习上有着更强的独立性和自主性。与中学生相比,大学生拥有更多自由支配的时间,拥有更为丰富的学习资源,学习方式会发生明显的变化,有了更多独立思考的意识。大学生作为学习活动的主体,能够调控自己的学习活动,积极主动地获取知识、培养能力和形成专业必需的各种品质。对大学生而言,学习的自主性主要表现在可以自我调整学习目标、自我钻研学习内容、自我选择学习方法。

当然,不可否认,"自主"也是一把双刃剑,在课外的时间里,大学生是相对自由的,如果我们不能有效地把握自主时间,在缺乏外界压力和自我约束力的情况下,一些学生有可能会把这些时间挥霍在其他事情上,如终日睡觉、沉迷网络游戏等,这样不仅浪费了时间,还会对身心发展产生不良的影响。

因此,学习的自主性要求大学生有良好的自我控制力、时间管理能力和规划意识,结合自己的实际情况,合理地制订学习计划,科学管理和利用好自主的时间,利用好丰富的学习资源,不断提高自学能力。

(二) 学习的专业性

基于大学学习的专业性,大学生应深入了解自己的专业,包括专业的培养目标、就业面向、课程设置、毕业条件等,努力发掘所学专业的专业魅力,培养自己对本专业的热爱,形成对专业学科知识的浓厚兴趣。在此基础上,认真学习自己的专业知识,锻炼专业技能。

当然,大学学习的专业化并不是狭隘化,大学生在认真学习专业知识的同时,要清晰地认识到仅仅把眼光盯在专业领域内是很难学好专业的,因为在当今时期,学科的发展呈现出明显的融合趋势,各个学科之间出现了更多的交流和联系。有时,一个学科的专业知识是以另一个学科为基础的,比如,要学好物理专业,必须有扎实的数学基础。同时,很多工作也体现出多学科的相互合作的特征,要成功完成某项工作,仅仅有单一某个专业的知识是不够的,需要其他相关专业的配合。所以,专业学习是大学生学习的主体方向,但不是学习的全部。大学生在学好专业知识的同时,需要拓展自己的知识面,了解相关学科的一些知识,形成最佳的知识结构,才能更好地完成未来的专业工作。

当今社会对人才的要求是全面发展,除了专业素质外,还要求学生具有一定的人文素质、科学素质、良好的思想道德素质和心理素质,这些素质需要我们在相关领域的学习中去不断积累。

(三) 开放性

所谓开放性学习,是指大学生作为学习的主体,突破传统的狭义的教师、教材、专业、课堂、学校的界限,以灵活的方式在更广阔的领域里进行的学习活动。

大学生开放性学习的必然性,在于现代科学技术的发展,现代社会信息化程度的提高,拆除了"高等学府"与社会生产、社会生活的"隔离墙"。如果说"教师中心、书本中心、课堂中心"是传统的大学教学的基本特点,那么,与科研和生产紧密结合则是现代大学教学的一大特点。这就要求大学生能够拓宽自己的研究领域,通过多种渠道、多种形式进行学习。大学生除在课堂学习之外,还可以通过学校丰富的教学资源进行学习,如听学术报告、到图书馆查阅文献资料、参加社团学生活动、与老师和同学交流、参与教师的科研课题等。除了校园内的学习,科学调查、社会实践也是大学生学习的重要方式。灵活多样的学习方式为大学生从不同层次、不同角度学习知识提供了宽广的平台,也为大学生在学习活动中发展自己多方面的兴趣、培养多方面的能力提供了条件。

(四) 学习的探究性和创造性

大学阶段是个体智力发展的高峰期,智力上的成熟使大学生具备了深入思考的基础。大学学习具有研究、探索和创造的性质。

首先,大学生的一些学习环节本身就是一种探索和创新,如专业论文写作。大学期间,论文写作是专业课程的一种重要考察方式,它需要学生认真确定课题和研究思路,通过调研和思考,分析和解决研究的问题,并提出自己对该课题的观点。再如对某一学科的学习已不是单纯对知识点的背诵,更为重要的是,要掌握这门学科的研究方法,了解学科存在的问题,对某些领域能形成自己的思考和见解。

其次,一些课外活动也体现了探究和创造的特点,如环保协会的学生通过专业知识测量附近水域的污染情况,航模协会的学生设计出更加精巧、仿真度更高的模型等。

第二节 学习策略

一、学习策略概述

当下,"未来的文盲不再是不识字的人,而是没有学会学习的人"已成为一句经典名言,面对终身学习的社会环境,培养人的学习能力,教学生学会学习成为一种国际性的教育主张。学习策略作为学习者学习中极为重要的机制,直接影响到学习者的学习效率和学习效果,甚至对学习者的学习行为和学习态度都具有一定的改善作用,它有助于提高学习者的认知水平与学习能力,挖掘其学习潜力。掌握学习策略已成为衡量学生学会学习、学会思考的根本标志。

(一)学习策略概念

人们很早就认识到,对于学生来讲,影响学习的因素,除了通常所说的一些因素(如智力水平、学习态度、原有知识基础、对学习的期望……)之外,还有一个"学习方法的掌握和应用"的学习变量。这个学习变量对学生的学习有着十分重要的影响。例如,A、B是同一个班级的两个学生,由于A不仅掌握一定的学习方法,而且能在学习的过程中使用这些方法,所以他的学习效果就很好;而B不能掌握与学习内容相适应的学习方法,于是就不会学习,其学习效果当然要差一些。这里的"学习方法的掌握和应用"的学习变量,基本上与现在所说的学习策略是同义的。古人所说的"授之以鱼不如授之以渔",所表述的就是学习的策略方法。关于学习策略的定义,在心理学界,大致有以下四种观点:把学习策略看作是具体的学习方法或技能;把学习策略看作是学习的调节和控制技能;把学习策略看作是内隐的学习规则系统;把学习策略看作是学习方法和学习的调节与控制的有机统一体。

(二)学习策略的基本特征和本质属性

1. 学习策略的基本特征

第一,学习策略是伴随着学习活动的展开而形成的。如果不学习,也就根本谈不上有学习策略。学习策略不是先天形成的,而是在具体的学习过程中,为提高学习的效率而逐步形成和发展起来的。

第二,学习策略是帮助学习者对学习方法和学习内容进行沟通的操作系统。任何形式的学习都是要运用一定的学习方法。学习策略的作用就是在学习的过程中,帮助学习者将学习方法具体地应用起来。

第三,个体的学习策略会随着学习者对学习目标期望和学习内容的难易程度的改变而发生变化。人们在学习的过程中会形成许多学习策略,这些学习策略在具体的学习过程中并不是机械地运用。学生会根据学习内容的特点和期望的学习目标灵活地选择、应用和调整学习策略。

心灵便利贴

神奇的记忆宫殿

在侦探类电影《唐人街探案2》中,秦风曾运用神奇的记忆宫殿侦破案件。他将走过的唐人街街道、黑帮歌舞厅、警局、汽车修理厂等场景建立还原,不仅环境原景重现,场景中的人物也以固定的方式处理。古罗马时期,记忆宫殿就是一种非凡的记忆技巧。如,世界记忆大赛的八连冠米尼奥·奥布瑞恩能够看一次就记住54副扑克牌的顺序;汤玛斯·哈里斯的小说《汉尼拔》中,连环杀手汉尼拔·莱克特使用记忆宫殿"鲜活地"储存着多年来复杂的病人档案。记忆宫殿是如何建立的呢?

1. 选择宫殿,首先需要选择一个你熟悉的地方,本技巧取决于你能够在脑海中轻易再现并轻易漫步的能力。其次试着在你的宫殿里确定一条特别的路线,而不是静止的场景。

2. 列出明显的特征物,现在需要质疑所选所里的明显的特征物,并做虚拟漫步。

3. 把宫殿牢牢印在脑中。

4. 联系,成为宫殿的主人后,像大部分的记忆增强方式一样,通过形象化的联想:选择一个已知图像和想记住的要素结合起来。

2. 学习策略的本质属性

第一,学习策略在学习过程中的主要作用是学习者对学习活动进行自我调节和控制。这种对学习活动的调节和控制,就是在具体的学习过程中,针对具体的学习内容,对"怎样学(即如何进行学习执行的操作)?"和"学到什么程度(即对学习目的究竟有什么样的认识)?"等一系列问题进行决策,并将这种决策在一些具体的学习活动中实施。

第二,在具体的学习过程中,学习策略对学习活动所进行调节和控制主要是通过学习方法的调用来实现的。因此,学习策略具有一定的方法性。当然,学习策略的方法性和一般学习方法的方法性是有一定区别的。

二、合理使用学习策略

(一) 认知策略

1. 复述和复习策略

复述和复习策略指学生对所学内容的适当的重复学习,主要用于记忆比较重要的学习内容,减少遗忘。根据著名的艾宾浩斯遗忘曲线所揭示的规律,遗忘的进程是先快后慢的,刚开始遗忘得较多、较快,而以后遗忘得较少、较慢。因此,可以采取适当的复述和复习策略来增强记忆和减少遗忘的发生。随着记忆量增加和遗忘量的减少,学生便可减少在学习上的投入,预防学习倦怠的发生。

(1) 复习的时间

应该注意及时复习和系统复习。及时复习可以较大程度地减少遗忘,但要想长期保持所学内容,还必须进行系统的复习。心理学研究表明,有效的复习时间安排应该是刚开始间隔短,随后逐渐减少复习的次数及时间。比如第一次复习可以在学习结束后的一个小时以内进行;第二次复习可以在当天晚上或第二天早上进行;第三次复习可以在四天到一星期后;第四次复习可以在半个月到一个月后;第五次复习可以在半年后。

究竟每次用多长时间复习效率最高呢?心理学研究发现,学习者对学习内容的开始和结尾部分记忆效果比较好,而对中间部分的记忆效果较差。这是因为抑制是导致遗忘的重要因素,学习刚开始的内容只存在后摄抑制,最后的内容只存在倒摄抑制,而中间的内容则是前摄抑制和倒摄抑制双重夹击,学习效果自然较差。因此,在长时间进行复习时,可将连续的复习时间分成几个小单元,中间穿插短暂的休息。这样就可以人为增加开始和结尾的数量,达到提高复习效率的目的。

心灵便利贴

前摄抑制与倒摄抑制

所谓前摄抑制就是先学习的材料对后学习材料的干扰作用。心理学的有关实验表明,识记无意义材料时,前摄抑制的影响较大,因而造成大量的遗忘;识记有意义材料或学习材料较熟悉时,前摄抑制的影响较小。所谓倒摄抑制是指后学习的材料对回忆先学习材料的干扰作用。研究表明,先后两种学习材料既相似又不相似时,倒摄抑制的影响最大;先后两种学习的材料很相似或很不相似时,倒摄抑制的影响较小。先学材料的巩固程度愈低,倒摄抑制影响较大;先学习材料的巩固程度愈高,倒摄抑制的影响愈小。后学习材料难度愈大,倒摄抑制的影响就愈大;后学习材料愈容易,倒摄抑制的影响就愈小。

(2) 复习的次数

多次复习有利于增强记忆,但复习多少次能达到效率最大化呢?这就涉及过度学习的问题。所谓过度学习即为在刚刚能背诵或回忆的基础上进一步的学习。学习内容的保持量随过度学习的增加而增加。过度学习有次数多少的问题,过度学习的次数过少,保持效果不理想;但次数过多,其保持量增加的幅度也不再明显。研究表明,保持效果既好又省时省力的最佳过度学习率为50%。如刚能背诵一首诗需读6遍,那么过度学习的最佳值就为3遍。坚持过度学习获得的知识会更牢固。

(3) 复习的方法

常用的高效复习方法主要有:尝试背诵法、交替复习法、多感官复习法、及时复习、试图回忆等。

尝试背诵法是一个非常有效的复习方法,即读背结合法,该方法可以大幅提升复习的效率,预防学习倦怠。这是因为,一方面这样的复习方法容易将学生的注意力集中在学习的薄弱环节,维持其大脑积极、兴奋的状态;另一方面还可以让学生及时了解自己已经掌握的内容,高效利用时间,增强自信心。

交替复习法是指根据学习内容的难易程度及联系强弱,交替复习不同的内容。这主要是因为过长时间复习单一内容可能会降低大脑的兴奋度,进而降低记忆效果,易产生学习疲劳。学生若能交替复习不同科目,则有助于维持大脑的兴奋度,降低疲劳,预防倦怠。

多感官复习法是指学习者将多种感官协同起来进行记忆,同时使用眼、口、耳、手、心等多种储存信息的途径,增强知识在头脑中的神经联系和提取线索,可以大幅提升记忆效果,有效预防学习倦怠。

及时复习。心理学的遗忘规律告诉我们:识记一结束,遗忘就开始了。遗忘的进程是先快后慢,先多后少。据此,学习结束后要及时复习,趁热打铁。学习后在当天内复习一刻钟往往比一星期后复习一小时的效果更佳。特别是对外语单词、符号、公式等意义不强的学习材料更需如此。及时复习犹如加固大厦,待大厦倒塌了再修补则为时晚矣。

睡前复习。研究表明遗忘的原因之一是活动的干扰妨碍了记忆。国外有人(Jenkins 和 Dallenbear,1924)就做了这样的实验,让两名大学生识记同样的内容,一个熟记后睡眠,一个熟记后仍进行日常活动。结果表明后者的遗忘远远高于前者的遗忘。这是因为后继的日常活动干扰了前期的识记内容,睡眠则无此干扰。因此,若能在每天睡觉前坚持用一刻钟时间将当天学习的重要内容回顾一下,定能取得满意效果。

试图回忆。有许多同学复习时习惯于一遍又一遍地读,实际上这是一种少、慢、差、费的复习方式。研究表明,有效的复习应多以试图回忆方式复习为好。即在阅读材料几遍后,就掩卷而思,尝试背诵,实在回忆不起的地方再重复阅读、尝试背诵。如此反复循环,直到记牢为止,且将全部练习时间的80%用来试图回忆,20%用来诵读的效果更佳。这种方法之所以能提高复习效果,主要是充分调动了思维的积极性,增强了学习反馈;避免了反复阅读,平均使用力量,被动接受知识的状况。

"过电影"就是指把所学主要内容、难点内容在脑中逐一闪现,全部回忆一遍。若能顺利、清晰过完电影,则说明掌握的知识比较牢固。若过电影卡壳,或若隐若现,则说明这些知识有待进一步复习。若在考试或测验之前,以过电影方式进行心理彩排,不仅可自我考察学习的效果,而且顺利地过完电影,成竹在胸,有助于增强信心。"过电影"通常是进行阶段复习或总复习的一种有效方式。

2. 精细加工策略

(1)联想

联想是大脑的基本功能,当然也可以被用来帮助学习者对学习材料进行精细加工,提升学习效率,预防学习倦怠。在这里我们主要介绍形象联想和奇特联想。

形象联想是指把眼前要记忆的内容与头脑中的栩栩如生的形象联系起来,从而达到增强记忆的效果。头脑中的鲜明形象与要记忆的内容可能并不具有某种内在联系,但通过这种有意识的联想,可以人为地将它们联系起来,赋予本来无意义的材料以意义。比如英语单词cock既可翻译成"公鸡"又可翻译成"水龙头",在已经知道"公鸡"这个译意的前提下,想要记住"水龙头"这个译意,便可联想"水龙头"跟"公鸡头""长得"很像,很容易就记住了。

（2）谐音

谐音是指利用相似的声音线索进行记忆的一种方法,具体来说,就是把某些知识按照其他同音汉字去理解,使原来没有意义的音节变为有意义的语句,达到生动有趣的效果。在使用此法时要求除了发音相似外,还应保证充分利用形象来表现所要记忆的材料的意义,或人为地赋予其某种意义。

（3）多感官链式记忆法

多感官链式记忆法就是指每个单一的学习材料都要使用多感官经过"看清、熟读、释义、书写、再现"五个连环的动作来完成,大幅提升记忆效率。

第一步:看清——第一眼要看清、看准所记单个材料的形象,给大脑输送一个清晰而准确的信号。如记汉字,第一眼就要看清、看准汉字是由哪些笔画组成的,以及每个汉字的结构和排列次序,用时3—5秒。

第二步:熟读——紧接着第一步在看清、看准的前提下,立即连续诵读（或默念,或拼读）所记单个材料的音（拼音或念名称）。诵读或拼读的次数为2—3遍,用时3—5秒。

第三步:释义——紧接着第二步在连续诵读之后,立即诵读和理解所记材料的释义。诵读的次数为2—3遍,用时10秒左右。

第四步:书写——紧接前三步把看、读的材料连续写3遍。写时要边写、边念、边想义,用时15—20秒。

第五步:再现——即回想,紧接前四步,眼睛离开材料,将前四步所记单个材料的形、音、义,回忆默背一遍,使三者在大脑里形成一个完整的概念。如回忆不清,立即重复一遍,重新建立印象,用时3—5秒。

以上五步连环,使单个材料的多个因素（形、音、义等）在25—45秒内,同时动用眼、口、手、耳、脑等多感官协同工作,可以极大地提升记忆的效率。

3. 组织策略

组织策略主要指学生在学习过程中有效组织不同层级和特点的学习内容。常用的组织策略有列表、列提纲和画思维导图。通过这些组织策略,学生可以高效地把相关材料建立联系,综合起来学习,便于进行对比和总结,同时也便于大脑对其进行深度加工和提取。

（二）元认知策略

1. 元认知策略分类

（1）计划策略

一个完整的计划策略大致包括预测结果、确立目标、决策分析、有效分配时间、评估有效性、拟定细则等环节。计划策略在整个元认知策略、甚至在一切学习策略中,占据一个很重要的位置。因为计划无论大小,总是涉及学习活动的全局,而始终保持全局观,恰恰是策略性学习的关键。而且,没有学习计划就没有评价学习效果的标准,也没有卓有成效的评价活动,更别提良好的调节了。

（2）监视策略

元认知监视策略是指在认知过程中，根据认知目标及时检查评价认知活动的结果与不足，如检查学习内容是否被领会，知识的预备度或熟练度是否不足，策略的选择是否有效，目标设定是否过高或过低，把偏差找出来。有监视然后才有调节。元认知监视策略具体包括阅读时对注意加以跟踪、对材料进行自我提问、考试时监控自己的速度和时间等。

（3）调节策略

元认知调节策略是根据监视的结果，找出认知偏差，及时调整或修正目标的策略。例如，在学习活动结束时，评价认知结果，采取相应的补救措施，修正错误，总结经验教训等。在实际运用中，调节策略总是跟监视策略连在一起的。

2. 元认知的培养

（1）自我提问法

自我提问法就是在元认知训练中，通过提供一系列供学生自我观察、自我监控、自我评价的问题表单，不断地促进学生自我反省而提高问题解决的能力。例如，美国数学家波利亚就解决数学问题的四个阶段，提出了以下系列供学生自我提问的问题：

第一，理解问题阶段问：未知条件是什么？已知条件是什么？已知条件足以确定未知量吗？多余还是不足？

第二，拟订计划阶段问：过去见过这种题吗？若见过是否它以稍许不同的方式出现？我能应用一个具有相同或相似未知条件的熟悉问题解答当前题目吗？如果不能解答当前题目应问：我能从已知条件中产生什么有用的东西？使用了所有的条件和数据了吗？

第三，执行计划阶段问：能清楚地认定每一步都是对的吗？能证明它是对的吗？

第四，回顾步骤问：我能检验结果的正确性吗？我能检验推理过程吗？我能运用这个结果或方法于其他问题吗？

（2）相互提问法

相互提问法，即将学生每两人分为一组，给每个学生一份类似于上述自我提问的表单，要求学生在尝试解决问题的同时根据提问表单相互提问并做出回答。研究表明，相互提问法能有效地促进学生的思考与竞争，发展元认知。

（3）知识传授法

知识传授法是不同于以上训练的另一种方法。它主要是通过传授学习理论的有关知识，特别是关于元认知的知识，使学生通过学习，认识到元认知在学习中的重要性，自觉地将元认知运用于学习中，生成适当的学习策略，提高学习效果。

以上几种元认知训练，都能一定程度地提高学生的元认知水平，特别是对于复杂困难的问题，元认知的训练就更为有效。

总之，对学生元认知的培养若能从以上方面全面进行，通过多种途径共同发挥作用，其效果就会更加明显。

（三）资源管理策略

资源管理策略是指对各种学习资源进行管理的策略，主要包括时间管理策略、学习环境管理策略和社会支持管理策略等。

1. 时间管理策略

时间管理策略通常是指对时间的高效利用的策略,主要包括统筹安排学习时间,高效利用学习时间,对时间管理效果的评价、调控和反思等。

(1) 统筹安排学习时间

统筹安排学习时间主要指科学合理地制订学习计划,包括年计划、月计划、周计划、日计划等。在制订时间计划时要根据任务的轻重缓急进行排序,可以将这些任务分到既紧急又重要、不紧急但重要、紧急但不重要、既不紧急又不重要四个象限。需要强调的是,把主要时间放在重要但不紧急的任务上是统筹安排学习时间的关键,这样可以有效避免主要时间被不重要的任务占去,大幅提升学习效率,有效预防学习倦怠。

(2) 高效利用学习时间

高效利用学习时间主要包括管理好课堂时间、提高自学时的效率、利用好零碎和业余时间等。

首先,要管理好课堂时间。学生学习的主要场所是课堂,提高课堂时间利用率是关键。学生在学习中要避免注意力不集中、分心、走神等情况的发生。同时,积极参与课堂活动,紧跟教师的思路,积极思考和回应教师的提问也是提高课堂时间利用率的好方法。

其次,要提高自学时的效率。在自学时,也要保持较高的学习效率,坚决改掉拖延等不良习惯。首先,自学时要尽可能调动大脑、眼睛、嘴、手等各种器官,听、说、读、写交替进行;其次,要根据自己的生物钟、学习效率变化规律和学习内容的轻重缓急来安排自己的学习任务和时间。具体来说,可以首先在注意力和学习状态好的时间学习重要和难学的内容,随后再学习中等重要和难度的内容以及不重要和易学的内容。

最后,要利用好零碎和业余时间。零碎时间和业余时间虽然看起来不起眼,但利用好的话也会产生非常可观的效益。具体来说,可以利用零碎时间和业余时间做相对容易的事情,比如复习、听英语、记单词、阅读和背诵有意思的短文等。

(3) 对时间管理效果的评价、调控和反思

在时间管理计划实施过程中和实施后需要对时间管理效果进行评价、调控和反思,并据此做出进一步的修改和调整。学生特别要反思和评价自己在哪段时间学习效率最高或者最低,在什么时间注意力最集中或者最容易分散,在什么时间记忆效果最好或者最差等。在对自己在不同学习时间的效率进行监控和评价后,就可以据此对原来的时间计划进行调整和修正,使之不断完善,更加符合自身的需要和实际情况。

2. 学习环境管理策略

充满各种干扰的学习环境容易使学习者分心,导致学习效率低下。学习环境的管理策略包括客观和主观两个方面。

客观方面,学习者应该主动去选择一个适合自己的良好的学习环境,这个环境至少应该是安静的、舒适的、让人想学习的。首先要注意调节自然条件,如流通的空气、适宜的温度、明亮的光线以及和谐的色彩等。其次,要设计好学习的空间,如空间范围、室内布置、用具摆放等因素。如果条件容许,应当有一个相对固定的学习场所,以减少家庭成员间的相互干

扰,形成一个相对安静的学习环境。要注意桌面的整洁,各种学习用具要摆放在固定的地方,用完后归还原处。学习时,尽量减少可能的干扰和分心的因素。例如,最好将电话保持静音状态,以免分心和打乱思绪。

主观方面,学习者在不能选择客观环境的前提下,就要学会调整自己的心态和情绪,提升自己的环境适应能力和抗干扰能力。

3. 社会支持管理策略

社会支持管理策略在这里主要是指利用家人、教师和同学支持的策略。

(1) 家人支持

家人的支持是每个人成功的重要保证,同样,合理利用家人的支持也可以有效地提高学生学习效率,提高学习中情绪管理的能力。学生遇到学习上的困惑和困难时,应该主动向家人求助,很多家人都可以为学生支招并提供心理支持。

(2) 教师支持

教师不仅是传授知识的人,而且还是学生学习的引路人和促进者。因此,除了教师的讲授以外,学生若有什么疑问无法解答,可以随时向教师请教,虽然教师不一定能马上给出圆满的答复,但至少教师有更多的经验和阅历,可以在解决问题以及学习方法上给学生以启发和指导。

(3) 同学支持

同学支持有助于彼此相互启发,达成对事物的全面理解。寻求同学支持可以以团体和个体两种形式进行。团体形式是指参加合作学习活动,个体形式是指在学习过程中,当自己不懂时,向已经弄懂了的同学请教。由于同学之间背景知识相同,同学根据自己的理解所进行的辅导可能比教师的辅导更为方便和有效。

(四) 记忆学习策略

记忆是学习的一种基本要素。正是由于记忆的存在,个体习得的知识、经验才得以延续、积累乃至运用。正如苏联著名心理学家谢切诺夫所说,"记忆是心理发展的奠基石"。那么,是不是凡是有记忆力的人都善于记忆呢? 这主要取决于是否掌握并能运用记忆学习策略。

识记是记忆的初始环节。成功的识记必须是在正确理解、掌握并善于运用识记的一般规律的基础上才能得以实现。根据心理学的研究,识记的主要规律有:意向律、意义律、数量律、组块律。如何把握并运用这些规律,提高识记的效果呢?

心灵便利贴

首字母缩略词记忆法——理想的学习文件盒

首字母缩略词是由各个词的首字母组成的词(如 NATO、PSA 等)。我们可以把这类词视为学习文件盒,它把重要的信息都装在了盒中。如果知道缩略词 LASER 代表哪些词,你就能明白它的意思了。学习时我们可以把很多信息打包后放进一个缩略词中。

1. 遵照意向律,提高识记心向

意向律是指受识记的有无意向的规律。识记的意向即识记的目的和意图,通常有意向的识记效果高于无意向识记,有具体意向的识记高于笼统意向的识记。根据意向律,我们在识记时,第一,要有明确的记忆意识,清楚知道记忆要达到的目标、记忆的内容,乃至采用什么方法来记。第二,要提高自我参与的程度,无论记什么内容都要有强烈的记忆欲望,要相信自己"能记住""会记住",抱着这种信念,识记的效果就会朝你所希望的方向发展。第三,限时记忆。规定识记的内容在一定时限内完成。限时记忆加强了对记忆时间的意识,能增强紧迫感,迫使具有惰性的大脑全面紧张起来,使识记效果大大提高。第四,树立长远的识记目标,保证记住的内容经久不忘。识记的内容尽量要求自己记久一点、记远一点,终身受用,不要仅为了考试或临时的任务而已。

2. 把握意义律,增强理解效果

意义律是指识记效果随对材料意义的理解的变化而变化的规律。在理解基础上的记忆,心理学叫作意义识记,反之叫机械识记。艾宾浩斯和肯斯雷的研究揭示了意义识记在识记的数量上、精确性上以及时间的节省上都大大优于机械识记。

根据意义律提高识记效果,首先要促使新知识与旧知识取得联系。一方面,仅只有当新知识纳入旧知识的系统与网络中,新知识才真正被理解;另一方面知识也只有固定在旧知识的"桩"上,才不会成为孤立的、零星的、易被遗忘的知识点。因此,作为教师,在教学新知识时,要注意揭示新旧知识的联系点、生长点,搭好新旧知识联系的桥梁。就是在教公式、定理、法则等这类必须记住的内容时,也应该多作意义上的分析,充分揭示其内在联系,防止学生死记硬背。第二,对必须记住而意义不强的内容,赋予人为的意义来提高识记效果。

3. 掌握数量律,整记与分记相结合

数量律指识记所需的时间随识记材料数量的增加而增加的规律,即识记的数量越多,所花的时间越多,且识记时间的增加远远大于教材数量的增加。如识记 7 音节的词,识记总时间为 3 秒,而识记 36 音节的词,识记总时间则为 792 秒。

根据数量律,需要根据识记量采用相应的识记方法。一般来说,短且整体性强的材料,以一气呵成的整体法识记为好;材料长可采用部分识记法,即把整体分成几段,一段一段地记。若各段熟记后,段与段的次序易混淆,可采用先部分后整体的方法识记。

4. 依照组块律,加大信息量

组块律就是指识记信息的容量随组块容量的增大而增大。组块是信息的一种意义单位,它可以是一个字母或数字,一组字母或一连串数字,也可以是一组词或句子。研究表明,我们每个人短时记忆的容量为 7 ± 2 个组块。

根据组块律扩大识记量,就必须将信息组块化,即根据个人的经验将孤立的项目尽量连接成更大的单元。组块的容量越大,能够立刻记住的内容就越多。因此,通常博学强记是互为因果的。知识多、经验多、有助于记;而记得快,记得准又依赖于知识的博。

心理测验

大学生学习策略量表

请你仔细阅读每一个句子,要求被试按自己在实际学习活动中运用每种学习策略行为的频率进行评定,评定分为五个等级,1代表"完全是这样或总是如此"2代表"经常这样或多数情况如此"3代表"有时这样或有时不这样"4代表"很少这样或偶尔如此"5代表"不是这样或从不如此",时间为20分钟。

题 项	完全是这样或总是如此	经常这样或多数情况如此	有时这样或有时不这样	很少这样或偶尔如此	不是这样或从不如此
1. 上课专心听讲。	1	2	3	4	5
2. 有较强的求知欲。	1	2	3	4	5
3. 制定适当的学习目标。	1	2	3	4	5
4. 课前对要学的新内容有所预习。	1	2	3	4	5
5. 课后及时复习当天学过的知识内容,巩固所学知识。	1	2	3	4	5
6. 学习新概念时,常把学过的相关知识和观念联系起来对照比较和分析。	1	2	3	4	5
7. 复习学过的内容时,常按自己掌握的水平分成主要与次要,把握要点。	1	2	3	4	5
8. 经常把所学的知识归纳出纲要,以帮助记忆。	1	2	3	4	5
9. 平时会有计划地对学过的课程内容进行复习和练习。	1	2	3	4	5
10. 复习时,喜欢按个人的实际情况制订有效的复习计划。	1	2	3	4	5
11. 常给自己提出一些问题,以确保真正地理解所学内容。	1	2	3	4	5
12. 常用多种思维方法来解决问题。	1	2	3	4	5
13. 几乎总是能知道自己的解答和完全正确有多大距离。	1	2	3	4	5
14. 作业或测验中出现的错误,能认真分析原因并加以解决。	1	2	3	4	5
15. 学习成绩下降时,能冷静地分析原因,采取有效的措施,尽快赶上来。	1	2	3	4	5

续 表

题 项	完全是这样或总是如此	经常这样或多数情况如此	有时这样或有时不这样	很少这样或偶尔如此	不是这样或从不如此
16. 上课时没有学会的内容,课后会请教老师和同学。	1	2	3	4	5
17. 学习遇到困难时,会及时调整学习方法。	1	2	3	4	5
18. 经常分析和总结近期的学习进展情况。	1	2	3	4	5
19. 常总结自己在学习中的方法和经验。	1	2	3	4	5
20. 通常能按时完成教师布置的作业。	1	2	3	4	5
21. 有一定的综合概括能力,把广泛的阅读内容归纳整理成有条理的东西。	1	2	3	4	5
22. 过一段时间,喜欢回想一下这段时间的学习情况如何。	1	2	3	4	5
23. 能根据自己的学习情况,正确评价和总结自己在学习方面的优势与不足。	1	2	3	4	5
24. 遇到不顺心的事时,能克制自己,不会影响学习。	1	2	3	4	5
25. 当教师所讲内容枯燥时,能控制自己注意听讲。	1	2	3	4	5
26. 即使有好电影,没有完成学习计划,也不会去看。	1	2	3	4	5
27. 在解答题目时,注意选择和组织有关信息。	1	2	3	4	5
28. 给自己定的学习目标,多数会按时完成。	1	2	3	4	5
29. 学习时对自己有信心,不过于自卑。	1	2	3	4	5
30. 喜欢对没有把握的问题坚持不懈地努力。	1	2	3	4	5
31. 相信自己在考试时能获得一个理想的分数。	1	2	3	4	5
32. 当学习遇到挫折时,能鼓励自己克服困难。	1	2	3	4	5
33. 善于在课堂上做笔记,课后整理笔记。	1	2	3	4	5

续 表

题 项	完全是这样或总是如此	经常这样或多数情况如此	有时这样或有时不这样	很少这样或偶尔如此	不是这样或从不如此
34. 用自己的方法去理解一些相关的理论。	1	2	3	4	5
35. 劳逸结合，该学习时学习，该休息时休息。	1	2	3	4	5
36. 善于利用学习效率最高的时间。	1	2	3	4	5
37. 及时总结学习中的经验和错误。	1	2	3	4	5
38. 经常与同学对照来检查自己在学习方法与效率上的问题。	1	2	3	4	5
39. 培养自己对学习科目的兴趣。	1	2	3	4	5
40. 注意调节自己的情绪。	1	2	3	4	5
41. 能够有效地利用自己的时间。	1	2	3	4	5
42. 经常和老师或同学进行讨论交流。	1	2	3	4	5
43. 充分合理地利用图书馆进行学习。	1	2	3	4	5
44. 避开容易使自己分心的事情。	1	2	3	4	5
45. 生活有规律，形成自己的作息计划。	1	2	3	4	5
46. 善于选择良师益友。	1	2	3	4	5
47. 学习环境嘈杂时，会换一个地方。	1	2	3	4	5
48. 考试前能保持良好的心态。	1	2	3	4	5
49. 完成一定的学习目标后，进行自我鼓励。	1	2	3	4	5

评分方法：

《大学生学习策略问卷》由四个维度构成，共49个题项，四个维度名称和包含的题项如下：认知策略，含复述、精加工和组织策略，有1、4、5、6、7、8、12、20、21、27、33共11个题项；元认知策略，含计划、监视和执行策略，有3、9、10、11、13、14、15、17、18、19、22、23、28、34、35、36、37、38共18个题项；情感策略与学习动机、兴趣、态度有关的策略，包含2、24、25、26、29、30、31、32、39、40、44、48、49共13个题项；资源管理策略，含时间管理、学习环境管理和寻求帮助策略,有 16、41、42、43、45、46、47 共 7 个题项。每个题项上的分数越低,表明该个体在这个学习策略上的水平越高。

第三节 大学生学习心理问题与调试

进入大学,由于角色的变化和学习环境的变迁,许多大学生都会在学习上产生种种不适,出现心理问题。大学生在学习中,学习心理成败关系密切,由于出现心理问题而导致学习成绩不佳,甚至学业失败的大学生大有人在。因此,帮助大学生正确认识学习心理,进行学习心理调适,使之适应大学的学习,是大学生心理健康教育和成长成才的一个重要内容。

学习是艰苦的脑力劳动,大学生在学习中,由于对学习的规律认识不清,对学习的方法掌握不当,使一些学生遇到种种困惑,出现学习心理障碍,阻碍了学习效果,严重的甚至影响身心健康。下面我们阐述大学生常见的学习心理问题及其调适。

案例分析

"开学恐惧症"

"开学恐惧症"是一种情绪障碍,主要特点是对学校产生恐惧。"开学恐惧症"的主要症状是情绪低落、心慌意乱、无缘无故发脾气、浑身疲劳、注意力不集中、记忆力减退、失眠等,有的还有头痛、胃痛等躯体不适症状。表现出对即将到来的学习生活缺乏必要的心理准备,进而产生焦虑、恐惧、害怕等情绪,对学习产生畏难、缺乏信心、成就感低等心理。

新生及毕业班学生,心理素质和适应能力较差以及处理人际关系能力较差的学生,在学校经常受到老师批评和学习成绩不好的学生,过于追求完美的优秀生,这四类学生是"开学恐惧症"的易发群体。

英国曼彻斯特城市大学曾研究出一个数学公式,可辅助诊断开学恐惧症。最后得出的数值越大,说明开学恐惧度越大。

公式:$[(s+c) \times (r+t) - (h+o)] \div b$

s:你在学习中获得快乐感?(1~5 分,快乐感最低的得分是 5 分)

c:你与自己同学相处的融洽程度?(1~5 分,融洽感最低的得分是 5 分)

r:你平时容易放松吗?(1~5 分,最不容易放松的得分是 5 分)

t:你假期旅行感觉好吗?(1~5 分,感觉最差的得分是 5 分)

h:你选择度假时间正确与否?(1~4 分,否定程度最强的得分是 4 分)

o:你与身边其他人的关系如何?(1~4 分,关系最差的得分是 4 分)

b:你在前后两次出去度假的时间是否特别长?(1~4 分,时间最长的得分是 4 分)

一、学习动机不当与调适

(一) 学习动机不足

1. 学习动机不足的表现

学习动机不足是指学习没有内在的驱动力量,没有学习兴趣,无求知欲望,也就是学生常讲的"学习没劲儿"。学习动机缺乏的主要表现有以下几个方面。

(1) 没有明确的学习目标。不少学生没有目标,总是为学习而学习。他们不清楚所学的专业课程设置和发展趋向,不了解自己每个学期要达到什么要求。因为学生缺乏合理的目标体系,没有为学习制定长期、中期以及短期的目标,所以总是不能进入良好的学习状态,每当静下来想为什么要学习的时候,总是感到很苦恼。

(2) 学习计划性不强。学生都知道学习的重要性,都抱有多学知识、学好知识的愿望。但是他们的学习心理停留在愿望的层面上,却没有实际的计划。无法按照自己的实际情况对每门课程的学习内容与所需的时间做出合理的分配。

(3) 学习目的急功近利。把学习当作一种任务,表现出学习的目的的近利性。学生在考试压力下被动地学习,对学习采取一种任务应付的态度,厌倦学习、逃避学习。他们不爱上课,马虎地应付作业,不充分享受学校的学习资源,相当一部分学生从不去图书馆,也不进行课外阅读,把大量的时间和精力用于娱乐,如上网聊天、打游戏。甚至学生相互流传一些座右铭,如"学习不求精,考试只要 pass""分不在高,六十就行,学不在深,一抄就灵"等。

(4) 学习适应困难,缺乏成就感。一部分学生进入大学后,依旧沿用中学学习的思维模式,没有适合的学习方法,学习跟不上,学习的信心受挫,导致对学习缺乏兴趣。不少学生还未摆脱中学的那种老师监督、被动学习的模式,进入大学以后由于缺乏老师的监督管理,当上课听不懂,学习遇到困难的时候不主动、积极地寻求解决办法,培养自学能力,从而导致学习成绩下降,缺乏成就感,放弃学习。

2. 学习动机不足的调节

(1) 了解自己的需要,提升自身的内部学习动机。首先,确定学好该科目能满足自己哪方面的需要,你认为学好它会有什么好处,为什么要学好它。例如,我喜欢、对找工作或对自己创业有帮助、学好了父母会高兴、获得相关证书、获得文凭、朋友会高兴等。对于缺乏学习动机的同学来说,只有了解自己的需要,清楚了自己的学习目的,才能激发浓厚的学习动机,从"要我学"转变为"我要学"。其次,内部动机是对学习活动的兴趣和动力,一旦形成,就会对学习产生一种持久而稳定的推动力,不易受到外界因素的干扰。大学生在所学内容的内部寻找乐趣,发现学习本身的意义,成为自主的学习者,关注自己能力的、发展的需要,从而才能体验到掌握知识或技能后的成功和自身能力的提高。

(2) 确定任务目标。适合的目标是指学生通过努力可以实现的目标。当确定了所要学的科目以后,就要进一步了解学好该科目的具体要求。如果自己感到毫无头绪,就应该询问相关专业的老师。明确而合适的学习目标,有助于激发个体的学习动机,获得强烈的成功体验。从大学生的认知结构和认知水平来看,大家已经基本具备分析问题和解决问题的能力,大学丰富的图书馆资源、网络都可以成为学习的重要宝地。

(3)学会正确的学习。人总是喜欢寻找自己或他人之所以取得成功或遭受失败的原因,这就是归因。在追寻学习成功或失败的原因时,大学生最好将原因归结于不稳定但可以控制的因素。例如,努力程度,当学习成功的时候这样归因就可以促使自己为下一步的成功继续努力;而当暂时失利时,我们也能够对自己说,我的努力程度还不够,还要继续努力。

(4)感受成功,激发学习的积极性。大学生以他们自己对学习的意义的理解来解释教师提出的目标,并对其目标承担责任。最新的研究结果表明,学生和教师共同制定的学习目标更容易实现。学习目标上的这种共识反映了师生关系中共同努力的意向。例如,当教师要求学生认真复习英语四级,并得到四级证书。当完成这一目标时,学生自己的英语实际水平大大提高。而且,教师给予学生更多的鼓励,培养学生学习的成就感。

(5)设立目标,调整心态,改变学习方法。正确认识学习的价值与大学的目标,重新规划学业与人生;调整心态,以积极的心态对待学习,特别是学习中遇到的挫折与困难,用自身的意志战胜惰性;改进学习方法,提高学习效率与学业自我效能感,提高学业的自我价值与社会价值。

心灵便利贴

耶基斯-多德森定律

最佳动机水平随课题的性质不同而不同。对于比较简单的任务,效率随动机提高而上升,中等偏高最佳;对于比较困难的任务,效率随动机增强而下降,中等偏低最佳。随着任务难度不断增加,动机的最佳水平有随之下降的趋势。

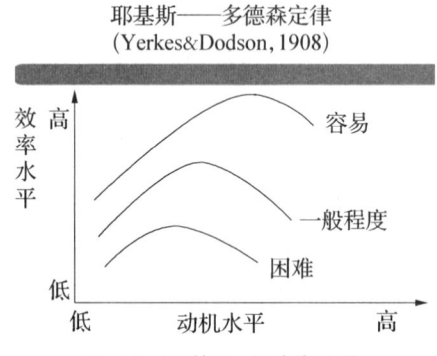

图 6.1 耶基斯-多德森定律

(二)学习动机过强

1. 学习动机过强的表现

学生学习期望过高,自尊心强,渴望学习成功而又担心学业失败,受表面学习动机的驱使,渴望外在的奖励与肯定,特别是由于学业优秀带来的心理满足感使学生更看重自己的学业,因而造成学习强度过大,心理压力增大,引起心理疲劳和考试焦虑,主要表现在以下方面。

(1) 成就动机过强。急于取得成就并超过他人,树立的抱负与期望远远超过自己的实际能力与潜力。这类大学生过高地估计了自己的实力,当面临失败和挫折的时候容易导致心态的不平衡。

(2) 奖励动机过强。其原因来自社会、家庭和学校不适合的强化。这类大学生对奖励考虑过多,一心只想获得奖励,避免受到惩罚。他们考试得分往往较高,但学得呆板,不能举一反三,灵活应变能力不强,知识面也不够宽广。

(3) 学习强度过大,过度学习的身心疲劳。由于学习时间安排不当,加之课程作业过多,使大学生的学习时间过长、过紧,生理、心理得不到应有的调整与恢复,从而产生一种生理和心理的疲劳现象。从生理上看,过度的学习使肌肉长期受力过久,其持续重复伸缩,造成眼心手痉挛麻木,动作出现偏移。从心理机制看,感官奇观活动机能下降、注意力分散、思维迟钝、情绪烦躁、忧郁、易怒、打瞌睡,致使学习错误增多、学习兴趣减弱、学习效率下降,严重的将会造成心理失衡和学习行为的畸变。这类大学生往往比较强,做任何事情都力求完美,只认定一个目的,时常使自己身处高压环境,结果适得其反。

2. 学习动机过强的调节

(1) 端正学习动机,提高需要层次,正确对待外部诱因。

(2) 正确认识自己的潜质,制定恰当的学业目标与学业期望,调整成就动机,与此同时,脚踏实地,循序渐进,不好高骛远。

(3) 转换表面的学习动机为深层学习动机,淡化外在奖励特别是学业成就的诱因,正确对待荣誉与学习成绩。

(4) 培养广泛的兴趣爱好,积极参加各类文化娱乐活动,注意劳逸结合,重视综合素质的提高,培养多重特长。

(5) 端正学习态度,树立远大理想,保持旺盛的学习热情,坚持不懈,便会取得预期效果。

二、不良态度及其调适

(一) 不良学习态度的表现

1. 学习兴趣广泛,专业兴趣淡漠。多数大学生积极参加社团活动、知识讲座和课外小组活动,这些都能反映出当代大学生学习兴趣的广泛性。但是由于各种原因,使部分学生对专业兴趣淡漠,甚至有厌学的情绪。这部分学生平时大多数沉迷于上网、看小说、逛街以及谈朋友,借此掩盖内心的空虚与寂寞。当问及他们对未来的设想时,有的一脸茫然,有的不以为然,甚至说那是家长的事。一种情况是高考志愿填报时,由于学生和家长对专业缺乏了解,进入大学后才发现对本专业并不喜欢;另一种情况则是家长一直完全没有考虑子女的需要和对该专业是否有兴趣,直接替子女做主盲目填报所谓的热门专业;还有一些学生是由于考试成绩所制约,为了进入大学,只能服从分配,选取自己不喜欢或不了解的专业。

2. 重视考试分数,应付学习。对于考试,绝大多数的大学生是非常重视的,有的学生把他看成检验自己学习是否进步的标志。如果分数上去了,则说明水平有所提高;如果是分数下来了,则说明水平还不够。但是一部分大学生仅仅关注的是考试分数的高低,而不是学习本身和知识技巧的掌握程度。这些大学生平时不够努力,或者应付学习,知道考试将近才心急如焚,四处借笔记,熬夜突击。甚至有一些大学生为了得到高分数而屡次作弊。

3. 学习走捷径,读书不系统。学习没有任何捷径可走,只有系统的读书学习,持之以恒,才能有所收获,有所提高。但某些学生,学习更注重"效率",考什么、学什么、考多少、学多少;上课不记笔记,下课拷贝教师的电子教案;读书不动笔,考试背重点,答题无新意。人文学科的学生不读书,理工科学生不做题,基础单薄,知识面狭窄,素质一般,能力不强。

(二) 不良学习态度的纠正

1. 大学生进入大学后,应积极完成在角色和心理的转换

充分了解大学与中学学习特点和方法的不同,尽快适应大学学习生活。学校可以通过理想教育,使学生充分理解学习对人一生的重要意义,引导学生树立远大的学习目标,激发学习动力。

2. 大学生应与老师多沟通、多讨论,确立学习目标

学习不仅仅意味着学习科学文化知识,更重要的问题是如何最大限度地运用这些知识。大学的学习是一个自主学习的过程,通过与教师的深层次沟通、讨论,学生能更全面地了解自己的专业设置和发展前景,有助于学生专业学习和就业的信息,并能促使学生自主确立学习的短期目标和长期目标;同时,能促使大学生更加明确学习新课程的具体目标和意义,消除盲目性,形成积极、主动的学习态度。

3. 培养勤奋刻苦、永不满足的学习品格

大学生应意识到学习不是游戏,不是娱乐,而是一种劳动;不是一种一般、轻松的劳动,而是一种繁重、长期的劳动,是一项艰巨而复杂的脑力劳动任务。要追求理想,达到目标必须付出长期、艰苦的努力,天才出自勤奋。

学与多学是一种生活,不学与少学也是一种生活。相比较而言,学与多学更充实些,那为何不选择前者呢?"学而优则仕",没有一种知识,学了之后会多余;没有一种技能,学了以后会成为累赘。经济高速发展,生活水平越来越提高,可我们的生存却面临越来越多的压力和竞争。在这个时代,也许我们的生存空间也只有那一席之地。但作为大学生,实际上面对的不仅仅是冰山一角的校园,而是整个社会。只有不断提高自身素质,才能拼出一方属于自己的天地。

三、学习倦怠及调试

学习倦怠因学业压力和负荷过重而产生的情绪、态度和行为的损耗或衰竭现象。学习

倦怠也就是学生学习过程中出现的疲劳、困倦和懈怠现象。学习倦怠由情绪衰竭、玩世不恭和成就感低落三部分构成。

1. 情绪耗竭及其表现

情感耗竭是指一种过度的付出感以及情感资源的消耗过度、殚精竭虑的感受。情绪耗竭是源于学生在学校学习中所面临的一些过度的要求,从而表现出一种超负荷和耗竭的情绪。它是学习倦怠的核心,也属于学习倦怠的应激成分。

2. 去个性化及其表现

去个性化主要是指对他人的消极、冷淡、过分隔离、愤世嫉俗以及冷淡的态度和情绪情感。去个性化是指学生以玩世不恭和不带感情的方式与态度回应周围的人际关系。

3. 低成就感及其表现

低成就感指自我能力感下降,以及倾向于对自己做出消极评价。低成就感在学习倦怠中具体表现为学习效能感低、无能为力、挫败感,所取得的成绩不能令自己满意。

> **心灵便利贴**
>
> ### 习得性无助
>
> 习得性无助是指通过学习形成的一种对现实的无望和无可奈何的行为、心理状态。"习得性无助"是美国心理学家塞利格曼 1967 年在研究动物时提出的,他用狗做了一项经典实验,起初把狗关在笼子里,只要蜂音器一响,就给以难受的电击,狗关在笼子里逃避不了电击,多次实验后,蜂音器一响,在给电击前,先把笼门打开,此时狗不但不逃而是不等电击出现就先倒在地开始呻吟和颤抖,本来可以主动地逃避却绝望地等待痛苦的来临,这就是习得性无助。
>
> 无助感的主要心理特征有:低成就动机、低自我概念、低自我效能感、消极定势。

(一) 情绪耗竭的矫治

1. 教师改变教学管理方法以改善学生情绪耗竭状态

(1) 科学制定学业负荷,降低心理压力

过重的学业负荷让学生心理压力过大,失去了对学习的兴趣与热情,感到身心疲惫,以至于情绪和生理都产生耗竭感,导致学习倦怠、厌学的产生。在教学中要渗透情感教育和心理教育,减轻学生心理负担;实行弹性作业;使用学习契约,容许学生在课程规定范围内制定目标,计划自己的学习,确定最佳评价的准则,在自由气氛内学有所得;提供学习资源和新的学习方式,使学生处于可选择的最能满足需求的学习资源中;让学生有充裕的自由支配时间。

(2) 关注不同层次学生,制定合适的学习目标

学习的目标应由不同层次的目标群所组成,它分为总目标、阶段目标、课程目标和课时

目标。学习总目标是指学生学习全过程的学习目标。它要经过较长时间才能实现,又叫长期目标。阶段目标,是根据学习过程中各个阶段而制定的,它是学习总目标的进一步具体化。课程目标也称学科目标,是一门学科的教学在总体上要达到的基本要求。课时目标是每一节课应达到的具体要求,即学生在学习每一节课时,就要明确这一节课的目标任务是什么,应掌握哪些基本知识、技能、重点、难点。这些目标应一步比一步具体,造成有递进关系的目标系统,使学生从一个目标向另一个目标迈进。帮助学生制定合适的学习目标,也是激励学生学习积极性的有效教学措施。

(3) 提高学生的情绪调控能力

倦怠的核心是情绪耗竭。情绪的调节和管理能力反映出个体面对变化的情境要求时所表现出来的灵活性、变通性等人格特征,也被称为自我弹性人格。高自我弹性者集中表现了情绪表达和管理的最优化倾向。对大学生的心理健康教育中可以对学生进行普遍的情绪管理辅导,以缓解情绪耗竭状况,降低学习倦怠,提高学生的心理健康水平。

知识链接

情绪管理能力的干预

干预内容包括:学习倦怠的知识,情绪的基本知识,情绪管理的技巧。

干预对象:出现学习倦怠的学生。

干预方法:

(1) 授课式:以心理辅导课的课堂教学形式,向学生传授学习倦怠的表现和危害,让学生对这一问题有充分的认识;教给学生情绪ABC理论,即由美国心理学家艾利斯提出,认为产生不同情绪的原因是人对同一事件的看法或评价不同,使学生学会与自己的不合理认知进行辩论,同时教给情绪管理的相关知识及方法,如合理宣泄、自我安慰、自我暗示、改变自己的身体语言、适当放松等,来达到学会合理调控自己的情绪,为进一步的讨论和练习打下基础。

(2) 讨论式:围绕与学生学习和生活相关的问题、情景,或由咨询师提供的哲理故事,让学生自由、充分地发表自己的见解,以达到互相交流、互相学习,并澄清错误观点的目的。

(3) 撰写自我体会:让学生把自己在生活中应用情绪管理方法的经历与感受,以书面形式加以记录,以加深个体印象、促进反思,并在同学之间进行交流,充分发挥集体教育资源的作用。

干预时间:共进行一个月,每周一次,每次一节课时间。

2. 父母改变教养方式,给予学生更多的情感支持

父母的教养方式,尤其是父母给予子女的情感支持,对学生的自我效能感、自我能力的肯定有着正向引导的作用,学生感受到父母给予的支持越多,对自己学习的投入也就越多,学习自信心越强,情绪状态越积极,对学习的倦怠感也就越少。

3. 个体应采取积极应对方式降低情绪耗竭感

当个体在学习中出现情绪耗竭现象时,应有意识地进行自我调整。首先,要学会调整自

己的情绪,去寻找自己出现情绪耗竭的原因,找到原因然后才能对症下药。如自己已经很努力了,但是成绩依然不见成效,挫败感很强,那么就要积极主动地寻求老师、同学的帮助,多与别人进行交流,多问、多观察别人好的学习方法,以改进自己。

(二) 去个性化的矫治

1. 教师无条件积极关注增进师生亲密感

无条件积极关注是人本主义心理学家罗杰斯提出的重要概念。他认为,积极关注对自我概念的形成有重要影响。在自我概念形成的过程中,给予无条件积极关注,帮助学生形成积极的自我概念有助于他们树立信心,克服困难。

2. 建立和谐的师生互动关系

在教学中,要强调师生交往、互动,让学生积极参与,尽可能增大学习"自由度",启迪学生动脑思考、动眼观察、动口表述、动手操作、共同研讨,获得表现自己的机会,充分享受学习、交往和发展的乐趣。这样可以激发学生积极主动探索的欲望,敢问、多思、主动创新,使教学过程真正成为一个师生密切合作、积极开拓和探索的双向认识过程,促进建立和谐的师生关系。

(三) 低成就感矫正

1. 重视学习方法教育

没有科学的学习方法或者已经养成的不良的学习方法,势必会让学生在学习的过程中感到力不从心、有极大的挫折感,阻碍学生学习的进步。而良好学习方法掌握也是提高自我效能感的重要途径。

2. 教学中设法让学生更多地体验成功

在教学中一定要让学生多体会成功的经验。由此,教师应从学习任务安排、学习目标设定着眼,让学生在教学中更多地体验成功的喜悦,而非失败的痛苦。

(三) 个人自助矫治

最后,个体还要学会一些心理自助的方法,也可以非常好地缓解情绪状况。常用方法有以下几种。

1. 运动调整法

当有压力,出现焦虑、抑郁等情绪时,运动是调整情绪的有效方法。在运动过程中,个体体内的"内啡肽"物质的分泌会使个体体验到愉快、平和的正性情绪,从而有效地进入一种与焦虑相反的松弛状态。运动调整法要求一周至少运动3次,每次20分钟以上;运动项目可选择一些轻松有趣的胆量项目,最主要是自己感兴趣的。如果可以,最好结伴运动,以相互鼓励与支持,维持长期的运动。

2. 改善睡眠的方法

许多因压力大而出现焦虑、无助的个体都会有睡眠不佳、失眠等症状。处于焦虑状态的个体,在晚上睡眠不好,会使个体第二天感到精力不足。同时,对失眠的担忧,更加重个体的焦虑。因此,个体首先要学会一些改善睡眠的方法。

第一,适当地进行体育运动。在晚上睡觉前进行半小时的运动,特别是快走或慢跑,可使个体感到舒适与放松,有助于睡眠。

第二,不要在床上玩手机、吃东西。只在你想睡觉时才上床,把床与睡眠紧密地联系起来,将床只当成是睡觉的地方。

第三,睡觉前不要进食刺激性的食物,如喝酒、喝茶、喝咖啡等。在睡前半小时喝一杯热牛奶,可有助于睡眠。

第四,如果在床上躺了15—20分钟仍未入睡,那么可以起床做一些其他的事情,但此时不要做过于激烈的运动,可做一些简单和轻微的事情,如看看书和杂志。当你有了睡意时再重新上床。

第五,使自己的身体与心理处于较为放松的状态。不要过于担心失眠问题。接受自己会偶尔失眠的状态,可在入睡前1—2小时通过洗热水澡、听轻音乐等方法让自己松弛;当你躺在床上时,可自己通过放松的方法或调整呼吸的方法使自己的身体达到松弛。

3. 放松法

(1) 简单放松法

找到一个让你心情平静和放松的目标,如你喜欢的一件物品,或默念"放松、放松",在练习的过程中,将注意力集中在自然、放松的呼吸上,想象自己的身体逐渐放松。

(2) 渐进性肌肉放松法

渐进性肌肉放松法的基本原理是:紧张你的肌肉,保持这种紧张感3~5秒,并注意这种紧张的感觉,之后放松10—15秒,最后,体验放松时肌肉的感觉。在放松训练中,一般是从下向上放松,即从脚趾到头顶的放松。通过这种全身主要肌肉收缩——放松的反复交替训练,可以稳定个体的情绪。长期坚持训练,可以使个体总是处于一种心态较平静的状态,对个体的性格及生活适应均有积极的意义。

4. 情感释放疗法

这里所说的释放不仅是要向外宣泄和表达,还包括向内深入的体验。意思是说,我们可以通过放声痛哭、向知音倾诉等方式把不良的情绪适当地排解出去,也应该学会把生活中分秒的、点滴的积极情感与美好感受深入地体会和吸收进来。我们热爱生活与生命,立志向前,有理想,还有亲情和友谊,我们享受着生活中的美好,开怀地笑和奔跑。开放自己的情感世界,与环境、与他人、与整个世界都有情感交流和贯通。这样的境界和感受可以使人逐渐培养起积极乐观的心态、陶冶情操、悦纳自己、和谐人际。

5. 音乐疗法

音乐疗法是一种系统化的介入过程。音乐能直接触及人的心灵深处,影响情绪、身体以及行为,对人身心压力的缓解大有帮助。当个体情绪低落时,可听一些节奏欢快、明朗的音乐。在音乐的感染下,痛苦的情感体验和生活经历逐渐转化为一种悲剧式的审美体验得到升华。合适的音乐对生理也产生影响,比如,可以刺激和增加人体激素性物质,可以调节自主神经等。

除此之外,还可以每天适当晒晒太阳、练练瑜伽等,都能使个体获得舒缓、平和、愉快的情绪体验。因此,在条件允许的情况下,个体可以多尝试一些这样的方法来调适自己的情绪。

心理测验

大学生学习满意度量表

本量表可用于测量大学生的学习满意度,了解大学生对学习生活的主观感受,对提高大学生的学习满意度有一定的指导意义。

请根据自己真实的学习情况作答。在回答下列题目时,1代表"非常不符合";2代表"比较不符合";3代表"不确定";4代表"比较符合";5代表"非常符合",答案没有对错之分。

题 项	非常不符合	比较不符合	不确定	比较符合	非常符合
1. 我认为自己所学的知识有用武之地。	1	2	3	4	5
2. 大部分老师能够有效地协调和掌控教学过程。	1	2	3	4	5
3. 我对学校的教学管理制度不满意。	1	2	3	4	5
4. 在学校,我学到了有用的东西。	1	2	3	4	5
5. 大部分老师的教学活动令我满意。	1	2	3	4	5
6. 学校的大部分教学用硬件设施令我满意。	1	2	3	4	5
7. 学校的学习资料能够为我所用。	1	2	3	4	5
8. 大部分老师的教学方式符合我的个人期望。	1	2	3	4	5
9. 学校对上课时间有适当安排。	1	2	3	4	5
10. 我在学习上有干劲儿。	1	2	3	4	5
11. 我与大多数老师沟通起来比较容易。	1	2	3	4	5
12. 学校的学习资源丰富。	1	2	3	4	5

评分方法:

问卷共有12个题项,分为3个维度,分别是学业满意度、教学满意度和硬件设施满意度。学业满意度维度指学生对学习过程及结果的满意程度,包括第1、4、7和10题;教学满意度维度指学生对教师的教学及教学过程的满意程度,包括第2、5、8、11题;硬件设施满意度维度指学生对学校的教学制度及教学设施的满意程度,包括第3、6、9、12题。

除了第3个题项反向计分外,其余11个题项均为正向计分。各维度的得分为其所包括的所有题项的得分总和。被试在某个维度上的得分越高,说明他在这方面的满意度越高。

第四节　心理知识拓展

一、电影"心"赏——《最贫困的哈佛女孩》

千锤百炼,圆梦哈佛

这个女孩名叫丽兹。生活在一个十分恶劣的家庭环境下。母亲吸毒,父亲没有工作,生活极度贫困。而她对父母没有抱怨,反而很爱他们。她很聪明,却不能像普通家庭的孩子那样每天正常去上学,后来她被送进可怕的收容所,在那里度过了她的少年时代。16岁时,母亲的离世让她受到很大的打击。从此,她更加努力,拼命学习,希望在学校里可以改变她的命运。最终她通过努力进了一家福利性学校,开始还算正常的学习生活,她没有家,每天睡在地铁里,靠到餐厅打工养活自己。她不停学习,不放弃任何时间和地点,最终,她赢得奖学金进入哈佛大学。

图 6.2　电影《最贫困的哈佛女孩》

颓废的生活,无法捡拾的亲情,同学的歧视和欺负,起初,她觉得自己也是个不安分子和受害者,但是当利兹见到她妈妈怀揣着梦想直到去世都没有实现时,她明白了,她做出改变的时间要么是现在,要么就永远不可能了。拾起那残碎的记忆,即使自己再孤苦伶仃,无依无靠,凭借着自己的意志坚定,不向生活低头,不向命运屈服的精神,促使她通过两年时间通过了高中四年的课程,并以优异的成绩考入了哈佛大学。

"沉舟侧畔千帆过,病树前头万木春",命运掌握在自己手中,只要我们有梦,正能量的心态,正确的人生观、价值观,用乐观、积极的生活态度和顽强不懈的意志诠释生命,绝不放弃,美好的明天掌握在自己的手中,最终我们一定可以实现梦想。

二、心理训练营

学习方法的干预

学习方法就是指在学习活动中所运用的手段和策略。学习方法主要包括学习目标的制定、学习时间的分配、学习中具体的技能技巧等方面。

1. 对学习方法进行干预所使用的方法

干预中用到了行为主义的强化,实例示范的方法,榜样法和利用艾宾浩斯的遗忘曲线帮助记忆。

2. 训练方案的实施

干预方案一:如何给自己设定目标

目标:学会制定每天的学习目标,按照目标完成每天的任务。

干预过程:

第一步:帮助学生分析自身的目标管理中存在的问题,主要通过与学生进行谈话,了解学生给自己制定的学习目标是怎样的?

第二步:通过运用柏拉图式的谈话技术,让学生明白自己在学习目标上存在的问题,激发其想改正的兴趣。

第三步:帮助学生制定学习目标,让其按照实施,使其体验达到目标的快乐。

第四步:让学生逐渐学会自己制定适合自己的学习目标。

干预方案二:时间管理

目标:学会合理利用自己的时间,做到高效率的利用有限的时间。

干预过程:

第一步:准备一个计时器,和一个小的学习任务列表,数学5道题,语文背诵诗一首,英语10个单词。

第二步:在十分钟内全心全意完成这个任务,十分钟一到就休息两分钟。

第三步:总结这样做的好处,引导其在日常学习中也可以这样做。

第四步:制订时间安排计划。

干预方案三:学习技能的培养

目标:学会学习的技巧,做到事半功倍。

干预过程:

第一步:学会专注。专注练习。给孩子一组数字,让孩子复述。如给出8765987,让其复述,从七位数字开始,依次递增。重复进行几天。

第二步:听课方法的指导,在老师讲课时要在心里跟着重复老师说的每一句话。做好课前预习和课后复习。课间要注意休息。

第三步:记忆的方法指导,教给学生记忆的规律和提示记忆法。

第四步:各科学习方法指导。

第七章　正视爱情,助力幸福

> 我需要三件东西:爱情、友谊和图书。然而这三者之间何其相通!炽热的爱情可以充实图书的内容,图书又是人们最忠实的朋友。
>
> ——蒙田

案例导入

一位男生来到咨询室,面色憔悴,身上还带着一些酒味,在咨询师的引导下,男生慢慢叙述起自己的苦恼。上大学后,大家陆陆续续都谈了恋爱,自己也主动追求一名女生,为她买花、买早餐、送小礼物等。最初女生不答应,认为两人在性格上不合适,但是经过一段时间的坚持,女生答应了自己的追求。建立恋爱关系之后,两人几乎每天都在一起,上课坐到教室的后面角落,不参加班级活动,和其他同学的关系都比较疏远,好像这个世界只属于他们两个人。期末考试时,两人都出现了挂科现象,同时女朋友对自己越来越不满意,争吵的频率越来越高,终于有一天女朋友主动提出分手。自己非常痛苦,几天没吃东西,晚上也睡不着,也曾偷偷哭泣,甚至想到自杀。

案例分析

爱情是很难用语言描述的,也没有绝对的标准。该同学在恋爱中投入非常多的时间和精力,将所有注意力都放在两人关系中,没有建立自己的人际关系,并且耽误了学业。但爱情从来都不是生活的全部,当两人关系出现问题时,该同学就会感受到更多的失落和难过,因为在这个过程中他已经迷失了自我。大学生的恋爱就像青涩的果子,从追求异性、建立恋爱关系、正式交往到关系破裂,都有很多的不确定性。很多学生面对如何选择适合的恋人、处理恋爱中出现的矛盾与冲突、解除关系等问题,不知道该如何处理,甚至运用错误的处理方法,造成更严重的后果。

爱情作为一种高级情感,是人在成长中所必经的过程,尤其处于青春期发展中后阶段的大学生,他们的性机能迅速成熟,男女情感上的吸引力大大强化,产生了相互倾慕、热烈的爱情。随着性观念趋向开放,目前在高等院校中,大学生恋爱已成为一种普遍的现象,恋爱行为也已逐渐趋向公开化。人们对当前大学生恋爱行为表现出较大宽容的同时,其心理问题以及由心理问题导致的行为问题也日益引起了人们的关注。有调查表明目前大学生心理咨询中,因恋爱导致的心理问题上升到了70%—90%。这一章,我们将探讨大学生在恋爱中遇到的心理问题。

第一节 爱情的真谛

爱情是人类永恒的话题,跨越文化和历史,千百年来深深影响着人们的婚姻质量和幸福。心理学家埃里克森认为,人类对于爱情的需求主要出现于成年早期,即现如今大学生所处在的年纪。对于当代大学生来说,爱情究竟意味着什么?在课程繁重的高中阶段,大部分学生为了理想和追求,禁锢了爱情。而大学是一个相对自由自主的环境,于是爱情被解放了出来,变得光明正大起来。对于很多大学生而言,恋爱已经是一门大学时代的必修课。

从政治家、思想家到心理学家,不同时期的不同专家学者对恋爱的概念解释都有着不同的答案。根据《现代汉语词典》的解释,恋爱是指男女依恋相爱。恩格斯认为"恋爱是人们彼此间以相互倾慕为基础的关系"。英国性心理学家霭理士在《性心理学》一书中认为"恋爱是一种吸引的情绪与自我屈服的感觉之和,其动机出于一种需要,而其目的在于获得可以满足这需要的一个对象"。我国心理学家黄希庭认为"男女双方培养爱情的过程称为恋爱,处于恋爱状态的男女会产生特别强烈的互相倾慕"。从古至今,有数不胜数的诗人和作家用美丽、纯洁,一切美好的辞藻来热情讴歌爱情,总结出一个又一个的爱情真谛,爱情是那么美好。

一、爱情的含义

爱情是什么?每个人的心中也许都有一个属于自己的爱情词典。爱情是人类情感中最复杂、最微妙、最神奇的一种,对爱情既有诗意的赞颂,也有痛切的抱怨,百般的感慨,不解的疑惑。心理学家认为,爱情的本质是男女双方基于一定的客观现实基础和共同的生活理念,在各自内心形成的最真挚的彼此倾慕,互相爱悦,并渴望对方成为自己的终身伴侣的最强烈持久,纯洁专一的感情,是具有生物性、社会性、精神性、审美性和谐统一的人类两性关系。其中,生物性表现为人的性欲、性满足、性行为,是人的生物本能和生理基础;社会性表现为人的交际、尊重、赞同、相互认可、自我价值观等,是人个体社会化的重要特征;精神性是人对美好爱情的精神向往和道德追求;审美性是爱情的艺术象征,表现为好感、欣赏、美感、偏好、艺术观念等。爱情是在两性关系中人的这些特征的和谐与统一,因此爱情的本质就在于爱情是人的统一与和谐的两性关系。

爱情有三个重要的要素:

(1)依恋。陷入爱情的恋人在感到孤独时,会强烈地希望有自己恋人的陪伴和宽慰,别人是不能替代的。一般这时的想法是:我感到孤单的时候,第一个想法是去找他(她)。

(2)关怀和奉献。恋人之间彼此会高度关心对方的情感状态,"她(他)开心的时候我也比较开心,他不舒服的时候我也不愉快",感到让对方快乐和幸福是自己的责任,并对对方的不足表现出高度宽容。"我愿意为他(她)做任何事情。"

(3)亲密。陷入爱情中的恋人,不仅有着对对方的高度依赖,并且有特殊的身体接触需要。虽然这种身体接触最终会自然地卷入性的意味,但在恋爱的最初阶段,这种身体接触的需要趋向于泛化的高度依恋所需要的反应。在一定意义上,它很像高度依恋母亲的幼儿对母亲爱抚的需要。

二、真爱的基本特征

爱情作为男女之间的一种特殊情感,是主观感情和客观义务的统一。因而它有着不同于其他人与人之间关系的显著特征。

1. 平等互爱性。恩格斯曾说:爱情要以"互爱为前提",这是爱情平等互爱性的集中体现,男女之间平等的互相爱慕是构成美满幸福爱情的首要条件。爱情是男女双方心灵的和谐,是双方共同的意愿。爱情的双方是立足于平等自主这一基点,没有了平等性,也就无所谓爱情。

2. 专一排他性。爱情的专一性使人全身心投入、集中精力爱其所爱,不允许他人介入,彼此成为对方的唯一忠贞爱情,专一排他是衡量爱情的重要标尺。真正的爱情,它需要男女双方基于平等自主这一基础,彼此都全身心地投入。既不允许第三者插入他们的爱情关系,也不允许恋爱双方的任何一方同时与其他人建立恋爱关系。

3. 强烈持久性。所谓爱情的持久性,就是指爱情就其本性而言具有终身的性质,以选择终身伴侣为目的选择和确定恋爱对象。婚姻的缔结,就是用一种社会形式把具有终身性的爱情固定了下来,并组成一定形式的家庭。爱情虽然具有持久的属性,但是爱情又是人类精细而又脆弱的精神产品。

4. 能动性。爱情的能动性是指爱情在人类社会发展中发挥的强大推动作用。爱情作为婚姻家庭关系的基础,其社会作用也是不容忽视的。幸福的爱情是家庭和睦的源泉,更是社会安定团结的重要构成要素。

三、爱情的基本理论

爱情的现象可以去理解、可以去描写、可以去解释、可以去研究……但爱情的美只能在感动中得以体会,那是一个充满了想象与超脱现实的生命体验。为什么一个人可以那样去爱另一个人？在心理学的眼中,有着各式各样的爱情理论,以下是心理学上常见的爱情理论:

(一)爱情三元理论

美国著名心理学家斯滕伯格的爱情三元理论是目前最重要且令人熟知的理论。他认为爱情包括三种成分:亲密、激情及承诺。

亲密是指与伴侣间心灵相近,互相契合,互相归属的感觉,属于爱情的情感成分;激情是指强烈地渴望与伴侣结合,促使关系产生浪漫和外在吸引力的动机,也就是与"性"相关的动机驱力,属于爱情的动机成分;而承诺则包括短期和长期两个部分,短期的部分是指个体"决定"去爱一个人,长期的部分是指对两人之间亲密关系所做的持久性承诺,属于爱情的认知成分。

随着认识的时间增加及相处方式的改变,上述的三种成分将有所改变,爱情的三角形会因其中所组成元素的增减,其形状与大小也会跟着改变。三角形的面积代表爱情的质与量,据斯滕伯格的说法:"三角形越大,爱情就越丰富。"

斯滕伯格进一步提出:在三种成分下有八种不同的爱情关系组合,其分别为:亲密、激情和承诺都缺失的无爱;亲密程度高但激情和承诺非常低的时候,会产生喜爱;有着强烈的激情,但缺乏亲密和承诺是迷恋;只有承诺,没有亲密和热情是空爱;当程度高的亲密和激情一起发生时,人们体验的就是浪漫的爱。当两性之间的关系有亲密也有承诺,而缺乏性吸引时,彼此的关系已经升华为亲情式的信任和依赖,仿佛携手走过漫漫人生的银发夫妇的伴侣之爱。缺失亲密的激情和承诺会产生一种愚蠢的体验,叫作虚幻的爱,比如一见钟情式的闪电结婚;当亲密、激情和承诺都以相当的程度同时存在时,人们的体验是"完全的",称作圆满的爱。

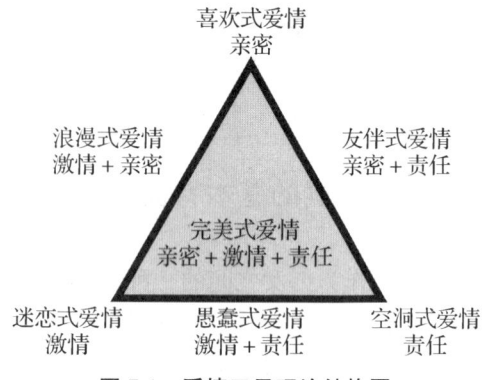

图 7.1 爱情三元理论结构图

(二)依恋风格理论

心理学研究认为婴儿时期与人建立的依恋关系,会使个体形成一个持久且稳定的人格特质,这项特质对个体在与异性建立亲密关系时自然流露出来。他们认为童年的人际亲密关系对后来的爱情互动型态可能有因果的关系存在。

心理学家 Hazan 和 Shaver 将成人的爱情关系视为一种依恋的过程,即伴侣间建立爱情连结的过程,就如婴幼儿在幼年时期与双亲建立依恋性情感连结的过程一般,他们根据三种婴幼儿倾向,提出爱情关系的三种依恋风格即安全型依恋:与伴侣的关系良好、稳定,能彼此信任、互相支持;逃避型依恋:害怕且逃避与伴侣的亲密;焦虑或矛盾型依恋:时常具有情绪不稳、极端反应的现象,善于忌妒且希望跟伴侣的关系是互惠的。

Hazan 和 Shaver 研究发现,三种不同爱情依恋风格在成人中所占比例为安全依恋约占 56%,逃避依恋约占 25%,而焦虑/矛盾依恋约占 19%。与婴儿依恋类型的调查比例相当接近,而且成人受试者的爱情依恋风格,可以从他们对其与父母关系的主观知觉来加以预测。因此他们认为成人的爱情依恋风格,可能是从婴幼儿时期就开始发展的一种人际关系取向。

(三)进化心理学

进化心理学家从进化论角度对人类的择偶观和择偶行为进行了研究。这种取向的观点认为,人类的择偶观和择偶行为具有进化基础。最有代表性的是 Buss 提出的性策略理论。该理论认为,在历史发展过程中,男性、女性为了获取资源或配偶而赢得最终的生育成功,他们各自面临着不同的"适应性问题",在解决各自不同的问题的过程中,出现了不同的择偶偏好或行为方式。从理论上讲,男女分别进化了不同的"性策略",有短期性策略和长期性策略。Buss 等人对此进行了大量的实证研究。他们的研究发现在不同的种族和人群中,尽管存在着地理位置、文化、种族和宗教信仰等方面的巨大差异,所有的男性比女性更强调未来配偶的身体吸引力和年龄较年轻,而女性比男性则更重视未来配偶的经济能力、雄心和勤奋等特征。

(四)爱情投资模型

Rusbult从社会交换的角度来研究人类的爱情关系,他认为恋爱就是一种投资,双方在爱情互动过程中各有得失,个体在与他人发展爱情关系的时候会以一种理性的方式评估自己的得失,然后根据成本与收益的情况,来确定与对方建立一种什么样的关系。根据投资模型的预测,个体在亲密关系中,如果满意度较高而替代者的质量较低,并随着投资量的增加,会使个体做出较多的承诺,也使得彼此的关系更为稳固。

心灵便利贴

四位著名作家的婚姻

某高校一位老师给学生们上课,讲到四位作家的婚姻经历:

第一个是郭沫若。老师说这位文学大师一生有三位妻子,一个情人,然而他却毫无责任感可言,为了自己的兴趣和事业,对这些女人始乱终弃,甚至还把纯粹出于私心的别离描写成"为了革命的牺牲",来衬托自己的伟大。最后这四个人中两人上吊自杀,两人对他终身怀恨,甚至他的十几位子女中也有许多拒绝认他做父亲。郭沫若晚年孤独一人,沉溺于花大把的时间抄写自己死去儿子的日记,可谓凄凉至极。老师在讲这个故事的时候,语调是冷而不带感情的。

第二个是老舍。老师讲起他时花费的篇幅颇长。老舍年轻时家境贫困,一位刘姓善人资助了这对孤儿寡母,甚至送老舍出海读书,而老舍却在这时爱上了刘大善人的女儿。可惜等他学成归来,这位大善人已经散尽钱财,剃度出家后去世了。他的女儿也因为家道中落,成了最下等的暗娼。这个没有故事的故事最后成了老舍心里舍不去的痛,他写下《无题》和《微神》两篇小说,纪念自己的初恋,并一直到三十四岁才通过朋友介绍成婚。他的妻子也是新青年,也从事文化工作,在困难时期全力支持自己的夫君。照理说这种关系也算非常理想了,但老舍对婚姻却始终缺少热情,仅有的寥寥几篇写给妻子的文章里,只见出于情理的愧疚,不见一点内心深处的波澜。在西南联大时他还曾经遇到一位"红颜知己",但被妻子捉住,最终也没敢像郭沫若那般无耻——旁人看来,这也许是一对有些崎岖但也尚可的市井夫妻。却不知等"文革"来时,妻子率先发表大字报揭发丈夫。老舍自沉太平湖以后,有人说曾经见到他的妻子曾对他言语刻薄,要划清界限。老师说这个故事的时候,语调里明显有一种深深的遗憾。

第三个是沈从文,这个故事比较平淡。大意是乡下小子沈从文对大家闺秀张兆和一见钟情,前前后后写了几百封可以入册的情书,张兆和一开始觉得他不知天高地厚到了有趣的程度,最后也慢慢被他的专情和文采打动。两人在胡适等好事之徒的撮合下结为连理,却在婚后迅速因为太过悬殊的背景而无法继续生活,一度分居。然而"解放"后的数次清算时期,两人的感情最终还是占了上风。张回到了沈的身边,在关键问题上点醒了沈从文,让他放弃写作转行历史研究,又捐出了大量娘家的文物帮助小家庭躲过了十年浩劫。张兆和对沈从文可谓尽责,但对他的不理解也一样几乎持续到了人生的尽头。然而,在丈夫死后,她才终于发现两人之间的感情之深,并最终在丈夫的墓碑上写下了"不折不从,星斗其文;亦慈亦让,赤子其人"这十六个字。这十六个字,写尽了沈从文的一生。老师在讲这个故事的时候,有一些同情,但也有一些欣慰。

第四个就是钱锺书,他和杨绛的故事在今天几乎让人耳熟能详了。老师所述与今天大部分媒体公众号《来看看什么是爱情:杨绛先生谈论钱锺书》这类文章没什么太大不同。是讲两人在五七干校受教育时依然把彼此护得非常周全,他们夫妻甚至在和别人起冲突时干过揪人头发,扇人耳光之事。这个细节让我至今依然觉得他们的爱情非常纯粹,不但不和爱好与物质有关,甚至不和名节与面子有关,真正做到了悯论世人,只求本心。老师讲到钱锺书和杨绛时,毫不意外的,语气中充满了羡慕。

讲完这个故事老师说我有一个忠告,想说给你们在座的所有同学听。郭沫若的婚姻没有道德,所以他的下场最凄凉。老舍的婚姻有道德而无感情,在平日里也许还能支撑,但是一到难关,夫妻就很容易分手,甚至会互相损害只求自保;沈从文的婚姻有道德也有感情,只是缺少理解或者说是乐趣,这样的婚姻稳定,但可能终其一生都有很多劳碌和抱怨;钱锺书的婚姻才是真正包含了全部的道德、感情与乐趣,所以他们成为彼此的灵魂伴侣,代表了爱情最美好的部分。你们也许还没法体会到,但人生在世,婚姻其实非常非常重要。我希望大家将来都认真对待婚姻,不求达到钱杨的境界,但最起码也要学习沈从文,把道德和感情这两条底线牢牢地把握住。人一辈子七八十年。其实长的超出你们的预料,想在这么长的时间里不遇到任何变故是不可能的。一个讲道德、有感情的婚姻,就像一把下了的锚,有了它,多大的浪头来了你都不会倾覆。因为你心里知道自己还有想见到的人,有想尽的责任,这种想法的力量是和信仰相当的。

四、恋爱的心理发展阶段

(一) 对异性的敏感期

指刚进入青春期的青年人,主要指处在初中阶段的青少年,由于身体的迅速发育,引起了男女性别的不同生理和心理的急剧变化。尤其第二性特征的出现和性意识的觉醒,对异性之间的性别差异非常敏感,在异性面前时常会感到羞怯和不安。此阶段中,往往男女学生界限分明,彼此疏远相互回避,甚至恢复到孩提时的性疏远期。

(二) 对异性的向往期

到了高中阶段的青少年,随着性生理上的发育成熟,性心理开始发展,男女情窦初开,产生了异性之间的相互吸引,出现彼此希望接触的意愿。处于此阶段的青年男女,开始特别注意自己的容貌和风度。处于此阶段的青年男女,开始特别注意自己的容貌和风度,希望引起异性的注意和兴趣,博得他(她)们的好感和青睐。生活中,开始关心周围发生的爱情方面的趣闻轶事,喜爱阅读和观看描写爱情内容的文学作品、影视音乐。经常与同龄人谈论男女爱情问题,并利用各种机会与异性接触交往。甚至个别学生开始递纸条、写情书,明确地向对方求爱。但是,这一时期的男女青年,由于其生理和自我意识的不成熟性,他们对异性向往的对象,基本上是泛化的、不稳定的、缺乏专一性的,是一种不成熟的恋爱心理。所以,有人又称此阶段为泛爱期。

(三) 恋爱择偶期

进入大学的男女青年,性心理已逐步成熟,社会阅历在不断丰富,恋爱观开始形成,对异性的向往逐渐专一,开始相互寻求和选择自己的配偶对象,建立和培育双方的爱情,进入成熟的恋爱心理。目前的高校大学生,年龄一般在17—23、24岁之间,正是处于"异性向往期"向"恋爱择偶期"的过渡时期,也正是一个人的恋爱心理开始形成和逐步走向成熟的重要时期。

第二节 大学生恋爱观

大学生谈恋爱是非常普遍的现象,有调查统计超过70%的大学生在校期间有恋爱经历,而恋爱也成了许多大学生生活的重要组成部分,恋爱的经历和感受对大学生的学习、生活、个人发展和成长起到重要影响,所以培养学生形成正确科学的恋爱观非常必要。

一、大学生恋爱的心理动机

从总体上说,大学生的恋爱动机分为理性动机与非理性动机。理性动机是指大学生的恋爱出于爱情与婚姻的动机;非理性动机是指大学生的恋爱除了爱情与婚姻以外的其他动机。大学生恋爱的理性动机是一种积极动机,它有助于大学生正确处理恋爱中的一些问题;而非理性动机是一种消极动机,它严重影响了大学生的心理健康水平,也影响了大学生的学业。

(一) 理性动机

大学生恋爱的理性动机是指在充分了解爱情真谛的基础上,基于对美好爱情的向往,以恋爱双方共同促进、共同发展为目标,以婚姻家庭为目的的恋爱交往动机。

(二) 非理性动机

(1) 排遣寂寞:大学充满自由的氛围,没有父母和老师的管辖,加上有身处异地的孤独与寂寞感,使得很多大学生将恋爱当作排遣内心孤独寂寞的途径。由独生子女的孤独感和习惯了他人的呵护与关爱所致,属于"情感寄托型"的恋爱动机,缺乏独立意识和自立能力,易受挫。

(2) 从众心理:大学生在共同的校园里学习、生活和交往,加上思想观念的相似性,促使他们在恋爱问题上表现出明显的从众趋向。

(3) 逆反心理：心理学中有一个很有趣的爱情心理叫作"罗密欧与朱丽叶效应"，就是当出现干扰恋爱双方爱情关系的外在力量时，恋爱双方的情感反而会加强，恋爱关系也因此更加牢固。学校和家长对大学生恋爱的阻力有时候反而会成为促使大学生追求爱情的推动力。

(4) 炫耀心理：有些大学生会把拥有一个理想的男女朋友当作炫耀的资本，或者把恋爱中富有挑战意味的大胆行为当作彰显个性和标示成熟的标杆。

(5) 补偿心理：由功利型的恋爱动机所引发，即希望在所爱的人那儿获得社会地位、经济等方面的补偿。

二、大学生恋爱常见问题

（一）单恋

单恋是指一方对另一方的以一厢情愿的倾慕与热爱为特点的畸型恋爱，是青少年"爱情错觉"的产物。单恋是一种具有臆想性的恋爱情结和幼稚的行为方式，会令人沉浸在幻想的情爱中而不能自拔，如果不及时纠正，可能严重影响人的知觉和理性判断，甚至形成精神错乱。

（二）暗恋

暗恋常见于性格内向的大学生。暗恋具体表现为不表露内心的体验，被爱对方根本不知道有这回事，甚至对方还不认识自己，而自己执着地恋着对方。暗恋者往往对所恋对象朝思暮想，遇见时又表现出紧张回避，形成痛苦、压抑、焦虑、失望等不良情绪，严重者影响生活和学习。

（三）多角恋

所谓多角恋，是指同时与多个异性建立恋爱关系，企图同时占有数个异性的感情而玩弄爱情游戏。多角恋历来被认为是典型的爱情不专一，朝三暮四，视爱情为游戏，把自己的幸福建立在牺牲他人感情的基础之上的行为。

（四）失恋

恋爱不一定都是成功的，有恋爱就有失恋，失恋是恋爱过程的中断、结束，即爱情挫折。无论是什么原因产生的爱情挫折对大学生的心理、生活、学习都将产生严重的影响，越是热恋，越是看重爱情的位置，失恋就越痛苦，挫折感越强。失恋对每个人来说都是一件痛苦的事，有人一旦失恋就垂头丧气，整天愁眉苦脸，不思茶饭，走进死胡同而不会转弯，精神不振，有的甚至痛不欲生，走上自杀的道路；有的人在一次恋爱失败后，就再也不敢谈恋爱了，甚至不愿或不敢与异性接近、亲密。余悸在心，谨小慎微，沉默寡言，深居简出，把自我封闭起来；还有的是心理变态者，在大学生虽较为少见，但后果严重，值得注意。这些人在失恋后，会采取卑劣的手段去威胁或迫害对方，如写信进行人身攻击、恶意诽谤，更甚者使用武力或化学药品毁损对方容貌,甚至行凶杀人。

三、大学生恋爱心理误区

(一) 从众心理

在一个群体中,如果大部分人都在谈恋爱,剩下的人也会受到影响,觉得自己也理所应当的应该这样。处在青年期的大学生,往往对自我缺乏充分的肯定,甚至有人会为自己没有恋人而自卑,所以他们会追随潮流的脚步。赶潮流与周围文化环境的诱导也密切相关,超越生死的爱情电影,风花雪月的言情小说,缠绵悱恻的爱情歌曲等校园里流行的一切都会潜移默化地影响大学生的行为。

(二) 只问过程,不问结果的随意心理

现代大学生里流行着这样一些观点"不求天长地久,只求曾经拥有""跟着感觉走,紧拉着梦的手"。一些大学生把恋爱当作一种感情体验与及时行乐,并不以婚姻作为最终目标,在一起的最大动机就是排解寂寞,享受一下恋爱的感觉,两人之间没有共同的奋斗目标,也没有对未来的长期规划,这种行为实质是只强调爱的权利,而否认了爱的责任。

(三) 学业、爱情两难全的矛盾心理

大多数大学生在恋爱中都声称自己不会荒废学业,学业仍然是第一位的,但是,这些只是大学生主观上、思想上的愿望而已。教育实践经验表明,真正在客观上、行为上能够正确处理好学业与爱情关系的大学生虽然也有,但为数不多。更多的是一旦坠入情网就不能自拔,当学习与情感要做出时间与行为上的让步时,很多在恋爱中的学子会情不自禁地把感情放在了首位,而学业和自身发展则成为大学生活里的附属品。

(四) 性爱的盲目心理

有研究显示,在回答"你发生性行为是出于什么想法?"时,27%的被调查者认为是为了"显示爱情的忠诚",26%的人坦言是为了"追求情欲的快乐",25%的人则是因为"不忍拂了男(女)友的意",另有10%的人把它"作为个性成熟的标志"。从调查显示,大学生发生婚前性行为具有轻率性和盲目性。出现这一现象的主要原因是因为缺少性健康教育,对婚前性行为后果的严重性缺乏认识,这种现状实际上已经使部分大学生面临未婚先孕、人工流产和性病等生殖健康问题的威胁。这些伤害让部分大学生特别是女学生承受着巨大的心理压力,甚至产生轻生的念头。

(五) 失恋的挫败心理

部分大学生由于恋爱动机的不端正,缺乏一定的爱的能力,这样就产生了一批失恋大军,部分大学生失恋后归因不当,如因失恋、单相思、或男女交往受挫等怀疑自己魅力、能力,另外一种是自我认知偏差,失恋后认为自己失恋的原因是家庭经济条件不够好,相貌上不够

帅气或漂亮等,从而产生严重的自卑和焦虑心理,甚至有的大学生失恋后长期陷在悲伤、失望的阴影中,无法自拔,产生轻生或报复的念头。此外,大学生恋爱中还存在着补偿心理、游戏心理、占有心理、及时行乐心理或攀比心理等。正是因为大学生恋爱存在的这些问题,使得大学生恋爱的成功率很低,恋爱失败后积极调整不够,引起一系列的不良问题,影响着大学生们的健康成长。

案例分析

爱怎么成了负担?

我和男友从高中开始交往,感情一直挺稳定,高中毕业后考入不同省份的大学,刚开始,我们各自忙于全新的生活而没有觉察到分离带来的思念,并且以"距离产生美"来相互安慰。但半年后,我慢慢发现原来自己非常不适应他不在身边陪伴的日子。我想找一个实实在在陪伴我的人,在我开心的时候他能够分享我的快乐,难过的时候可以安慰我,但是因为距离,这一切都成了奢望。而且我们一个月才见一次面,有时候打电话也比较困难。现在我们的沟通似乎充满了不理解和不信任,争吵成了每次通话的主要内容。为此我非常苦恼,不明白为什么他不理解我?为什么连一点小小的要求他都做不到?或者他已经另有新欢,不再爱我了?有的时候甚至会失眠,也影响了学业。我内心真的很痛苦,也想过放弃这段感情,可是想起之前的点点滴滴,又有很多不舍。我很困惑,感情真的能做到"两情若是久长时,又岂在朝朝暮暮"吗?

第三节 大学生恋爱心理调适

弗洛姆将爱分为两种形式:一种是不成熟的形式,即"共生有机体结合"。爱的双方互相需要,其一方主动,另一方被动。与"共生有机体结合"相对的是"成熟的爱"。真正的成熟的爱是建立在平等与自由的基础上的,它的本质是给予。爱除了有给予的要素外,还有关心、责任心、尊重和了解。弗洛姆认为爱是一门艺术,需要理论与实践相结合,同时把握艺术的灵魂才能更好地去爱。

一、培养爱的能力

(一)选择爱的能力

培养爱的选择能力主要应了解大学生的择偶标准,并了解怎样的选择才能保证爱情的和谐发展。

择偶标准并不是一成不变的固定之物。许多大学生也并不完全按照一个既定的框架去筛选周围的异性。但对大多数人来说,根据自己的需要对理想恋爱对象定出一些主、客观条件还是必要的。我国学者孙守成等人根据大学生择偶的目标取向把择偶标准分为三类：

第一类是精神满足型，这类大学生选择恋人以理想、信念、价值、事业、能力等标准来衡量对方的水平，或以气质、性格、兴趣的相投作为共处的基本条件。他们对外貌、金钱、家庭背景等并不在意，而是以达到高层次的精神满足为标准。虽然这种高尚的择偶标准在今天的大学生中占大多数（约占80%），但注重精神不在乎其他条件，如社会地位、物质等的择偶还要经受住社会现实的考验。当大学生情侣离开校园走向社会，担当家庭责任的现实问题直接摆在面前时，理想化的爱情能否维持还很难预测。

第二类是以获得纯粹感官满足为目的的爱情，它是一种对"情欲之爱"的追求。择偶者着重注意恋爱对象的外表（身材、皮肤、相貌）和风度的吸引力。这类爱情很难维持长久，原因在于天长日久的相处会使外表失去新鲜感而降低吸引力，这也是所谓的虚幻之爱。

第三类是以社会地位、经济条件等为标准，这就是所谓的现实之爱，其实质是一种相互交换、互惠的理性考虑。现实的择偶标准分为物质、虚荣和利用三种类型。物质型指以经济条件为追求目标，为满足物质需要而恋爱；虚荣型则看重地位、职称等荣誉性的东西；利用型择偶更具指向性，往往是为了达到一明确目的，达到后则着手将恋爱对象抛弃。

三类择偶标准都是客观存在的，但纯粹持一种标准的人很少，大多数人择偶是在三种标准的混合中找出自己对理想对象的要求。

案例分析

失恋的玲玲

玲玲是一名大二女生，父母是中学教师，她聪明伶俐并且时尚漂亮，引来很多男生的追求，经过半年的比较和考验，终于在众多的追求者中选定了一名局长的儿子作为自己的男朋友，并且很快两人关系越来越近，最终放弃了少女的身份。就在玲玲准备拜见男朋友家人的时候，却得知他的家人根本不同意自己的儿子找一个普通家庭的姑娘，并且已经挑选了另外一个领导的漂亮女儿。男朋友一方面慑于家庭的压力，另一方面也被那位姑娘吸引，最终放弃了玲玲，结束了这场持续半年的恋爱。玲玲面对这样的结果，身心憔悴，但是又不愿意在朋友面前表现出自己是个失败者。痛苦虽然被暂时隐藏起来，但是玲玲再也无心学习，也没有参加活动的兴趣，生活状态越来越差。

（二）表达爱的能力

当你爱恋上某一异性后，不去向他（她）表达爱，对方不明白你的感情，不会做出回应，那么你很可能陷入单相思。若你的表达不恰到好处，对方也不会有满意的回应。怎样恰到好处地表达求爱呢？最重要的是要准确地把握对方的性格特点和心理状态，并根据自己的特点，选择最佳的表达时机和恰当的表达方式。

选择最佳时机，即首先要选择对方和自己都处于好心情的时候，双方关系十分融洽，情绪轻松愉悦。然后应选择合适的地点，应是一个能私下面谈的地点，一个不会给对方和自己造成心理紧张和不适的地点。

选择恰当的方式,即选择你自己最擅长,对方又最容易接受的表达方式。求爱的表达方式多种多样,面对面的语言表达、书信表达、电话表达、网上聊天表达、信物表达都可以选择。

男女间的爱情达到一定程度,渴望用语言、行为,尤其是身体的接触来表达自己的感情。马克思曾说过"在我看来,真正的爱情是表现在恋人对他的偶像采取含蓄、谦恭甚至羞涩的态度,而绝不是表现在随意流露热情和过早的亲昵"。含蓄而文明的爱的表达方式,不仅符合社会道德要求,而且有助于爱情的健康发展。距离产生美,过分亲昵的行为,粗俗甚至野蛮的示爱,反而会引起对方的反感,给纯洁的爱情蒙上一层阴影,甚至造成恋爱挫折。

(三)接受爱的能力

大学生不仅要勇于、善于追求爱,掌握表达自己爱的能力,还要学会如何接受他人给予的爱。很多人没有充分的心理准备,当爱突然来临时,显得惊慌、不知所措,不敢接受属于自己的爱,以致造成终生的悔恨。爱是双向的,不仅仅是付出,同时也是收获。一个人只有领悟到了他人的爱,才有可能给他人以更大的爱。一个人面对异性的爱情表白,及时准确地做出判断,并做出接受、谢绝或再观察的选择,这也是一种爱的能力。缺乏这种能力的人,或是匆忙行事,或是无从把握。大学生要具有接受爱的能力,就应懂得爱是什么,有健康的恋爱价值观,知道自己喜欢什么,需要什么,适合什么;就应对自己、他人和集体保持敏感和热情;就应主动关心他人、热爱他人;就应能及时准确地对爱的信息做出判断,坦然地做出选择,能承受拒绝求爱所引起的心理扰乱。

(四)保持爱的能力

在磨合期中,过去对方最吸引你的特质,现在却成为让你最受不了之处。过去你欣赏他的沉静、理智,现在却是沉默愚昧、不解风情。过去爱他的自信果断给你安全感,现在却成了自我中心,事事都要主宰。如果正好相反,过去女方爱上的是他的细腻温柔,那么进入磨合期中,她很可能就要抱怨他缺乏男子气概。同理,如果过去男方被她的情感丰盈、活泼伶俐所吸引,现在就巴不得她停止"歇斯底里",唠叨不停。在蜜月期中,人人都以为找到了完美的梦中人,在磨合期中却发觉自己过去瞎了眼才会爱上这个对象。

在磨合期中,我们都想努力改造对方,要对方变得完美,像自己心中所想的"理想形象"一样,这是亲密关系中痛苦最大的来源。因此我们应该理性面对恋爱中的矛盾和冲突,用实际行动解决在恋爱中遇到的困难和挫折,同时学会包容彼此,降低期望,改善自身缺点,做到"己所不欲,勿施于人"。

(五)拒绝爱的能力

每个人都有爱和被爱的权利,每个人又都有拒绝被爱的权利。当别人追求你,而你觉得对方不是你所需要的那种人时,要理智地加以拒绝,以免陷入更深的痛苦。拒绝爱要注意两个方面:一是在并不希望得到的爱情到来时,要果断,勇敢地说"不",因为爱情来不得半点勉强和将就。如果优柔寡断或屈服于对方的穷追不舍,发展下去对双方都是不利的;二是要掌握恰当的拒绝方式。虽然每个人都有拒绝爱的权利，但是珍重每一份真挚的感情是对他人的尊重，同时是对一个人道德情操的检验。不顾情面、处理方法简单轻率，甚至恶语相加或将对方的情书公开，会使对方的感情和自尊心受到伤害，这些做法是很不妥当的。

如果在恋爱过程中，发现双方在一起并不合适，应当立即提出分手。分手是痛苦的，若处理不当，容易造成不良的后果。要选择适当的时机提出中止恋爱，本人直接果断表明态度，不留余地，不给对方任何幻想。要用委婉的语言，以免伤害了对方。要充分地分析对方可能会出现的情绪和行为，并做好相应准备。例如，对方可能会觉得受到了侮辱和欺骗，这时提出分手方要冷静，避免轻视、刺激对方，以免产生报复行为。恋爱中止后，不说对方的坏话，不损坏对方的名誉，这都是有恋爱道德的表现。

（六）处理恋爱中争吵的能力

没有人会真正喜欢与别人吵架，争吵既无助于矛盾的消除，又有害于双方的情感联系。激烈的争吵会导致负面情绪，还会危害人的身体健康。但恋人之间的争吵是不可避免的事，必须妥善处理。处理不好，伤害感情；若处理得好，可以增进互相了解，增进感情，所谓"不打不相识""不吵不相爱"就是这个道理。

学会争吵，首先应当从内心确立这样的观念：人与人之间的矛盾、冲突可以依靠理智加以调和、消除，不是无法解决的。因此，当恋人之间发生矛盾时，要尽量局限在以理智为主导的争论范围内，避免演化为以情绪为主导的争吵。如果你能够冷静地倾听对方、让对方充分地表达，并且能设身处地地理解对方的看法、情感与动机，那么你就掌握了主动。在争吵中，你可以既坚持自己正确的方面，又承认自己确实存在的局限与谬误之处。在言语上尽量准确、具体地描述自己的见解、动机、情感体验，批评对方时有理有据、对事不对人。这样才可能创造出一种平等的、互相尊重的、不为争面子而为了真正解决问题的气氛，双方才能尽快地沟通、和解。

其次要学会主动妥协。双方在经过一番争论之后，要提出可行的解决办法。这个办法应当最大限度地有利于双方、被双方所接纳。双方的所有要求与愿望并不能总是全部得到满足，在得到一些的同时不得不放弃另一些。这时就需要双方学会放弃，本着务实的态度容忍小部分利益或优势的丧失，保证大部分的利益在新的关系中得以保存。这种相互间的妥协十分必要。

再次要注意保密。既然两人相爱，争吵又是在"二人世界"中进行的，争吵后就应注意保密。不要到同学朋友中去炫耀以满足自己的虚荣，这样容易引发对方的不满。

（七）提高失恋的承受能力

恋爱中遭遇挫折是常有的事，单相思、爱情错觉和失恋等挫折对大学生的心理承受能力是一种考验。当爱情受挫后，要用理智来驾驭感情，分析原因，总结经验教训，寻找解决问题的方法和途径，在新的追求中确认和实现自己的价值，从而提高自己的心理承受能力和思想水平。要做到失恋不失德、失恋不失态、失恋不失志。失恋不失德，即失恋后要保持恋爱道德。失恋是不幸的，但恋人做不成，还可做朋友。那种谩骂、殴打、在网上恶意攻击、造谣诬蔑或者将两个人之间的隐私公之于众的做法是极其错误的，有的还须承担法律责任。面对恋爱挫折,首先要冷静分析、理智处理、尊重对方的选择。失恋不失态,即恋爱受到挫折后,保持一种平和、理性的心态,不能一蹶不振,老是想着被异性拒绝的充满悲伤的情景而整天垂头丧气,把自己搞得失魂落魄。如果是这样,只会离爱情越来越远。失恋不失志,即失恋不能丢掉理想和志向,应当把人生的主要精力投入到事业上。对于大学生来说,树立"留得青山在,不怕没柴烧"的观念、尽早从痛苦中解脱出来,在追求事业中寻求新的乐趣,提高承受挫折的能力,就会使人生更加丰富、充实和有意义。其次,一旦爱情受挫、可尝试以下办法释放痛苦。

1. 感情宣泄

不要过分地隐藏或压抑失恋带来的痛苦,要找适当的方式进行宣泄。通常宣泄的方法有:① 眼泪缓解法。在悲痛欲绝时大哭一场,可以使情绪平静。专家认为,眼泪能把有机体在应激反应过程中产生的某种毒素排出去。② 运动缓解法。剧烈的体育运动有助于释放激动情绪带来的能量。③ 转移注意。心情不佳时,可以做些自己感兴趣的事。主动置身于欢乐、开阔的环境,或有意识地潜心于自己感兴趣的事情中,用新的乐趣来冲淡、抵消旧的郁闷。恩格斯20岁那年曾经失恋,为尽快解脱失恋痛苦,他开始了翻越阿尔卑斯山到意大利的旅行,沿途雄伟的山川,广袤的原野,使他心胸格外开阔。世界如此的宏大,生活如此的多彩,自己的痛苦不过是沧海一粟,他很快走出了失恋。④ 倾诉。向可以信任的师长、同学、朋友、老师等诉说自己心中的烦恼,也可以写日记或写信。如果感觉心中的积郁实在太深,无法排解时,也可以找心理咨询师进行心理咨询。

2. 合理化

针对失恋,应该通过自己跟自己辩论的方式,有意识地在头脑中强化理性的信念。如:"天涯何处无芳草,你不同意就拉倒;失恋不等于我整个人都是失败者,我仍具有爱的能力;一个人不爱我不等于其他人都不会爱我;此处不留人,自有留人处;爱情并不等于人生的全部;人间自有真情在;吃一堑,长一智;士别三日,当刮目相看;痛苦并非一无是处,痛苦的经验可以帮助人成熟,就权当是缴学费而已"等。

3. 正视现实

爱情是双向的、相互的,以互爱为基础,失去任何一方,恋爱即告终止。作为一个有理智的大学生,应勇敢地正视这个残酷的现实,爱情不是同情、怜悯、更不是强求。爱情不是生活的唯一,又何必为他耗费所有精力甚至抛弃宝贵的生命呢!在生活中还有比爱情更重要的内容。

4. 换位思考,宽容对方

一般说来,恋爱关系的终止双方都负有一定责任。如果认清并勇于承担自己的那部分责任,就不会怨天尤人,而是平心静气地面对现实。设身处地为对方着想,这样的结果,将有助于理解对方终止恋爱关系的原因,有助于接受失恋的现实。即使确实是对方对不起你,但残酷的报复能挽回早已消逝的爱情吗?毁掉了别人,同样毁掉了自己的毕生幸福!为一个不爱你的人付出这样大的代价是否值得?当初对待恋人如"春天般的温暖",而现在这般无情地待他(她)何必呢?要是真正爱对方,就应当为对方着想,尊重对方的选择,苦苦纠缠不休,即使对方勉强回头,也可能是强扭的瓜不甜了。何况"爱情不成友谊在",爱一个人,并不一定要得到对方,默默地把这份感情埋在心底,化作真诚的友谊,这也是高尚而美好的情怀的表现。莎士比亚说:当爱情的波涛被推翻后,我们应当友好地说一声"再见"。

5. 化挫折为动力

当把爱的痛苦转化到对事业、学业上的追求时,就是无比巨大的力量,就会创造辉煌的业绩,实现自身价值,获得心理的快慰。"天生我材必有用",你是教师,你就应该继续站在讲台上传道授业解惑;你是学生,你就应该努力学习……你已经失去了一次爱情,难道你还要因此而失去生活的目的和意义吗?任何时代都有人饱尝失恋的痛苦,甚至大部分人都要经历失恋的痛苦才能获得真正的爱情。其实,经过失恋的洗礼,他们变得更加坚强,更加成熟,更加懂得怎样去追求真正的爱情。居里夫人也正是在初恋失败的痛苦中,毅然走上赴巴黎求学的道路,成为科学巨匠的。因此她的初恋失败被后人称为"一次幸运的失恋"。

6. 时间是治愈心理创伤的良药

已经发生的不能回头,那么就微笑接受它好了。并不是说,当你心里实在不舍从前情深意浓美好感觉时,你一直是束手无策的。你不必着急,也不必绝望,痛苦会随时间的流逝不知不觉地慢慢消散。

爱情的失败是人生的一次挫败,但人不能被爱情击败。生活中还有比爱情更值得我们追求的东西,这就是事业。在事业的奋斗中我们将会忘却失恋的痛苦,凝练我们的人生价值。"莫愁前路无知己,天下谁人不识君",幸福的大门总会向热爱生活的人敞开。

淡化失恋的痛苦,弥合心灵的创伤,从而走向新的生活。有道是塞翁失马,焉知非福。把这次经历当作是一份疼痛又弥足珍贵的礼物,在珍藏过去美好的同时,珍惜和创造下一次更美好的情感体验。总之,失恋是痛苦的,但是只要失恋者失恋不失志,从失恋中奋起,那么,不但可以避免失恋后的心理失衡,而且可以使自己进步成长得更快更好。

二、大学生恋爱的心理调适

对大学生的恋爱心理问题可采取多种调适手段:树立科学的恋爱观;正确处理爱情与友情的关系;提高恋爱承受能力和矫正恋爱中的不良行为等。

(一) 树立科学的恋爱观

当代大学生既受古老的东方文化传统的熏陶,又受到西方文化的影响,这就形成了当代大学生恋爱观的独特性。从具体的每个同学而言,其恋爱观又具有独特性、排他性。鲜花遍地开,朵朵惹人爱,爱花爱一朵,不能朵朵爱。男女大学生在交往时,要头脑清醒,正确判断,正确处理好二者的关系,不能自作多情,不能误把友情当爱情,以免陷入烦恼的漩涡,造成对双方的伤害。

> **心灵便利贴**
>
> ## 爱的五种语言
>
> 肯定的言词、精心的时刻、接受礼物、服务的行动、身体的接触。两性间许多误解、隔阂、争吵都是由于不了解或者忽略了对方的主要爱语造成的。当夫妻双方主动选择使用对方的主要爱语时,就能够很好地发展彼此的亲密关系,并积极地处理婚姻中的冲突和失败。

(二)提高对恋爱挫折的承受能力

大学生的恋爱由于受到各种因素的制约,因而在追求爱情的过程中,会经历各种矛盾,受到各种挫折,如朦胧中的躁动、选择中的困惑、维持中的动荡、受挫后的迷茫;单恋、失恋、多角恋等波折都是会碰到的。在生活中,并非每个爱情故事都会有浪漫的开始,美丽的结局。有爱的幸福,就会有失恋的痛苦。遇到失恋,应当做到失恋不失德、不丧志,走向更广阔的人生,天涯何处无芳草,人生长途有知音。正像诗人朱吉成在《我是山溪》这首小诗中所写的:我知道你已经有了新朋友,要离去已难以挽留。我曾视你为黄金,想不到黄金也会生锈。别以为我会下跪,别以为我会哀求。我是山溪,会从容远去,向属于我的大海奔流。这首诗挑战了爱情,赞扬了人生应有的力量,是失恋者应有的气魄。忘却悲伤,放弃悲伤,留下快乐,是对生命价值的一种洒脱的取舍。此外,还要注意矫正恋爱中的一些不良行为。如过早过度的亲昵、三角恋爱、婚前性行为等,这些都会给当事者留下无穷的悔恨与痛苦。

(三)合理选择恋爱时机

提前采摘青果,我们只会品尝酸涩。透支生命,生命之花只会过早枯萎。恋爱需要成熟的时期,成长中的大学生应理智地思考这个问题。合理的恋爱时机应是待到心理发展相对成熟时;待到人生观相对稳定时;待到社会阅历相对丰富时;待到经济相对独立时;待到学业完成时。人生有很多想停留而不能停留的港湾。

三、理想的爱情生活模式

爱情故事不同于以往的爱情观,它更多的是涉及在亲密关系中的具体行为模式、信念。爱情故事可以帮助我们更好地理解和提升我们与恋人之间的关系,以及使亲密的联系变得不再困难。我们每一个人都有一个关于爱情的理想故事,或许这也是可以帮助我们了解自己的最重要的东西。有时候,不同的人对相同的事件或行为有不同的解释,因为他们都是依据自己的故事来解释的。研究发现大学生的理想爱情生活模式有以下特点。

(一)理解与包容

包容从长远来看,是促使关系顺利发展的不可缺少的因素。在短暂的关系中,我们能够视而不见甚至感到很有个性的缺点,等到长期相处时就会变得难以忍受。大部分人都认为理想的恋人应该能够相互理解与包容,只有这样才有助于关系的长久与融洽。

(二) 平等相处

随着时代的发展与社会进步,古代男尊女卑的观点似乎已经过时,夫唱妇随似乎也不再适合现在的年轻人,大学生尤其是女大学生在谈及在恋爱中期望如何与恋人相处时,她们大都希望彼此能够平等相处,互相尊重,不希望自己受制于对方。

(三) 空间与距离

谈到爱情,往往人们想到的是恋人们亲密无间的相处,无时无刻不在一起的甜蜜生活。其实爱情也有一个量,爱得适当是一种甜蜜,爱得过多,爱得没有距离,爱得没有自由,爱就会变成一种痛苦。爱情是渴望独立、渴望距离的,因为除了爱情之外,人们还有亲情、友情、同学之间的情感需求和支持。爱情的独立是建立在对爱人充分信任的基础上的。只有这样,爱情在超越时空时才经得起考验;在长相厮守时,才不会出现时时刻刻把对方置于自己的视线下,整天像葛藤一样缠着爱人。

(四) 平淡中有浪漫

浪漫是爱情中不可缺少的元素,但浪漫也要建立在现实的基础上,平平淡淡才是真。浪漫是平淡生活中不可缺少的调味剂,有了它,平淡的生活才会过得有滋有味。浪漫就好比做菜加糖一样,放一点点很提味,加多了太甜,反而失去了本味。现实的生活需要浪漫的点缀,这样的生活才显得丰富充实。我们时常会有些简单的梦想,如童话般不可实现,但总希望有短暂的拥有,对感情的至纯追求,让梦想与现实美丽地延续下去,这样的追求本身就是对幸福生活的向往与经营。整天过着柴米油盐的日子,想必谁都会厌倦,因此,就需要偶尔地反常规,花心思地反常规,或一束玫瑰,或一份小小的礼物,或一个拥抱,或一句温柔的话语,都不要吝啬。不要忘了在平淡如常的生活中,给你的爱人一点惊喜。在现实平淡的生活中增添一些浪漫的色彩,让爱情更加美丽动人。

(五) 真诚付出

相爱也是一种付出,是无怨无悔、心甘情愿、无所索求地为心爱的人付出一切。爱情归于平淡后的生活是朴实无华的,它像炉火,能给你一生的温暖。它没有耀眼的光芒,没有炽烈的火焰,但它却让你心静如水,让你舒适。一直生活在象牙塔罩下的大学生对自己的爱情充满美好的期许,他们不会过多地苛求金钱物质方面的给予和索取,而是默默为对方付出,为了两个人的爱情牺牲自己的利益。

心理测验

恋爱态度测试

指导语:下列题目均有 A、B、C、D 四个选项,每个选项后的括号内有项目的得分(0—3

分),请在每题中选择一项你认为最适合的填在题后的括号内。

(1) 你对未来妻子要求最主要的是(男性选择):( )

A. 善于理家做活,利落能干。(2)

B. 容貌漂亮,风度翩翩。(1)

C. 人品不错,能体贴帮助自己。(3)

D. 顺从你的意思。(1)

(2) 你对未来丈夫要求最主要的是(女性选择):( )

A. 潇洒大方,有男子风度。(1)

B. 有钱有势,社交能力强。(1)

C. 为人诚实正直,有进取心,待人和蔼可亲。(3)

D. 只要他爱我,其他都不考虑。(2)

(3) 你认为完美的结合应是:( )

A. 门当户对。(1)

B. 郎才女貌。(1)

C. 心心相印。(3)

D. 情趣相投。(2)

(4) 对最佳恋爱时间的考虑是:( )

A. 自己已经成熟,懂得人生的意义和爱情的内涵,并且确定了事业上的主攻方向。(3)

B. 随着年龄的增大,自有贤妻与好丈夫光临,"月老"不会忘记每个人的。(2)

C. 先下手为强,越早越主动。(0)

D. 还没想过。(1)

(5) 你希望自己是怎样结识恋人的:( )

A. 青梅竹马,情深意长。(2)

B. 一见钟情,难分难舍。(1)

C. 在工作和学习中逐渐产生恋情。(3)

D. 经熟人介绍。(1)

(6) 你认为推进爱情的良策是:( )

A. 极力讨好取悦对方。(1)

B. 尽力使自己变得更完美。(3)

C. 百依百顺,言听计从。(2)

D. 无计可施。(0)

(7) 你希望恋爱的时间是:( )

A. 越短越好,最好是"闪电式"。(1)

B. 时间依进展而定。(3)

C. 时间要拖长些。(2)

D. 自己无主张,全听对方的。(0)

(8) 谁都希望完整全面地了解对方,你觉得了解他(她)的最佳途径是:( )

A. 精心布置特殊场面,连连对恋人进行考验。(0)

B. 坦诚相待地交谈,细心地观察。(3)

C. 通过朋友打听。(2)

D. 没想过。(1)

(9)你十分倾心的恋人,随着时间的推移,暴露出一些缺点和不足,这时候你:(　　)

A. 采取婉转的方式告知并帮助对方改进。(3)

B. 无所谓。(1)

C. 嫌弃对方,犹豫动摇。(0)

D. 内心十分痛苦。(2)

(10)当你初步踏进爱河之中,一位条件更好的异性对你表示爱慕时,你于是:(　　)

A. 说明实情。(3)

B. 对其冷淡,但维持友谊。(2)

C. 瞒着恋人和其来往。(0)

D. 听之任之。(1)

(11)当你久已倾慕一位异性并发出爱的信息时,你忽然发现他(她)另有所爱,你怎么办?(　　)

A. 静观待变,进退自如。(2)

B. 参与角逐,继续穷追。(1)

C. 抽身止步,成人之美。(3)

D. 不知道。(0)

(12)恋爱进程很少会一帆风顺,而你对恋爱中出现的矛盾、波折怎样看?(　　)

A. 最好平顺些。既然已经出现了,也是件好事,双方正好趁此了解和考验对方。(3)

B. 感到伤心难过,认为这是不幸。(2)

C. 疑虑顿生,就此提出分手。(1)

D. 没对策。(1)

(13)由于性情不合或其他原因,你们的恋爱搁浅了,对方提出分手。这时候你:(　　)

A. 千方百计缠住对方。(1)

B. 到处诋毁对方名誉。(0)

C. 说声再见,各奔前程。(3)

D. 不知所措。(1)

(14)当你十分依赖的恋人背信弃义,喜新厌旧,甩掉你以后,你怎么办?(　　)

A. 当自己眼瞎认错了人。(2)

B. 你不仁,我不义。(0)

C. 吸取教训,重新开始。(3)

D. 痛苦的难以自拔。(1)

(15)你爱途坎坷,多次恋爱均告失败,随着年龄增长进入"老大难"的行列,你:(　　)

A. 一如从前,宁缺毋滥。(1)

B. 讨厌追求,随便凑合一个。(1)

C. 检查一下选择标准是否实际。(3)

D. 叹息命运不佳,从此绝望。(0)

(16)你认为恋爱作为人生一个极其重要的环节,其最终所达到的目的应当是:(　　)

A. 找到一个情投意合的爱侣。(3)

B. 成家过日子,抚育儿女。(2)

C. 满足性的饥渴。(0)

D. 只是觉得新鲜有趣儿,没有明确的想法。(1)

结果说明:将你所选字母后的数字相加,总分在42分以上说明你的恋爱观正确,总分在33～41分之间说明你的恋爱观基本正确,总分在32分以下说明你的恋爱观需要调整。

第四节　素质拓展培养实践

一、电影"心"赏——《山楂树之恋》

故事发生在二十世纪七十年代,静秋是个漂亮的城里姑娘,因为父亲是地主后代,家庭成分不好,"文革"时很受打击,静秋一直很自卑。静秋和一群学生去西村坪体验生活,编教材。她住在队长家,认识了"老三"。老三爱上了静秋,很爱,静秋怕他欺骗她,起初常常躲避。英俊又有才气的老三是军区司令员的儿子,却是极重情谊的人,甘愿为静秋做任何事,给了静秋前所未有的鼓励。他等着静秋毕业,等着静秋工作,等着静秋转正。等到静秋所有的心愿都成了真,老三却得白血病去世了。

图 7.2　电影《山楂树之恋》

二、心理训练营——善良地拒绝他人的求爱

善良地拒绝他人的求爱

每个小组分别由两名同学轮流扮演表达爱情的人(角色A)与谢绝爱情的人(角色B),其他同学做观察员,来评比扮演角色B的表达能力,并对他(她)的不足给予帮助。

(1)两个男女生一组,以便角色扮演时效果最好。

(2)小组内的每一个同学都至少扮演一次角色A,也扮演一次角色B。

(3)小组内的评比标准:是否可以有效地、并在不使角色A感到尴尬的前提下,谢绝爱情的表达。

谢绝他人的求爱时,一定要牢记:

(1) 尊重对方,不用带有伤害或刺激性的语言;

(2) 言行一致,不要嘴上拒绝,而在行动上仍保持紧密的接触,如单独吃饭、看电影等;

(3) 态度要坚决果断,语气干脆,以避免让对方误以为你的拒绝只是一种矜持的表示。

第八章　正视压力,轻松前行

> 最能干的人,往往是那些即使在最绝望的环境里,仍不断传送成功意念的人。他们不但鼓舞自己,也振奋他人,不达成功,誓不休止。
>
> ——安东尼·罗宾

案例导入

小丁自上大三以来,只要有人碰到了自己或者碰触到了他的物品,他就必须回宿舍洗衣洗澡,清洗物品,实在不能清洗的就只有扔掉。虽然他明白自己的想法有些多余,但就是没有办法控制自己。一想到要毕业工作,这种症状就更明显了,他每天花大量的时间和精力洗衣洗澡,最后连课都没法上了。不得已,小丁只有去看精神科医生,医生诊断说他有强迫症,建议他边服药边做心理咨询。

咨询师了解到,小丁来自农村,家里经济条件一般,他觉得父母年纪大了,自己有责任帮助家里减轻负担。他特别指望着毕业能找到一份好工作,可学习成绩一般,家里又没钱没势,非常担心找不到理想的工作。这些烦恼无法消解,进而引发了他的症状,只有在不断地清洗过程中,他才感到一丝放松。

案例分析

在这个案例中,小丁的心理困扰主要是由各种心理压力造成的。大三了,他即将面临大学毕业。就业压力所导致的心理紧张和心理困扰,其实质是由自身能力与理想目标之间的落差造成的,落差越大,心理压力也就越大。他来自农村,迫切地想改变生活环境,就必须找到一份好工作,可学习成绩一般,这就加大了择业带给他的心理压力。择业压力使他的心理变得异常敏感和脆弱,这一点在他的日常学习和生活中被直接体现出来。小丁需要学会正确地管理压力的方法,调整认知,认识压力,找到压力源,改变认知,调整情绪,寻求支持,加上积极的心理暗示,走出阴霾。

第一节 压力概述

一、压力的概念

(一) 物理压力与心理压力

压力可分物理与心理两个领域的定义。物理定义具有客观属性,是指垂直作用于流体或固体界面单位面积上的力;而从心理学角度看,压力是压力源和压力反应共同构成的一种认知和行为体验过程,即心理压力。

心理压力是一种心理状态,在现代心理学的研究对象中,一般把人的心理现象分为三大范畴,即心理过程、心理状态和个性心理。心理状态是指心理活动在一段时间内出现的相对稳定的持续状态,是介于心理过程和个性心理之间的中间状态,是心理活动和行为表现的一种心理背景。事实上,心理压力既不可能是一种独立的心理过程,也不可能是个性心理,而只能是一种心理状态。心理压力作为一种心理状态,是个体对压力事件反映所形成的一种综合性的心理状态。

(二) 心理压力与压力事件

心理压力与压力事件密切联系,个体有心理压力必有压力事件存在。心理压力是对压力事件的反应而形成的一种综合性心理状态,没有压力事件,个体心理压力无以形成。人的心理产生的基本方式是反射,是有机体对一定刺激的反应活动。人并非对任何刺激的反应都形成心理压力,一般心理过程并不一定形成心理压力。只有当个体意识到他人或外界事物对自己构成威胁,即对压力事件进行主观反映时,才可能形成心理压力。

压力事件可分为外部压力和内部压力两大部分。外部压力主要包括生活中的重大变故和累积的烦心琐事。生活中的重大变故主要是指个人日常生活次序发生了较重要改变。诸如:升学无望、就业无门、职称落聘、下岗待业、家人重病、夫妻离异、配偶亡故、违法犯科、判刑坐监、天灾人祸等。一般这些压力事件威胁性较大,且随时可能突然发生,使个体形成巨大的心理压力。若不能及时妥善处理,容易患心身疾病。累积的烦心琐事主要是指日常生活中经常遇到且无从逃避,使人烦恼的一般事实。单件的烦心琐事难以造成心理压力,但日积月累到一定程度对个体构成威胁就会造成心理压力。根据调查研究所示,累积的烦心琐事大致可归纳为学习负荷过重、经济状况差、工作职业失意、人际关系失调、环境污染、时间分配失控等方面。例如,现实生活中,中小学生课业多,要求高,负荷过重,休息、娱乐、睡眠时间分配失控,这些负担已造成中小学生较大的心理压力,常使他们焦虑不安,甚至痛苦难堪。

内部压力主要是指使主体认知困惑或难处理的内在刺激情境,一般发生在动机冲突和受挫折时。动机冲突是指在复杂的意志行为中,多种动机之间发生了矛盾。若一时难以确定行为目标而形成认知困惑,便引发心理压力。日常生活中动机冲突在所难免,人们的心理压力也就时有发生。如高考学生在填写志愿时,若不知自己该填哪个大学为好,心理压力油然而生。挫折是指个体的意志行为受到无法克服的干扰或阻碍,预定目标不能实现所产生的一种紧张状态和情绪反映。诸如,自己的婚事遭到父母、亲友的反对;经商投资结果不赚反赔;参加比赛该赢反输等。受到挫折,个人奋斗目标没能实现,一时不知如何是好,必造成心理压力。

总之,心理压力与压力事件紧密联系。心理压力一般是受内外压力刺激而形成的。在分析心理压力的成因时,应注意考虑主要是外部压力造成的还是内部压力造成的,以便采取有效措施,控制或消除压力源以减轻或消除心理压力。

(三)心理压力的表现

心理压力是个体的一种综合性心理状态,表现为认知、情绪、行为三种基本心理成分的有机结合。

其一,个体心理压力是意识的产物,是建立在一定的认知基础上的。人在无意识状态下是没有心理压力可言的,如睡眠状态下人无心理压力。人无认知能力时也不会有心理压力存在,新生儿只有感觉,无心理压力。人有认知能力时,若对威胁性的刺激情境失察而未能认识到其对自己生活造成或将造成威胁、危害时,也不会产生心理压力。若刺激情境本身不会对个体造成威胁、危害时,个体由于错误的认知,以为它具有威胁性、危害性、无法处理、摆脱,却会产生心理压力。

其二,心理压力伴有持续紧张的情绪、情感体验。通常个体有心理压力时,容易出现消极的情绪,如惊慌、害怕、忧愁、愤怒等。是否在有一定的心理压力时就一定有消极的情绪出现呢?现实生活中,有时我们接受一项比较艰难的工作任务,虽有心理压力,但却乐意去做,从而就不会产生消极情绪。

其三,心理压力必引发行为反应。个体有心理压力时,不会无动于衷,而会引发出一定的行为反映,表现为有意行为,或针对压力事件,积极应对,化解压力;或逃避压力情境,以维持正常生活;或消极应对,被压力所困,日积月累,逐步形成心理障碍。如此看来,可以说心理压力是压力源、压力感和压力反应三者形成的综合性心理状态。

二、压力的发生机制

压力产生的过程是在刺激因素作用于易感个体,并在保护性和资源性因素作用不力的情况下发生的,是个体在对抗压力源影响时表现出的一系列生理、心理和行为动态变化的过程。

(一)生理变化过程

塞里认为压力是内外环境中各种刺激作用于机体时个体所产生的非特异性反应,表现为一种特殊症状群——全身适应综合征。他将这些变化分为以下三个阶段。

1. 警觉阶段

当机体受到伤害性刺激,在最初的一个短暂的过程里出现"休克"现象,然后产生一系列的生理、生化变化,进行体内动员和防御。主要表现有肾上腺活动增强、心率和呼吸加快、血压增高、出汗、手足发凉等现象。

2. 抵抗阶段

生理和生化改变继续存在,垂体促肾上腺皮质激素和肾上腺皮质激素分泌增加,机体调动了全部资源,生物适应性也处于最高水平。但是,糖皮质激素的释放会影响机体的免疫功能,盐皮质激素则可导致体内钾钠等电解质平衡失调,抗利尿激素分泌增加而致水潴留,长期抵抗则会耗竭机体资源,导致衰竭和崩溃。

3. 衰竭阶段

如果刺激持续存在,阻抗阶段过长,机体最终将进入衰竭阶段,表现淋巴组织、脾脏、肌肉和其他器官发生变化,机体因应激损伤而患病,甚至死亡。

(二) 心理变化过程

压力产生的过程中,心理和生理反应是密切联系的,常伴随出现。两者都是在压力时机体以整体方式做出的反应,两者同时存在,相互影响,相互作用,彼此转化。压力心理反应过程也可划分为三个阶段。

1. 唤醒阶段

为了应对压力,个体最先出现警觉和资源动员,如引发紧张情绪,提高敏感度和警戒水平,调动自我控制力等。同时,个体可能采取各种应对手段,以满足压力应对要求。此时,如压力源消失,警觉和调动恢复;但如果压力持续存在,那么适应不良的征兆就会出现,如持续焦虑、紧张,各种躯体不适,工作效率下降等。

2. 抵抗(能量蓄积)阶段

在此阶段中,个体试图找到应对方法,增强认识与处理能力,消除不良心理反应,恢复心理内稳态,以防心理崩溃。个体直接处理压力情境,心理防御机制运用显著增加,调动所有资源,对压力源的抵抗水平达到最高,甚至是"超水平"。如果压力持续存在,个体常逐渐趋于僵化,死守先前使用过的防御手段,不再对压力源及情境进行再次评价,或调整应对方式。这些将阻碍个体选用更合适的应对方式,导致抵抗效能下降。此时,个体可有紧张体验,并出现一些心身障碍症状及轻微的心理异常表现。此阶段同生理反应的阻抗阶段一样,大多数情况下,阻抗反应是可逆的,且机体的心理功能可恢复正常。

3. 耗竭阶段

面临连续、极度的压力时,个体应对手段开始失败,心理防御机制夸大且不恰当,常出现心理失代偿表现,如心理混乱,脱离现实,甚至出现幻觉、妄想。如果这种压力状态继续,就会进入全面崩溃,出现暴力,或淡漠、木僵,甚至死亡。大多数情况下,进入衰竭是一个逐渐、长期的过程。

值得注意的是,心理压力反应的表现如同生理压力反应一样非常复杂,这种反应进入相应阶段的顺序,每一个阶段持续的长短及相应的表现等,常因事件严重程度、突然性、个人的内在素质及社会支持、干预等而有所不同。目前研究发现,压力的任何一个阶段,一旦压力源的强度过大,或应对反应无力,机体随时有可能不经过典型的三阶段发展而直接进入衰竭状态,甚至导致死亡。

三、压力源

心理压力来源于机体内外环境向机体提出的应对或适应的要求。这些可导致机体产生应激反应的紧张性刺激物称为应激源。对人类来讲,有包括各种物理、化学刺激在内的生物性应激源,如不适宜的温度、强烈的噪声、机械性的创伤、辐射、电击、病毒、病菌的侵害等,也有包括来源于现实社会中经常发生的冲突、挫折、人际关系失调等在内的心理性应激源,还有包括不断变化着的政治、经济、职业、婚姻、年龄等因素在内的文化性应激源。

(一) 生物性应激源

首先,生物性应激源是借助于人的肉体直接发生作用的,引起身心两方面的应激反应。一般先引起机体生理变化,随着人们对这种生理反应进行认知评价和归因,才产生心理反应和应激状态。例如一个人患了病,有发热、虚弱、疼痛等症状与体征存在,在未诊断出结果之前,一般会归因于病毒或病菌侵袭的结果,可能不会引起过强的心理紧张。但如果经诊断这些症状与体征是由于某种严重的疾病(如肿瘤等)作用所引起,自然就会感到心理紧张,也相应会出现心理应激反应。

(二) 心理性应激源

其次,心理的失衡也可以造成应激状态。例如在日常生活过程中经常存在着欲求不能实现或不能完全实现所引起的动机冲突;需要不能满足而产生的紧张情绪状态。在人类社会生活中,由于个体差异的原因,彼此之间关系不能协调一致,形成矛盾冲突的现象是经常发生的,人有丰富的记忆资源和非凡的预见性和创造性,人们会进入回忆性、预期性或想象性的紧张情境与事件中,从而也会产生心理压力或应激状态。

(三) 文化性应激源

第三,社会文化环境的任何变动都会造成应激状态。社会文化的变动既包括重大的社会政治、经济的变动,如战争和动乱等,也包括个人的社交、生活、工作中遇到的各种各样的事件,如家庭、恋爱中的矛盾,亲人的亡故,学业与事业上的成功与失败,职位的升降等。如果人们对变化着的社会情境与生活事件,不能通过自身调整进行有效的适宜性反应,就不可避免地出现种种心理矛盾冲突,尤其是当人们失去了与集体的联系和社会的支持,处于孤立无援状态时,会产生严重的失助感和焦虑、愤怒、怨恨、忧郁与绝望等一系列的紧张情绪,从而产生心理压力或应激状态。

除上述应激源之外,还有许多因素也可导致心理应激。例如由于科学技术的飞速发展,知识更新速度加快,迫使人们不断接受新的教育、学习新的东西,以适应社会科技文化的发展；由于现代工业化、都市化的发展，带来了噪音、空气的污染，机器对人的要求过高，作业内容过于单调，工作角色模糊等，都能使其感受到心理压力，使人处于应激状态。

四、大学生压力

当代大学生是社会发展的中流砥柱，代表着我国的知识分子群体，肩负着国家的发展，民族的未来，使得他们面对许多挑战和压力。近年来，大学生负性事件不断攀升，马加爵事件、复旦投毒案、论文跳楼案等，种种事件表明，大学生在面对较大压力时，抗压能力不足，预示着大学生的心理健康问题应该受到社会广泛的关注。多变的环境、多元化的人际交往、情感问题、未来的就业等，这些问题都是他们以往不曾遇到或是超过他们目前能力的，致使他们感受到越来越多的压力，较大的压力会影响大学生的睡眠质量、体质健康甚至心理健康和身体健康。

在《大学生压力的来源及其解决办法》中指出，当代大学生压力主要由就业压力、人际关系造成，处理不好二者的关系，甚至出现心理疾病，变得性格孤僻，暴躁异常，无法正常学习，如果不能有效的调节自己，会产生严重的心理问题。在《大学生心理压力的产生及排解》中也提到，大学生心理压力表现在对大学生活的不适应、人际关系的压力、就业择业的压力三个方面。大学生心理压力产生的主要原因是大学生自身主观原因：大学生心理适应能力太差、大学生心理承受能力欠缺、大学生缺乏自我心理调节和教育的能力。

五、大学生压力源

中国学者利用收集的数据将大学生的压力来源分为以下六种：

学习就业烦扰（academic and job hassle）：指以学习为中心的一系列问题对人心理造成的压力。如学习成绩和学习时间的安排带来的压力、同学之间的激烈竞争带来的烦扰、将来就业择业的担忧，对自我价值的实现、成功人生的渴望等。

负性生活事件（negative life event）：生活事件指对人们精神活动产生各种影响的现代社会性紧张因素。负性生活事件指能够对人们精神活动产生负面影响的因素，包括与亲友吵架等可控制因素和天灾人祸等不可控制的因素。

人际交往烦扰（inter active hassle）：指对于人际关系的认知和人际交往技能性因素给人们造成的心理压力，如认为同学之间不值得信任，无法沟通等。

自我认知偏颇（self-cognitive hassle）：指由于自身个性特点的不足而造成的心理压力源，如自信心不足、担心能力不如他人等。

性格缺陷烦扰（character defect hassle）：指由于性格上的不良倾向而带来的心理压力，如害怕与异性交往、孤僻、感到孤独等。

生理烦扰（physical defect hassle）：指由于身体上的疾患或不足而造成的心理压力，如偶患伤病、自然面貌等给大学生造成的压力。

第二节 大学生压力管理

一、压力管理概念

压力管理是目前心理学、教育学、管理学等交叉领域中研究的热点,并且广泛应用于企业员工、教师等多个职业群体。压力管理的首要目的是为人们提供应对日常压力的有效方法,进而充分发掘人的内在潜能,实现人的自由全面发展。王欣丽、时堪认为压力管理,即"将人的压力程度调到最佳点,以达到最佳绩效,同时避免受到与过度压力有关的心理与身体伤害的过程"。许小东等研究者认为,压力管理主要是以管理压力而不是消除压力为目的,是一种针对压力反应而进行的有计划、有目的的预防和干预。王彩霞则从管理学角度提出,压力管理是指对员工面临的压力进行管理,主要包括三个方面的内容:明确压力管理的主体、找到压力源、探索科学的压力管理方法。

大学生压力管理是指充分发挥大学生的主观能动性,通过正确认知压力,学习有效的压力管理方法,对压力进行合理、有效的管理,将压力程度调到最佳水平,从而促进大学生身心健康、全面发展的过程。大学生压力管理是一个过程,不仅包含压力产生后的缓解、应对,同时也包括压力产生前的防范。

二、压力管理理论

GAS三阶段理论、压力的认知理论和个体——环境匹配理论是压力管理的三个有代表性的理论。

(一) GAS三阶段理论

GAS三阶段理论最早是由Selye提出,他指出压力不仅有积极的作用,也存在消极的影响。他曾把压力现象称为"一般适应综合征"(General Adaptation Syndrome),把一般适应综合征的压力反应模式分为三个发展阶段:惊觉阶段、阻抗阶段和枯竭阶段。根据所处不同的阶段,对压力进行解读,寻找压力管理的策略。但是,该理论忽略了对刺激、人的心理反应进行探讨,也忽略了个人的心理因素和应对资源在压力源下的重要作用。

(二) 认知理论

认知理论认为,压力反应并不是由于环境的直接刺激导致,而是个体对环境刺激或事件认知评价的必然结果。"人是有思想的动物,通过调节自己的思维方式改变自己的压力状态。"个人通过改变自己的思维方式、对压力的看法、对压力事件赋予的意义等,可以调整压力的反应。著名压力与应对心理学家理查德·拉扎罗斯(Richard Lazarus)基于认知现象学压力理论,将压力的发生机制分为三个阶段,即初级评价、二级评价和再评价。他提出"某一事件对某人是有压力性的,但对别人可能并非如此;同一个人在某时认为某事件是压力性的,而在另一时间则可能不这样认为"。因此,我们可以通过在评价的过程中采取相应的策略来管理压力。

(三) 个体—环境匹配理论

个体—环境匹配理论是目前在压力研究领域中应用最频繁,并且得到人们广泛认可的理论之一。French 和 Caplan 认为压力是由于个人和环境共同作用的结果,它既不是由于单独的环境因素导致,也不是单独的某个人为因素造成。它指出,每一个个体都是存在差异的,并且都具有很强的主观能动性,会采用不同的策略和方法缓解和消除心理压力。该理论从个体和环境之间的相互关系视角对压力进行研究,尤其是重视个体心理和行为在应对压力时的重要作用,一定程度上对压力理论的研究和进一步发展产生了十分重要的影响,但是它也存在着一定的局限性,比如把个体和环境都看成是静止、不变的。

三、大学生压力管理的作用

压力管理干预对大学生的压力应对产生了积极影响。有研究得出结论:压力管理干预后大学生的消极应对方式减少,积极应对方式增加;对压力情景的评估可控性增强;感受到的社会支持和对支持的利用度增多;压力管理干预效果具有一定的延迟性,干预策略的可操作性越强,运用、练习越多,效果越好。李连连学者研究考察了不同压力管理策略对焦虑情绪的干预作用,认为正念、坐忘与冥想三种压力管理策略都能有效缓解焦虑情绪。肖新红考察了以压力管理为主题的团体训练对大学贫困生的影响,实验证明通过团体训练,受训学生普遍学会如何减轻压力,掌握管理压力的有效方法,增强了自信心,提高了人际交往能力,证明了"压力管理"团体训练对在校贫困生心理健康教育有现实意义。唐蕾等采用问卷调查的方式考察了大学生中的特殊群体高校学生干部的发展与压力管理能力的关系。她们认为,高校学生干部的压力管理能力高低,对于学生干部自身的全面发展、学生工作的顺利开展,有着关键的影响。压力管理的作用,学者们大多考察了压力管理对大学生心理健康、心理素质以及自身全面发展等方面的作用。

四、缓解大学生心理压力的管理策略

有效做好大学生压力管理,可从以下几方面努力。

(一) 加强学业与就业的相关指导,提高大学生规划学业与职业生涯的能力

学业压力和就业压力是大学生最常见的心理压力,因此,在大学中重视研究与开展大学生学业与就业的问题是势在必行的。开展大学生学业与就业问题时,可以依据不同的年级开展课程,这样才能有效地提升大学生的学习,并帮助大学生形成正确的就业观同时制定自己的职业规划。院校可以采取专业介绍会、学生学习交流会等方式,引导大学生在大学阶段如何学习与规划。另外,积极引导让大学生认识到我国的就业形势,并树立正确的就业观。

通过就业指导课的形式,让大学生意识到想要在社会谋取一席之地,就需提高自身的专业技能和综合素质,提高自己的竞争力。鼓励大学生与用人单位联系,提高大学生的人际交往能力,增强学生的自信心,克服心理压力。

(二)重视引导大学生自我调节能力,提升大学生的抗压能力

在大学中,学校可以重视引导大学生进行自我调节能力,这样才能有效地提升大学生的抗压能力。依据不同的年级、专业,分别进行有针对性的心理健康知识引导,促进大学生自我调节能力的提升。通过一些心理健康知识的讲座、心理辅导方式,可以缓解大学生各种心理压力,进而提升大学生的抗压能力。学校应开设心理咨询室,并配上专业的心理咨询教师,学生可以预约教师,进行面对面的交流。在教师的帮助下,学生可以找到心理压力的缘由,并在教师的开导下,释放心中的苦闷,寻找到抗压的方式。

(三)引导大学生交流沟通,提升大学生的人际交往能力

沟通与交流是生活最基本的能力之一,无论任何人,做任何事,都需要进行沟通与交流。面对大学生人际交往的心理压力时,教师应该鼓励学生主动打开心扉,主动向他人倾诉心中的苦闷,主动与他们交流。不管是在学习中、工作中还是恋爱中沟通与交流都是促进学习、工作、恋爱顺利进行的保障。面对学业问题就业选择、感情选择时,主动与他人交流,他们会给予较为合适的意见,进而解决一些大学生自己不能决定的事情。良好的交流与沟通,能够有效地提升大学生与他人的人际交往能力。

(四)创造和谐的校园文化,优化大学生的心理品质

和谐、稳定的校园文化建设影响着大学生心理压力,良好的校园文化潜移默化地影响着大学生心理健康。因此,学校应该重视营造和谐的校园文化,即和谐的环境感染大学生心理品质的形成。学校可以开设校园文化节,以此增加学生群体活动,通过这样大型的群体活动在学生之间形成群体凝聚力和集体荣誉感。这样的文化建设不仅可以增加大学生人际交往的能力,又能通过他人积极向上的精神感染更多的大学生。

五、自我减压技巧

(一)冥想放松

如果感到压力较大,那么不妨每天利用休息的时间做10分钟的冥想放松。事先准备好舒缓的音乐,如果带有放松指导语最好,以舒适的姿势做好,随着音乐从指尖开始放松自己身体的每一部分。冥想放松过程中不用过于注重技术,更多的是去体验放松的感觉。每天坚持10分钟,慢慢就可以感受到效果了。

(二)呼吸减压

在感觉压力大的时候,可以通过调节呼吸来进行减压。5分钟的深呼吸可以让自己狂

跳的心脏放慢速度,可以让焦躁的情绪平复下来,可以让自己因压力而颤动、抽搐的肌肉恢复平静……深呼吸过后再去处理工作,这样压力缓解下来了,思路也变得更加清晰,或许会有意想不到的处理方法。

(三) 出汗减压

可以选择到健身房流汗的方式来缓解压力,这是一种不错的减压方式。当然,管理者也可以选择周末的时间去郊外爬山,在大自然中获得放松。

(四) 运动减压

动静协调、张弛有度的适当运动有利于消除疲劳,激发活力,调节大脑功能,可以起到锻炼身体、消除压力、激发活力、唤醒大脑的作用。适用的运动方式有游泳、有氧慢跑、跳绳、跳操、散步、打乒乓球等。每天安排半小时左右运动,即可轻松减压。

此外,还可以通过放松训练、瑜伽、静坐、催眠、想象等方式起到减轻压力造成的反应的作用。

第三节　大学生压力、挫折的应对策略

人的一生,会经历很多风雨,面临许多压力与挫折。对大学生来说,所谓"风雨"可能意味着竞选的失败、恋人的分手、经济上的困难、考试的挂科、违纪的处分,等等。人生在世,谁都会遇到压力、挫折。这些使我们痛苦,但同时又是一种挑战和考验,激励我们成长,这是生活的辩证法。问题的关键不在于挫折的有无和强弱,而在于我们对待压力与挫折的态度。如果把压力与挫折比喻为人生的风雨,把大学时代比喻为多雨的季节,那么,当雨季来临的时候,我们就该及时扪心自问:我该怎样面对雨季,我的伞在哪里?

一、树立正确的人生观、价值观

人生观是关于人生目的、人生态度、人生价值等人生问题的基本看法,它直接影响一个人的心理和行为。只有树立健康向上的人生观,才能产生正确的价值观;有了正确的人生观和价值观,才能始终保持乐观积极的生活态度,对未来充满信心,清醒地知道为什么要活着?应该怎样活着?应该有什么样的理想?人生道路的逆境、困难、痛苦、烦恼、生死离别、错误、失败、悲剧该怎么去应对?总之,树立正确的人生观和价值观,有利于我们在纷繁的世界中保持清醒的头脑处理各种矛盾冲突,从容面对,充满信心,这就为我们应对压力和战胜挫折奠定了坚实的基础。

二、正确看待压力与挫折

压力无处不在,挫折的发生不可避免,但是,这并不意味着我们面对压力与挫折时无能

为力。相反,能否正确看待压力、挫折,并有意识地培养锻炼自己的压力、挫折的容忍力,关系着大学生今后的人生幸福和事业成败。对于人生的压力与挫折,人们自古就有充分的体验和认识,并总结了许多修炼压力、挫折的应对方法。我们不仅要从心理学,也要从前人行之有效的经验中,学习应对挫折的方法。

(一) 压力与挫折是普遍存在的

压力与挫折普遍存在于人生的各个领域,不管你多优秀,你必然要遇到各种各样的压力与挫折。大哲学家叔本华曾说过,人生就是一种痛苦。大学生要明白社会生活是复杂的,压力与挫折是人生重要的组成部分,它不以人的意志为转移。认识到这一点,在我们遇到压力与挫折时就会直接面对问题,而不是逃避、压抑、转嫁或迁怒于无关的人或事。

(二) 压力与挫折是人生的宝贵财富

任何事物都具有两面性。压力与挫折尽管让我们难受,使我们的学习和发展受阻,但是它同时又是人生的宝贵财富。认识到这一点,我们才有勇气和信心去勇敢地面对压力与挫折。古谚云:不经一番寒彻骨,哪得梅花扑鼻香。没有压力与挫折的人生是苍白虚幻的人生,不经过挫折的磨炼,也就没有成功的喜悦和人生的幸福。大学生应该懂得快乐不是平坦笔直的康庄大道,或者无忧无虑的锦衣玉食,而是经过奋力攀登后踏在脚下的高峰,用自己的坚韧和勤劳换来的硕果。

(三) 压力与挫折是可以克服和战胜的

生活中,压力与挫折是不可避免的。但是,却不是不可战胜的。古今中外,无数杰出的人先后以他们自身的人生经验,诠释着人类意志的力量。我国古代统治者为了维护剥削和压迫,鼓吹天命观,但荀子提出"人定胜天"的思想。人类祖先敢于和大自然抗争,所以人类才能逐渐成为地球上的主宰。劳动人民敢于抗争,才能掀起一次又一次的革命战争,争取社会进步和人民的解放,科学家、艺术家勇于探索科学和艺术的真谛,才使得人类创造出灿烂的文化历史长河中,无数人以他们坚强不屈的精神改变着自己的命运,也改变着人类的命运。

心灵便利贴

一家公司招聘职工,一位高才生去考试,发榜后,见没有自己的名字,便跳河自杀。后来发现他考的分数是第一名,原来是抄分的时候抄漏了。高才生跳河后被人救起,闻知自己是第一名便去报道,老板却无论如何也不肯要他,理由是:"这么一点挫折便要跳河,到公司遇到了更大的挫折怎么办?"

另有一位希腊人到一家公司去应聘清洁工,职员问他:"你会写字吗?"他回答:"只会写自己的名字。"于是他没被录用。后来,他发愤图强,成了一位大富翁,在自己豪华的会议室举行记者招待会。记者说:"你的经历太动人了,你该写一本自传。"他说:"那是不可能的,如果我会写字,我只能是个清洁工。"

三、修身养性,提高心理素质

除了对压力、挫折要有正确的认识之外,我们还必须具备良好的心理素质,面对压力与挫折才能够泰然处之。这种心理素质只能靠修炼而得。外界环境和条件的变化,不以个人的主观意愿而转移。我们原来设想好的目标,往往因为客观条件而变成了镜中花、水中月。面对意外情况出现,我们必须及时调整自己的心态、目标及调节好自己的情绪,以适应这种改变。人生事业取得成功的人,无不在压力与挫折情境中善于做出调整,有着强大的精神力量。虽然良好的心理素质是应对压力与挫折的重要因素,但是这种能力的培养是一个长期的过程,需要我们不断地加强学习先进的人和事,养成好的人生习惯,积极应对生活中的困难,在磨砺中不断积累经验,以提高自己的心理素质,解决好人生出现的压力与挫折。

四、积极奋斗,改变客观条件

环境对我们心理和行为的影响作用是相当大的。对压力与挫折情境的理解,既不能否认人们认知上的差异,更不能否认和无视外部环境的作用。大学生朋友除了要正确地看待压力、挫折,学会自我调适之外,更重要的是要充分发挥自己的创造性和能动性,主动创造条件,为目标的顺利实现而营造良好的外部环境。

(一)系统分析,科学决策

在确定行动目标的时候,全面考虑各方面的条件,是保证行动目标顺利实现的必要条件。如果不系统分析目标达成所经过的阶段,以及各阶段所需要的条件,以便事先予以安排和开展必要的工作,则可能会遇到障碍,遭受挫折。大学生行动之前往往缺乏系统的考虑,所以也往往容易遇到预想不到的困难。这就需要大学生学会系统思维,尽可能详尽地考虑行为各方面的因素,并做出周密安排。

(二)善于争取,敢于抗争

挫折的人性本质在于意志不自由。因此争取自己的合理权利,摆脱一些不合理的束缚,或者与不利的环境条件抗争,这也是人本主义心理学所一贯倡导和主张的立场。面对各种挫折,大学生需要具有同命运抗争的勇气和精神,自觉改善自身发展的环境条件。

五、认识自我,正确评价自我

"人贵有自知之明。"能正确认识评价自我的人,不因遇到压力与挫折失败而全盘否定自己。一个人只有正确地认识自我,评价自我,知道自身的能量有多大,才能激发自己的正能量,找到适合自己的方法和目标,获得成功。失败同时也给我们带来了新的转机,可以帮助我们重新地审视自我、塑造自我。

六、合理归因

失败并不可怕,可怕的是你不能正确地归因而无力战胜困难。大学生往往把失败的原因归结为外部因素,如运气不好、家庭条件不好等,只要我们静下心来,合理地分析原因,就不难走出困境。大学生不妨找来纸笔,将你面临的核心问题写下来,接下来你需要围绕着这个问题逐步回答:这个问题是如何产生的?这个问题真的与我有关吗?这个问题真的就是一种威胁吗?这个问题真的就不能解决吗?通过如此反复逐层深入的自我辨析,理清问题症结所在,从而减轻对压力情景认识的模糊或者夸大威胁而产生的焦虑。

七、有效自我调适

(一)适度宣泄、尽早摆脱

面对困境,有人惆怅悲观,把痛苦和沮丧埋在心里;有的人则选择倾诉。如果心中苦闷,不妨找一两个亲近的人,把心里的话倾吐出来,从他人那里获得力量与支持。一个快乐有两个人分享,就变成了两个快乐;一个痛苦有两个人来分担,就变成了半个痛苦。这样,不健康的情绪就得到宣泄。宣泄是一种自我心理救护,它可以消除因挫折而带来的精神压力。而且可以学会从不同的视角看待问题本身,往往会有一种"柳暗花明又一村"的境界。如果上述方式都无济于事,那么,我们建议你,是时候寻求专业人士的帮助了。你需要进行心理咨询,让专业人士引导你排除压力。

(二)激励潜能、独立自救

独立自救是生命中最闪光的品性,这已经被很多事例所证明。面对挫折的打击,有的人一蹶不振,有的人则激发潜能,自己拯救自己——前者没有看到自己的潜能,后者则充分地汲取了潜能的力量。

一个小故事说:"一头猪的腰部脱臼,在那里费力爬着,孙子要去帮猪按摩,爷爷喊住了他,爷爷拿起一个土块向那头猪扔去,那猪吓得挣扎着跑起来,爷爷在后面追赶它,只见那猪跑着腰部便上去了,恢复了正常。"人遭受挫折就好像小猪脱臼,真正能帮助你的不是别人而是你自己。有时,我们在挫折的伤痛中忽视了自己的潜能和改正错误的勇气,一味地等待外力的帮助,这就等于放弃了自己对自己承担的责任和义务,这是一种懒惰和没有出息的做法。

(三)适当取舍、远离烦恼

放弃是一种智慧和境界,但是,面对现实的种种诱惑,又有多少人能够做到这一点呢?很多人原本也曾从容、平和地生活着,可一旦被太多的诱惑和欲望牵扯,便烦恼丛生。有的时候,聪明的办法是学会取舍,不必事事争第一,舍弃自己还不具备能力与条件的目标不是坏事,"塞翁失马,焉知非福"?只有在明白了自己一生何求之后,去明智地取舍,并学会放弃,才能摆脱无谓的烦恼,拥有自在的生活。

(四)扩大交往,不断学习

首先,让你的同学成为你最亲密的朋友;其次,你需要一位人生导师,可以在你遇到困难的时候客观地分析和提供有益的观点,而这样的导师无疑就是你的老师或者其他长者。当你面对压力感到不知所措的时候,可以阅读好的书籍,吸取文化的力量,给精神世界好好地"充电"。

(五)积极锻炼、强身健体

尤其是你感到有压力的时候,你需要做的不是坐在那里发愁或者抱怨,走出去,让我们来活动活动。你可以慢跑,请注意,一定是慢跑!慢跑的过程中,呼吸缓慢而有节奏,一边跑一边意念,让神经和身体彻底放松;全身心投入到运动中。体育活动是非常有效的减压方式,它基本不产生额外花费。但是却可以迅速改善你的某些生理系统及其功能,不仅强身健体,还让你充满生命活力,找回控制感,从而有效减轻你的心理负累。

(六)户外活动、抛开忧愁

你可以根据你的时间表和你的经济条件,把自己交给大自然。请记住:大自然永远是人类最宽宏慈爱的母亲!当你面对她的时候,你可以完全抛开你在社会中因为防御需要带上层层面具,重新思考过去没有考虑到的东西,真实面对自己。

"宝剑锋从磨砺出,梅花香自苦寒来。"同学们,你的生命如果是一把披荆斩棘的"剑",那么,压力与挫折就是一块不可缺少的"砥石"。为了使青春的"剑"更锋利些,就勇敢面对那些压力与挫折的磨炼吧!

心理测验

挫折承受力自测问卷

每个人的生活中都不同程度地受到挫折,人们在受挫后恢复的能力却各不相同。有些人弹性十足,有些人受挫后一蹶不振,而大多数人则介于两者之间。下列问题则可以测验出你应付困境的能力。在回答这些问题时,请你用"同意"或"不同意"作答。回答愈坦白,愈能测验出你的受挫弹性。同意划"√",不同意划"×"。

1. 胜利就是一切。
2. 我基本是个幸运儿。
3. 白天工作不顺利,会影响我整晚的心境。
4. 一个连续两年都排名最后的球队,应退出比赛。
5. 我喜欢雨天,因为雨后常是阳光普照。
6. 如果某人擅自动用我的东西,我会气上一段时间。
7. 汽车经过时溅我一身泥水,我生气一会儿便算了。

8. 只要我继续努力,我便会得到应有的报酬。

9. 如果有感冒流行,我常是第一个被感染的人。

10. 如果不是因几次霉运,我一定比现在更有成就。

11. 失败并不可耻。

12. 我是有自信心的人。

13. 落在最后,常叫人提不起竞争心。

14. 我喜欢冒险。

15. 假期过后,我需要舒散一天才能恢复常态。

16. 遭遇到的每一次否定都使我更进一步接近肯定。

17. 我想我一定受不了被解雇的羞辱。

18. 如果向我所爱的人求婚被拒绝,我一定会精神崩溃。

19. 我总不忘过去的错误。

20. 我的生活中,常有些令人沮丧气馁的日子。

21. 负债累累的光景叫我寒心。

22. 我觉得要建立新的人际关系相当容易。

23. 如果周末不愉快,星期一便很难集中精力学习和工作。

24. 在我生命中,我已有过失败的教训。

25. 我对侮辱很在意。

26. 如果聘任职务失败,我会愿意尝试。

27. 遗失了钥匙会叫我整个星期不安。

28. 我已达到能够不介意大多数事情的地步。

29. 想到可能无法完成某项重要事情,会使我不寒而栗。

30. 我很少为昨天发生的事情烦心。

31. 我不易心灰意冷。

32. 必须要有百分之五十以上的把握,我才敢冒险把时间投资在某件事上。

33. 命运对我不公平。

34. 对他人的恨维持很久。

35. 聪明的人知道什么时候该放弃。

36. 偶尔做个败北者,我也能坦然接受。

37. 新闻报道中的大灾难,使我无法专心工作。

38. 任何一件事遭到否决,我都会寻求报复的机会

统计与解释

上列问题,列入"不同意"者为:1、3、4、6、9、10、15、17、18、19、20、21、23、24、25、27、28、29、32、33、34、35、36、37,其余题为"同意"。

依上列答案,相符者给1分,相反为零分。如果你只得到10分或者更少,那么你就是那种易被逆境、失望或挫折所左右的人,你易于把逆境看得太严重,一旦跌倒,要很久才能站起。你不相信"胜利在望",只承认"见风转舵"。总分在11至25之间者,遇到某些灾祸或逆境的时候,往往需要相当时间才能振作起来。不过这类人却能找到很多的技巧和策略来获

取个人的利益。如果你的总分高于25分,则显示你应付逆境的弹性极佳。不理想的境遇对你虽然会造成伤害,但不会持久。这类人在情感上通常相当成熟,对生活也充满热爱,他们不承认有失败,纵或一时失败,仍坚信有"东山再起"的一天。

第四节 心理知识拓展

一、电影"心"赏——《听见天堂》

当上帝为你关上一扇门时,往往他会为你打开另一扇。意大利男孩米克(Luca Capriotti 饰)虽然出生在穷乡僻壤,但他从小就梦想成为一流的电影大师,只因他是那么的热爱电影。然而上帝跟他开了一个最残酷的玩笑,米克玩弄一支来复枪时不幸走火,从此他只能淹没在巨大的黑暗当中。这一度令米克感到沮丧万分,仿佛活着已没有了动力。

然而盲校唐老师的一番话让米克豁然开朗,为什么音乐家在演奏时会闭上眼睛,因为那样音符会蜕变,变得更有力量。于是,米克选择了用耳朵代替眼睛,去记录他生活的点点滴滴。这时,我们才发现:原来,不仅可以看见天堂,还可以听见天堂。

图 8.1 电影《听见天堂》

二、心理训练营

(一) 活动名称:成长的经历(从蛋到人)

活动目的:让学生了解在人生的旅途中遭遇挫折是不可避免的,重要的是提高自身对挫折的心理承受能力,不被挫折压垮,在挫折中前进。

活动方法:

(1) 成长的经历包括几个角色和过程:鸡蛋—小鸡—兔子—猴子—人。

(2) 角色扮演:扮演鸡蛋时蹲着;扮演小鸡时蹲着并把两个手放在大腿两侧;扮演兔子时半蹲着把两手举起成 V 字形搁头顶上方;扮演猴子时蹲着,两手一高一低分别放在额、胸前;成人时按成人的先后顺序站到指定的地点。

(3) 成长过程:成长的角色都是从鸡蛋开始,然后用锤子—剪刀—布划拳的方式决定是否成长到小鸡、兔子、猴子和人。划拳过程中不管晋升到哪一等级,输者都要降到鸡蛋然后重新晋级。

活动要求:在活动过程中每一个同学都要体会自己的心理历程。

活动背景音乐:《真心英雄》。

活动感受:

(1) 将全班同学分成若干组,每组 8—10 人。每位同学在小组中谈到自己在"成长的经历"活动中的心理历程,如像在游戏中那样当我们付出很多努力却不得不从头再来时,你是否依然有勇气?特别是当其他同学几乎都成为"人"时,你是否觉得压力巨大?就这些问题交流彼此的感受与体会。

(2) 请写出近一年来自己遇到的印象比较深刻的 8 次挫折,并标明当时的处理方式,然后按反应强度和持续时间长短排序,客观分析这些反应方式在应对压力与挫折时的积极和消极影响,探讨个人应对困境的最佳方式。

(二) 活动名称:榜样的力量

活动目的:学习英雄人物,做生活强者。

活动方法:

(1) 老师准备一些战胜挫折的英雄人物的照片,让每位同学从中找到 1—2 位自己心目中的英雄。

(2) 每位同学把自己心目中的英雄承受挫折的经历和战胜挫折的例子一一列出来:

1:_____

2:_____

3:_____

4:_____

活动背景音乐:《飞得更高》。

活动感受：

（1）将全班同学分成若干个小组，每组 8—10 人。每位同学在小组中谈谈自己心目中的英雄是如何承受压力和战胜挫折的。

（2）每位同学在小组中谈自己成长中遇到的压力与挫折，并与英雄的挫折经历进行比较，学习一下英雄应对困境的处理方式。

（3）每位同学摘抄一句或者自编一句"名言"赠送给小组的同学。主要内容是：正确对待失败和挫折。如古诗：宝剑锋从磨砺出，梅花香自苦寒来；牛顿：如果你问一个善于溜冰的人，如何取得成功，他会告诉你："跌倒了，爬起来，便会成功。"

三、素质拓展团体培训项目

坐地起身

项目类型： 团队合作项目。

图 8.2　项目《坐地起身》

项目描述： 首先让四人一组，围成一圈背对背坐在地上，四人"桥"手，让他们同时站起来，然后每次增加一人，人越多，同时站起来的难度就越大。

培训目的： 让同学们挑战难度越来越大的任务，锻炼他们在压力下解决问题的能力；培养同学们团结合作，相互配合的能力。

项目道具： 坐垫。

适合人数： 10 人以上。

项目规则： 要求四个人一组，围成一圈，背对背地坐在地上，在不用手撑地的情况下让他们同时站起来，随后依次增加人数，每次增加 1 个直至 10 人。

注意事项： 组员不能用手撑地，配合要默契，不能有人耍小聪明不用劲。

讨论和分享：

（1）在此期间，你们遇到了什么困难？

（2）随着团队人数的增加，你们是怎么做到统一步伐，统一发力的？

（3）现实生活中，你们觉得如何保持大团体的向心力。

第九章　正确择业，成功就业

> 对于一只盲目航行的船来说，所有方向的风都是逆风。
>
> ——（英）赫伯特

案例导入

新疆维吾尔自治区乌恰县巴音库鲁提乡一位51岁的父亲为了儿子的工作四处奔波。这位老人的儿子从喀什师范学院英语大专毕业，在校时通过了专业英语三级考试，但毕业后未能谋到教师职位。找工作的事他一直非常被动，不是等别人通知就是靠父亲到处打听，他本人却整天无所事事，不急不慢地待在家里等消息、等运气。经济并不宽裕的父亲，在儿子消极等待的情况下，决定亲自出马，帮孩子找一份理想的工作。他随身带了900元钱来到乌鲁木齐，住一天10元的廉价旅馆，早晚泡馕吃，中午只喝一碗便宜的汤。他四处奔波，受了不少苦，结果由于儿子没有亲自参加面试，也没能为儿子找到一份工作。

案例分析

上述案例涉及了大学生择业时常见的依赖心理，存在这类问题的大学生还有很多，他们内心充满了理想与现实的冲突、所学专业与就业工作不符的冲突、渴望竞争又缺乏勇气的冲突，从而产生不良的心理特点，如焦虑、依赖、自卑、从众等。针对以上大学生所反映出的择业心理问题，社会、学校及学生应该有针对性地做出合理的心理调适：及早进行职业生涯规划、树立正确的职业观念、调整择业心态、熟悉择业规律、提高择业技能，正确地对待择业过程中遇到的心理问题。

第一节　择业心理概述

一、择业心理的概念及特点

（一）择业心理的概念

大学生在选择职业过程中的主观心理活动、心理特征和心理变化，包括对职业的社会评价,对职业前景的预期,对工资福利待遇、工作条件、专业的要求,对自身条件的评价等。

(二) 大学生择业心理特点

1. 择业期望值过高

近年来,由于受多种因素的影响和干扰,大学生择业的期望值居高不下。在择业时"贪大、攀高、求好",大多数毕业生一心向往大城市、大机关、外企单位等,追求高薪与好的福利待遇。那些中小城市、偏远地区和农村,虽然急需大学生,但毕业生普遍不愿意去。期望值过高的心理只能造成择业的困难。

2. 功利倾向性

毕业生择业时过分注重经济效益,收入和待遇已成为考虑的重要因素。在学校组织的校园招聘会上经常可以看到这样的现象:如果这个单位可以提供丰厚的待遇,许多毕业生不管单位是否需要他所学的专业,争先投递简历。如果被录用了就欣喜若狂,并不认真去考虑工作以后能否发挥作用,是否有发展的机会。大学生在面对就业时的功利倾向性可能会导致就业的盲目性。

3. 害怕失败受挫折

在择业阶段,大学生经受的考验和磨难比以往任何时候都多,他们面对的是一个陌生的社会环境,一个不同于社会实践活动中接触到的社会,那里既有热情的欢迎,也有冷漠的拒绝。由于学生们的阅历少,经验少,缺乏把握自我、调整自我的能力。在遇到挫折的时候,烦躁苦闷,尤其是在遇到不公正对待的情况下,不能冷静理智地对待现实,这种害怕受挫折的心理,使其在择业中缺乏耐心和韧性,从而影响顺利就业。

4. 过分追求稳定性

大学生们在择业时将工作的安全性和稳定性,摆在了仅次于"能发挥个人特长且经济效益好"之后。他们普遍认为国家机关的工作福利待遇好,有保障,而且有较高的地位。不少毕业生认为在国家机关工作有地位、有面子、有房子,而忽略了自己所学专业是否能够在此岗位上发挥最大的价值。过分追求职业的安全感和稳定性,严重限制了大学生对职业的选择。

二、影响择业心理的主要因素

选择职业关乎大学生的最终归宿。由于择业问题的复杂性和当前就业竞争日趋激烈,刚刚走向社会的大学生面对择业不可避免地会遇到各种困难、挫折和冲突,产生一系列心理矛盾和心理问题。影响大学生择业心理的主要因素包括以下几方面。

(一) 社会变革对择业的影响

毕业生择业心理与当代社会的发展有着密切的关系,随着社会主义市场经济的建立与完善,学生的思想意识和对社会的认识也随之发生变化。学生们的自主择业意识也逐步增强。社会变革同时也影响着社会的职业评价,在现实生活中,社会对不同单位、不同职业形成不同的认识与评价,并以职业期望、职业价值取向的形式影响毕业生的择业心理。由于社会在不同的历史时期有着不同的职业评价,它对学生择业心理的影响也赋予了鲜明的时代色彩。

(二)家庭态度对择业的影响

学生对职业的了解最初是在家庭中形成的,家庭教育方式及父母对职业的态度直接影响毕业生的择业取向。父母本身从事的职业和他们对职业的认同度也间接影响了学生对未来职业的选择和期望。一些父母不仅建议孩子选择哪门职业,甚至干扰他们的职业选择。也有些父母直接依靠自己的人脉关系为孩子的未来职业提前铺好路,而忽略了孩子本身的兴趣和爱好,从而导致一些学生被动选择职业,对职业没有较高的认同感,缺乏工作积极性和工作动力,降低了他们的职业价值感。

(三)个人能力对择业的影响

就业择业,能力为本。不同的职业要求人有不同的能力。能力与择业的关系十分重要,是择业的重要依据,是求职者开启职业大门的钥匙。我国近代职业教育的倡导者黄炎培先生说:"一个人职业和才能相不相当,相差很大。用经济眼光看起来,要是相当,不晓得增加多少效能;要是不相当,不晓得埋没了多少人才;就个人论起来,相当,不晓得有多少快乐;不相当,不晓得有多少怨苦。"因此,大学生对自己的能力要有一个客观的自我评价。在择业时,大学生应根据自己的能力,扬长避短,选准与自己职业能力倾向相当的职业,有利于在强手如林的竞争中立于不败之地。

(四)个人兴趣对择业的影响

如果一个人对某种工作产生兴趣,在工作中就会具有高度的自觉性和积极性,也更容易成功。反之,没有兴趣就会影响工作的积极性,有可能一事无成。因此,大学生在择业过程中应适当考虑自己的兴趣和爱好,不能为了眼前利益而选择不适合自己兴趣的职业,这样不仅不能充分施展自己的才能,而且会贻误终生。即将毕业的大学生,要对自己的兴趣进行客观的分析,同时还要树立正确的人生志向,调整自己的兴趣爱好,适应社会需要,争取找到适合自己兴趣的职业,使自己的才智得到最大程度的发挥。

(五)个人性格对择业的影响

人的性格是影响其择业成败的重要因素。在求职中,性格是构成相识和吸引的重要因素,与职业选择的关系极为密切,既彼此制约,又相互促进。

1. 意志对择业的影响

性格中的意志特征与职业的选择有密切的关系,缺乏坚强意志的人常常不能顺利地选择职业,今后也难以胜任工作,往往一事无成或成就平平。由于意志薄弱,一遇挫折、困难就产生动摇、退缩,因而失去许多成功的机会。

2. 坚韧性对择业的影响

缺乏坚韧性的人无法从事要求耐力很强的工作,如科研人员、外科医生等,而缺乏自制、任性、怯懦的人也不适宜去做管理和社会工作。

3. 外向对择业的影响

性格就类型而言,可以分为外向型和内向型。就求职而言,在面对面的交谈中,一般是外向性格为好。一项调查显示,在求职面试时,性格外向的人其求职成功率高于性格内向的人。在求职过程中,有时其他条件皆占优势的个性内向者,却竞争不过其他条件不如他的性格外向者。这是因为性格外向的人更善于把自己展示给对方,特别是把自己的长处展示出来。性格内向的人即使有真才实学,但由于不善于展示自己,人家也就无法通过感性印象认识他。求职面试中的感性印象,对于用人单位的招聘者来说有着不可忽视的作用。

一般说来,开朗、活泼、热情、温和的性格,比较适合从事外贸、涉外、文体、教育、服务等方面的工作,以及其他同人交往的职业;多疑、好问、倔强的性格,比较适合从事科研、治学方面的工作;深沉、严谨、认真的性格,比较适合做人事、行政、党务工作;勇敢、沉着、果断与坚定是新型企业家和管理者不可缺少的性格。

(六) 个人气质对择业的影响

认清自己的气质类型对择业至关重要,是选择职业时的重要因素。一般来说,气质分为胆汁质、多血质、黏液质和抑郁质四种类型。气质无好坏之分,但气质对个体的职业和效率有一定的影响。不同气质的人适合从事不同类型的职业,根据气质选择恰当的职业会有助于职业生涯的成功。事实上,大多数人总是以某种气质为主,同时伴随有其他气质。所以,大学生在职业选择中,一定要"量质选择",找到适合自己气质类型的工作。

第二节 大学生择业的主要心理冲突

一、大学生择业的主要心理冲突

(一) 理想与现实的矛盾

当代大学生的理想丰富多彩,大学生在择业中对理想的追求更加强烈,更加远大,他们踌躇满志、豪情满怀,准备在社会上大干一番。但由于他们涉世尚浅,对社会了解还不够深,对未来抱有幻想和不现实的成分,在择业上与社会需要存在着差距,个人理想往往脱离客观现实与主观条件。大学毕业生普遍留恋条件舒适的大城市,追求社会地位高、经济效益好的工作岗位,而不愿到边远地区或条件较差的地区去工作。在择业中他们并未真正思考自己理想与现实之间的差距,也较少考虑所定的目标是否有利于个人的发展,甚至不了解自己的气质、能力、兴趣适合于何种工作,一味地跟风追潮,一旦理想在现实上碰壁,便会失落、空虚,出现理想与现实之间的剧烈心理冲突。

(二)冒险与求稳的矛盾

在大学生中经常会发生做"鸡头"和"凤尾"的辩论,也就是到小地方做人才还是到大地方做闲人。这个问题由来已久,但至今也是见解各异。在大城市或者沿海开放城市,经济发展迅速,机遇相对较多,但这类地区人才相对饱和,如北京、上海这类城市,大学生到处都是,研究生也不足为奇。因而,在这些地方工作只能做"凤尾"。相反,一些中等城市和广大农村地区,人才相对匮乏,本科生都不多见,到这样的地方工作,必然会做"鸡头"。冒险和求稳是一个矛盾,对于许多毕业生来说,是一个"两难选择"。"鸡头"与"凤尾"的矛盾不仅表现在择业地域方面,也表现在对工作单位的选择上。

(三)所学专业与未来工作的矛盾

不少大学生对自己的专业看得很重,在择业中只要是专业不对口就认为不适合自己,但在现实社会中,真正完全与所学专业对口的工作是不多的,于是就产生了所学专业与未来工作不对口的矛盾。其实,大学教育更多的是学习能力的教育,是接受新事物能力的教育,是适应环境能力的教育,因此,毕业生完全不必为学不能致用而苦恼。当前,许多大学都在强化对学生的基础知识的培养,一些高校对入学新生不分专业,这些做法都是在淡化学生的专业意识。国内许多大公司更是对专业看得很淡,如"宝洁公司"在招收毕业生时就根本不限制专业,仅对应聘者进行基本能力测试和面试。

(四)择业工作与继续求学的矛盾

在高校中,考研的学生逐年递增,这一方面是因为大学生已经充分认识到知识的重要性,另一方面也说明学历在择业中仍然起着举足轻重的作用。大城市对学历的限制比较严,好单位也要求高层次人才,因而,不考研就很难找到好工作。但择业与继续求学之间常存在矛盾冲突,一是时间上的矛盾,二是用人单位限制的矛盾(说明自己已考研的毕业生往往签不到单位),这两方面的矛盾解决不好,很可能既耽误了考研又延误了找工作。

(五)渴望竞争与缺乏勇气的矛盾

毕业生就业制度的改革,为广大学生择业提供了公开、平等的竞争环境,毕业生们择业有了更大的自由度和更多的选择机会,他们已经认识到在社会主义市场经济条件下,竞争意识已渗透到社会生活的各个方面,没有竞争意识是不行的。他们也同样认识到,人生如果不通过竞争,就不可能成就事业。但也有一些大学生感到不适应,缺乏竞争的勇气,长期形成的"等""靠""要"的依赖心理一时还难清除。面对竞争,他们顾虑重重,还有的认为社会上存在不正之风,竞争不是公正、平等的,自己肯定难以成功等。一些毕业生在择业过程中遇到困难,就一蹶不振、压力重重,失去了竞争的勇气。

二、大学生择业的不良心理

(一) 焦虑

焦虑是由紧张、不安、焦急、忧虑、恐惧等感受交织成的情绪状态。绝大多数大学生在择业过程中,都会或多或少地出现焦虑。成绩优秀的学生焦虑的问题是能否找到实现人生价值的理想单位;成绩不佳的学生焦虑的是没有单位选中自己怎么办;来自边远地区的同学为不想回本地区而焦虑;恋人们为不能继续在一起而焦虑;女同学为用人单位"只收男性"而焦虑;还有一些大学生优柔寡断,因不知自己毕业后去向何处而焦虑。大学生的上述焦虑状态一般并不会对生活构成障碍,但如果焦虑不能得到及时的缓解,就有可能向病态发展,表现出情绪紧张、心情紊乱、注意力不能集中、身心疲倦、头昏目眩、心悸、失眠等症状。此时,焦虑不但干扰了大学生正常的生活、学习和娱乐,还成为择业的绊脚石。

(二) 依赖

在择业过程中,一些大学生缺乏主动参与意识和竞争意识,信心和勇气不足,在社会为其提供的就业机会面前顾虑重重,不能主动地参与就业市场的竞争,向用人单位展示自我,推销自我,依靠自身的努力去赢得竞争、赢得用人单位青睐,而是把希望寄托在拉关系、走后门之上,有的甚至由家长出面与用人单位洽谈。这样反而会让用人单位对毕业生产生缺乏开拓能力、独立生活能力和工作能力的印象。这类学生在就业方面存在严重的依赖心理,使自己在就业中处于劣势。

(三) 自负

自负是过高地估计个人的能力,失去自知之明,眼高手低。一部分毕业生自认为是"天之骄子",什么都懂,什么都会,应得到优待,于是在择业过程中,总是抱有洋洋自得、自负自傲的心理。面试时,夸夸其谈,海阔天空,给用人单位留下浮躁、不踏实的印象。在自负心理的支配下,不少大学生的择业观念不正确,心理定位偏高,结果高不成低不就,迟迟不能落实单位。看到别人都签了约,他们常常会牢骚满腹、怨天尤人,对社会、学校和同学都可能怀有不满情绪。

(四) 自卑

自卑心理也是大学生就业过程中一种常见的不良心理现象。自卑是由于受到暂时性挫折而产生的一种心理障碍。现实和理想之间总是有一定的差距,择业过程本身就是一种竞争,从学生到工作者要有一个很长的适应期,而这个适应期却让部分学生感到迷茫,感到无所适从。大学生在择业前,往往踌躇满志,跃跃欲试,很想一显身手,大展宏图;而一旦受到挫折后,有时容易产生自卑心理,自信心大大减弱,自尊心受损伤,往往对自己全盘否定,感到一种空前的失落和愧疚,从此自惭形秽,过低估价自己。在择业中,他们往往缺乏自信心和勇气,不敢面对竞争。这在性格内向或有生理缺陷的学生身上表现得较为明显。自卑不仅使一些学生悲观失望,不思进取,错失良机,而且也有碍自身才能的正常发挥。过度自卑,还会产生精神萎靡不振、心灵扭曲、孤独、丧失生活信心等心理现象。在激烈的择业竞争中,这种心理障碍是走向成功的大敌,必须认真加以克服。

(五)攀比

由于每个人生活的环境、家庭背景以及能力和性格、所碰到的机遇是不同的,因而在择业目标、职业选择上不具有可比性。而青年大学生血气方刚,喜欢争强好胜,虚荣心较强,容易引发攀比心理。表现在求职择业过程中,不从自身的特点、自身的能力和社会需要出发,而是在同学中盲目攀比,忽视自身特点,对自我缺乏客观正确的分析,不考虑所选单位是否适合自己,不屑到基层工作,总想找到一份超过别人、十全十美的工作。这种攀比心理使得不少毕业生迟迟不愿签约。"我不能比别人差"和"我不能不如人"是这部分大学生的择业心态。结果,"这山望着那山高,这花看着那花俏",只求得一时的心理平衡,却不利于自身价值的实现和长远发展,延误了就业时机。

(六)从众

毕业生处在择业洪流中,期望水平会受到其他择业者期望水平的影响。虚荣心、侥幸心理会使他们改变原有的自我期望而采取不切合实际的从众行为。加之随着社会媒体对某些职业、某些精英的大力宣传,容易导致大学生忽视自身的个体差异性与自我的特殊性,形成个人价值取向的从众心理。一部分学生选择工作单位,自己毫无主见,举棋不定,缺乏主见,常为家长同学所左右,总是随波逐流,看大多数人选择哪里,自己就选择哪里;大多数人往哪里挤,自己也往哪里挤。他们认为大多数人钟情的,一定是好工作;大多数人选择的,一定没错。结果人云亦云,不假思索,盲目跟着大多数人走,缺乏独立的见解,忽视了自己的特长,不根据自己的实际情况做出切合实际的选择,从而丧失最能发挥自己特长的机会。

(七)挫折

生活中有成功就会有失败。而当代大学生由于一直囿于校园,生活经历比较简单,很少经受过挫折的考验,因此心理承受能力和自我调节能力较差,情绪波动性大,情感较为脆弱,缺乏对待挫折的准备。在就业工作中,他们往往希望一蹴而就,能够顺利就业,害怕失败;一旦受到挫折,就容易产生挫折心理,感到失落、悲观失望,对自己、对未来失去信心,或不思进取、消极等待,或怨天尤人、顾影自怜。其实,我们应该看到,人们在求职择业中遇到挫折是正常的。准备参加工作的大学毕业生,由于生活阅历浅,工作经验少,难免会遇到挫折。有挫折才会有进步,才会有成功,挫折是锻炼意志、增强能力的好机会。目前就业采取的双向选择的方式本质意义上是一种激励手段,对优胜者是这样,对失败者也是如此。它对失败者并不是淘汰和鄙视,相反,会促使失败者振作起来,彻底摆脱"等、靠、要"的就业心态,使自己加快自立自强的转化过程,成为新时代的开拓者。

（八）功利

大学生择业是在国家政策指导下,通过供需见面、双向选择开展的,这就给大学生择业提供了更广阔的自由度。大学生受教育多年,人生观已基本确立,应该说大部分学生求职或择业的动机既有施展才华、实现人生价值的需求,也有获取高收入、高地位的渴求。许多大学毕业生涌向经济特区、涌向三资企业就是出于这样一种心理。这类大学生往往把"工作条件好、经济收入高、社会地位高"作为择业的目标。人们向往美好的生活和优越的工作条件无可指责,但有些同学在择业时过分看重地位,过分看重实惠,一心只想进大城市、大机关,去沿海经济发达地区,到挣钱多、待遇好的单位,这种心理可能会使部分人得到一些眼前的利益和满足,但从长远发展看不一定利于其成长;而且其中一部分毕业生由于过分功利化的择业心态,往往导致"欲速则不达"的结局。

第三节 大学生择业心理问题的调适

大学生在择业过程中普遍出现不良的择业心理问题,社会、学校及学生应该有针对性地做出合理的心理调适,以便能够全面地认识自己,合理地确定择业目标,掌握必要的择业技巧。

一、及早进行职业生涯规划

职业生涯规划,也叫职业生涯设计,是指结合自身条件和现实职业环境,确立自己的职业目标,选择职业道路,制订相应的学习、培训和工作计划,并按照职业生涯发展的阶段实施具体的行动以达到目标的过程。对于大学生而言,职业生涯规划对他们的成长十分重要,将会影响到每个学生在校期间的生活、学习重心及各方面发展。

（一）加强高等院校的职业生涯规划指导工作

高等院校的职业生涯规划指导工作尚处在初级阶段,大多数学生对职业生涯规划感到迷茫。高校应重点培养学生的职业意识,增强学生的竞争意识。高校也要加强大学生对职业生涯规划课程的重视程度,将这门课程设为必修课,要求学生严格按照要求,保质保量地系统化学习,树立就业意识,明确自己日后的职业发展方向。学校的就业指导中心也应定时开展相关讲座,普及择业、就业知识,对学生的职业生涯规划进行科学化指导,尽量让学生在择业和就业过程中少走弯路。

（二）大学生如何进行职业生涯规划

作为大学生对职业生涯进行自我规划可以从以下几方面着手。

1. 全面自我评估

知人者智,自知者明。评估自我是为了更好地认识自我、了解自我。要通过科学认知的方法和手段,如借助于职业兴趣测验和性格测验以及周围人对你的评价等,对自己的职业兴趣、气质、性格、能力等进行全面认识,清楚自己的优势与特长、劣势与不足。评估自我时要客观、冷静,不能以点代面,既要看到自己的优点,又要面对自己的缺点。只有这样,才能避免职业规划中的盲目性,保证正确的规划方向。

> **知识链接**
>
> ## 橱窗分析法
>
> 橱窗分析法是一种借助直角坐标系中的不同象限来表示人的不同部分的分析方法,它以别人知道或不知道为横坐标,以自己知道或不知道为纵坐标。
>
> 橱窗1:为"公开的我",即自己知道、别人也知道的部分,其特点是个人展现在外,无所隐藏。
>
> 橱窗2:为"隐私的我",即自己知道、别人不知道的部分,其特点是属于个人独有的秘密,不外显。
>
> 橱窗3:为"潜在的我",即自己不知道、别人也不知道的部分,其特点是开发潜力巨大。
>
> 橱窗4:为"背脊的我",即自己不知道、别人知道的部分,其特点是自己看不到,别人却看得清清楚楚。
>
> 运用橱窗分析法进行自我分析,主要是要了解"潜在的我"和"背脊的我"。对于"潜在的我",根据现代科学研究表明,人类平常只发挥了极小部分的大脑功能,95%以上的大脑功能都没有发挥出来,所以开发的空间非常广阔。因此,了解和认识"潜在的我"是自我认识的一个非常重要的内容。了解"潜在的我"的主要方法有:积极性暗示法、自我激励法等。对于"背脊的我",则要求个人需要有诚恳的态度和博大的胸怀,真心实意地征询他人的意见和看法,有则改之,无则加勉。

2. 正确职业分析

现代职业具有自身的区域性、行业性、岗位性等特性。职业区域可能是城市,也可能是农村,可能是经济发达的特区,也可能是经济一般或贫困落后地区。职业生涯规划设计时要考虑到职业区域的具体特点,比如该地区的特殊政策、环境特征;职业角色的发展与职业所在行业的发展有着密切的关系。职业生涯规划时,不能仅看重单位的大小、名气,而要对该职业所在的行业现状和发展前景有比较深入的了解,比如人才供给情况、平均工资状况、行业的非正式团体规范等;不同的职业岗位对择业者的自身素质和能力有着不同的要求,在职业生涯规划时,除应了解所需要的非职业素质要求外,还要了解所需要的职业素质要求,除应了解所需要的一般能力外,还要了解所需要的特殊职业能力。

3. 确定职业目标

职业目标是指人们对未来职业表现出来的一种强烈的追求和向往,是人们对未来职业生活的构想和规划。目标又分短期和长期目标,长期目标一般是以后职业规划的顶点,短期目标则一般是近期素质能力的提高等。在制定职业生涯规划时,关键是要确立好目标。任何人的职业目标必然要受到社会环境和社会现实的制约,凡是符合社会发展需求和人民利益的职业都是有价值的。因此,大学生制定职业目标时应把个人志向与国家利益和社会需要有机地结合起来,这才有现实的可行性。

知识链接

目标管理的SMART原则

SMART原则(S＝Specific、M＝Measurable、A＝Attainable、R＝Relevant、T＝Time-bound)由Doran(1981)提出,本是应用在企业管理中的一项心理学技术,可以有效提高达成目标的动机和工作效率。

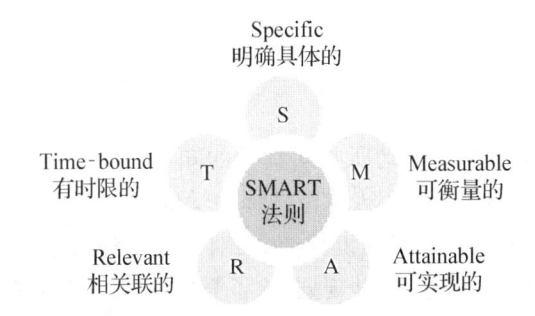

NO.1 目标要明确和具体

目标要清晰明确,要用具体的语言说明要达成的行为标准,不要用抽象的词汇当目标。

学好英语 ➡ 背完第几页的单词

了解历史 ➡ 观看完某系列纪录片

锻炼身体 ➡ 坚持每天跳绳、跑步

目标要可以被测量

NO.2 目标要能量化(数值化)

目标需要量化,以便采用相同的标准准确衡量。

学好英语 ➡ 半个小时内背完1—3页的单词

锻炼身体 ➡ 跳绳200下,跑步30分钟

学习做饭 ➡ 学会做2种菜

NO.3 目标要现实可行

目标是基于现实的,并且富有一定的挑战性。在设定目标时,不要过于宽容,不能只设定一个容易达成的目标,也不能设定一个不太可能达成的目标,无法达成的目标其实等于没有目标。所以说,一个好的目标:"跳一跳,要能够得到;不跳,你绝对够不到。"

一周背5 000单词 ➡ 每天背50个单词

约同学每周打3次篮球 ➡ 每天1小时的瑜伽练习

报拉丁舞班学拉丁 ➡ 跟系列视频学拉丁

NO.4 目标要与个人喜好和价值相关

目标最好与自己兴趣爱好有关,最好能够帮助自己实现价值,最好能够帮助自己更好地完善自己。

与专业或职业规划相关,例如:建筑生学习摄影

与个人的兴趣爱好相关,例如:学织毛衣、学绘画

能够增进自己重视的关系,例如:为家人做家务、约朋友视频聊天

NO.5 目标的达成要有时间限制

少了实际的期限,事情常会停留在"想做"的阶段,然后就很容易不了了之。必须确定一个期限,才能让自己付诸行动。有了时间限制,才能让我们的目标更可控。如果没有这个期限限制,我们的目标就很容易被其他紧急的事情所排挤,等到了最后期限,才发现要补救已为时已晚。

4. 培养职业能力

职业能力是指个人从事职业活动所必须具备的知识、技能、态度、经验和身体能力的整合。大学生的综合能力和知识面是用人单位选择大学生的依据。用人单位不仅考核其专业知识和技能,而且还考核其综合运用知识的能力、对环境的适应能力、对文化的整合能力和实际操作能力等。大学生进行职业生涯规划,除了需要构建自己合理的知识结构外,还需要具备从事本行业岗位的基本能力和特殊技能。从某种意义上说,能力比知识更重要,大学生只有将合理的知识结构和适用社会需要的各种能力统一起来,才能立于不败之地。一般来说,大学生应重点培养满足社会需要的决策能力、创造能力、社交能力、实际操作能力、组织管理能力和自我发展的终身学习能力、心理调适能力和随机应变能力等。

5. 参加职业训练

在确立了职业目标后,大学生需要积极参加职业训练。职业训练包括职业技能的培训、对自我职业的适应性考核、职业意向的科学测定等内容。当前,大学生进行的职业训练较少,其实大学生可以利用许多机会来提升自己的职业能力与素质,如大学生暑期"三下乡"社会实践活动、大学生"青年志愿者"活动、大学生毕业实习、大学生校园创业活动等。此外,高校邀请成功的校友、知名企业家等来校做报告、大学生业余创业或勤工俭学、大学生从事社会兼职工作、开展模拟性的职业实践活动、开展职业意向测评、开展职业兴趣分析测评等都有助于大学生更早更多地了解职业,掌握职业技能,以便更好地开展自己的职业规划设计。

二、树立正确的就业观念

(一)树立"大众化"的就业观念

我国的高等教育已经步入大众化阶段,高校毕业生就业也到了接受市场选择的阶段。高校毕业生作为社会普通一员,也要同普通劳动者一样,很多需要到一线岗位上去工作。面对新的情况,很多大学生抱怨自己受到了不公正对待,认为自己作为大学毕业生理应得到社

会的尊重,毕业后就应该拥有一份理想的工作,实质上这是一种陈旧的观念。这种观念导致一部分大学生有业不就的现象。究其原因,大学生就业观念不适应形势变化是一个重要因素。教育大众化使更多的学生获得接受高等教育的机会,但从精英教育转变为大众教育的同时,也使"精英就业"转变为大众化就业,这是社会发展的必然。因此大学生就业观念如果现在还停留在"精英就业"的老路上,显然已不合时宜。

(二)树立"先就业、后择业"的就业观念

俗话说,观念一转天地宽。作为一名大学生,一定要认清形势,调整好自己的心态,合理定位。现阶段特别要打破"一次就业定终身"的旧观念,树立"先就业、再择业,先生存、再发展","坐上木筏找快艇"的新观念。因为,在传统的计划经济时代,人才流动性很小,毕业生分配是"一次定终身"。因此毕业生十分看重初次就业。但在市场经济条件下,人才流动的政策宽了,机会多了,"一次定终身"的就业观念已经过时了。毕业生择业时,应淡化初始择业意识,毕业生找工作,能一步到位固然理想,不能如愿,也可采取先就业、后调整的战略。从一个人的职业发展来说,也只有在不断的职业调整和岗位流动过程中,才能逐步找到适合自己兴趣、特长和能力发展的工作岗位。大学生要学会在流动和变化中发现机会、抓住机会,最终取得职业人生的最大发展。

(三)树立"发展优先"的就业观念

就业应首先考虑个人成长环境。现在不少毕业生择业时十分看重单位的条件待遇或社会地位,而不注意用人单位是否有利于个人的成长进步。毕业生在择业时要把是否有利于个人成长作为择业时的首要考虑因素,树立"发展优先"的就业观念。

心灵便利贴

著名美籍华人、美国国际行销公司总裁夏起中先生1997年在天津大学发表演讲,当谈到大学毕业生择业话题时,他强调:"在择业时,应该把是否具有一个良好的成长环境作为首要考虑因素。"他认为毕业生择业时应重点考虑四个因素:第一,新的职位能否提供一个良好的成长环境,这是首先要考虑的因素;第二,新的职位能否发挥你个人的优势和长处,其中包括专业优势和个人特长;第三,新的职位是否具有挑战性,挑战性的工作才会不断激发年轻人的活力;第四,新的职位应有成就感,不是简单地机械重复一些日常杂事,而应有"个人满足感",包括待遇和工作成就等方面。夏起中先生这种看法是值得毕业生择业时深思的。

(四)树立"多渠道就业"的就业观念

我国是一个发展中国家,又是一个人口众多的国家。目前,正面临着就业难的严峻问题。青年学生必须从多渠道、多门路入手,实现就业。多渠道就业,广泛获取就业信息,不能吊死在一棵树上。打破地区和所有制的界限,有的毕业生就业把自己定得太死,非大城市、大公司不去。其实,无论是进国家机关、国有企事业单位,还是到外资、私营、个体企业都有发挥你聪明才智的机会,是金子到哪里都发光。

三、调整恰当的择业心态

(一) 科学地把握择业期望值

择业期望值是择业心态的重要内容。所谓择业期望值,就是指个人要获得的职业位置对自己在物质、精神上的需求满足的程度。如工资收入、福利待遇如何,工作环境和条件怎样,个人的能力、特长和抱负能否得以施展等。一个人的择业目标能否实现,除了个人才能、机遇等条件之外,主要决定于自己对择业期望值高低的选择。一般情况下,择业期望值越高越易产生心理不平衡。在现实生活中,要实现过高的期望值是很不容易的,过程中往往会遇到坎坷、矛盾和挫折,进而引起各种不良的情绪反应,如急躁、抱怨、忧愁、抑郁、伤感、惶恐等。一旦遇到重大挫折或受到强烈的劣性刺激可能会在心理预期上产生巨大落差,造成心理创伤。

把握择业期望值,确立恰当的期望值,这里应该注意两点:第一是防止偏离自己的择业目标。择业目标的确定要从自身特点和社会需要考虑,确定择业期望值也应如此。如果偏离自己的职业兴趣、专业特长和实际能力去选择,就失去了自己的优势,偏离了自己的择业目标。第二是防止期望值过高。期望值过高容易使人陷入两种困境:一种是由于超出现实的可能,使你在择业时屡屡失败;再一种是即使侥幸获胜,也会因自身能力不及、工作无法胜任而处于被动。只有正确评价自己,确立适度的经过努力即可达到的期望值,人的心理才会进入积极的良性循环,从而促进身心健康。调整择业期望值,通常采用的是"分布达标"和自我调整的办法。所谓"分布达标",即确定一个总的期望值,再将总的期望值分解成几个阶段性目标逐步付诸实施。在实施过程中,如果发现自己所选择的阶段期望过高,就把它移作下一阶段的期望目标。自我调整,就是自己对职业位置的希望,按其主次分成不同层次,首先满足主要的需求,然后根据实际情况进行必要的调整,直到个人意愿与社会需求二者相吻合。

(二) 强化求职角色意识

在"学而优则仕"的旧观念影响下,一部分大学生认为考上大学就理应得到社会的优待、得到理想的工作,加上大学阶段是一种单纯而有保障的生活,学习、生活、交际、娱乐都很有规律。在这样的环境里,更容易萌发浪漫的情调和过度理想化。毕业生在离别母校、踏上社会之前,最重要的就是要转变角色。由一个"天之骄子"的大学生,转变为一个现实的社会求职者。抛开浪漫,抛开幻想,认识自己所处的真实地位和充满竞争的社会现实,实事求是地面对就业现实。要想正确地选择职业,就必须转变角色,不能把学校、家庭、亲友及同学所给予的关心、呵护、尊重当成是社会的最终认可,而要摆正自己的位置,客观、冷静地进入求职状态,认识社会,了解社会,以自身的实力,积极主动地去适应社会需要,在选择社会职业的同时,也接受社会的选择,正确地迈出人生这关键的一步。

(三) 保持良好的自我认知

面对纷繁复杂的社会,面对严峻的就业形势以及日趋激烈的就业竞争,大学生的择业压力很大,更应该认真进行自我分析与自我评价,保持冷静的思维,以平常心面对生活中所谓重大的抉择。求职时,要学会正确地看待自己的优势和不足,尽量扬长避短。要善于学习别人的长处,及时改善自己的身心状态。在激烈的社会竞争当中,寻求一份适合自己的职业不是一件容易的事,只有不断地认识自己,在摸索和前进中总结经验教训,才能不断地成长和壮大起来。择业只是我们面向社会的第一步,以后的工作中难免会有更多的艰难险阻在等待着我们,只有在这一选择过程中学会自我分析、自我评价,调整好自己的心态,将来才能够在社会中立于不败之地。

(四) 认准择业目标

人是社会之人,是现实之人。正视社会现实是大学生择业必备的健康心态之一。积极的心态是正视社会,适应社会;消极的心态是脱离社会,逃避社会。目前总的趋势是随着知识经济时代的到来,社会越来越尊重知识,尊重人才,而随着大学生就业制度改革深化,随着国家劳动人事制度的改革配套,社会将尽可能为大学生求职择业提供较好的环境,职业选择的机会将大大增加,这必定为大学生施展自己的才能提供广阔的天地,也有利于大学生自身的发展与成才。但同时也必须看到,我国目前的生产力还相对落后,供需形势不平衡,教育结构不合理,社会为大学生提供的工作岗位不可能使人人都满意。因此,大学生要从实际出发,更新择业观念,面对人才市场,必须勇于竞争,以便被社会承认和接受。

正视社会现实,还需要大学生认清社会需求,根据社会需要选择适合自己的工作,而不应好高骛远、脱离实际。择业作为人的一种社会性活动,必然会受到种种社会条件的制约。大学生如果脱离社会需求,则很难被社会接纳,甚至难以生存下去。因此,大学生要找准适当的择业目标。一个人的择业目标和本人具备的实力相当或接近,有利于增强其自信心,从而使自己在择业中处于优势地位。目标的适当,决定于知己知彼。研究目标、扬长避短是成功择业的钥匙。

(五) 树立择业信心

毕业生应该清醒地认识到,大学生毕竟是受过高等教育的专门人才,经过多年的学习也基本掌握了相关的知识和技能,因而对择业应该充满信心,敢于参与竞争。实践证明相信自己、敢于竞争往往是成功的开始。面临社会选择的毕业生,在推销自己的时候,应该有一点"敢于献丑"的精神。迈向社会第一步难免有一些"怯阵"的感觉,但是不去"班门弄斧",其斧术何以能提高,敢于尝试才有成功的希望。只要平时多练点真功,只要相信自己,抓住每一个机遇,勇于竞争,成功才会属于自己,而把烦恼抛在后面。

(六) 保持客观心态

社会上一些不正之风不可避免地影响到高校毕业生的择业就业,每年总有一些毕业生靠拉关系、走后门而找到理想的工作。但这毕竟是少数,广大毕业生对此应有一个全面的分析和正确的认识。过分夸大这些不正之风的作用,对择业就业也是没有好处的。它一方面容易使人把希望寄托在找门路上,而不是把着眼点放在提高自身素质上;另一方面容易使人丧失信心,不敢凭本事竞争。现阶段随着毕业生就业制度、政策、法规的逐步完善,可钻的政策"空子"少了;党和政府大力加强反腐倡廉,加强民主监督,公开办事程序,以权谋私的可能性小了;各级国家机关、各类企事业单位都在实行改革,"吃大锅饭"的时代已经过去了,用人单位不得不讲究进人的质量。在这样的大趋势下,即使有少数人能通过不正当途径找到好单位、好工作,随着改革的深化,无德无才者迟早会被拉下马来。所以,广大毕业生应该以提高自身素质为重,积极参与竞争,而不是悲观消极,怨天尤人。

(七)培养独立意识

社会对人才独立处理问题的能力越来越看重。因此,大学生在校期间有意识地培养自己的独立意识是十分重要的。首先,要培养自己独立生活的能力。从纷繁琐碎的日常小事开始,训练独立处理问题,发展各种基本生活技能的能力,不依赖家庭的关怀呵护,学会自立。其次,要注重培养独立处理学习、生活、应付工作的能力。最大限度地发挥自己的创造性,而不是在等待老师安排和指导,要学会顺应环境,改变环境。第三,要在思想上和心理上走向独立。思想上意识到大学生要走自己的路,要有自己独立的见解,寻求自己的奋斗目标,独立处理面对的各种问题,不断完善自己的思想体系。而心理上的独立,很重要的一方面是要有自信心,无论成功与否,身在顺境还是逆境都能坦诚地对待自己,都相信自己的能力,做到自尊、自爱、自信、自强,保持乐观进取,积极健康的心态。

同时,大学生在择业时应尽量避免从众心理。毕业生处在择业的洪流中,期望水平会受到其他择业者期望水平的影响。虚荣心、侥幸心理会使他们改变原有的自我期望而采取不切合实际的从众行为。学成从业、服务社会,实现自身价值,是每一名大学毕业生的美好愿望。但是有些毕业生在择业过程中,不是从自身的特点、自身的能力和社会需要出发,而是在同学中盲目攀比,好像不找到一个比别人更好的单位就不能实现自身价值。到头来,虽求得一时的心理平衡,但却不利于自身价值的实现和长远发展。

(八)提高心理承受能力

大学生平时要加强自身心理素质的训练和培养。在日常生活、学习、工作中,要有意识加强心理素质培养,尤其要注意培养坚强的毅力和意志;加强性格、品质方面的修养,造就乐观向上、健康、开朗的人生态度。在择业时要有承受挫折的准备。世间上的事物发展不可能总是一帆风顺,择业也是如此,既有成功的可能,也有失败的可能。毕业生在求职时就应有"一颗红心两种准备",既准备成功也准备失败。一旦失败,要正确认识。应聘失败只是失去了一次选择职业的机会。在人的一生中,特别是在改革开放的新形势下择业的机会很多,一次落聘也许是彼处更好职业的中聘契机。因此,失败后,求职者应当正视现实,针对失败原因进行自我调整,在下次机会到来时根据自己的知识、技能以及之前的经验和教训再次选择职业,完全没有必要因一次求职不成功而灰心丧气,要坚信天生我才必有用,车到山前必有路。

四、研究择业规律,提高择业技能

任何事情都是有规律可循的,择业也不例外。大学生应注意研究和把握择业规律,努力提高择业技能,帮助自己顺利就业。

(一) 强化择业中的公关意识

大学生求职,要想找一份理想的工作,除了要恰到好处地推销自己、大胆地表现自己外,还必须为自我推销设计一个整体思路,具备一点公关意识就尤为重要。

1. 自我"储备"的公关意识

钱和物体都可以储存,人的"才能"同样也可以"储备"。因此,大学生们在校期间,既要学好专业知识,又要发展自己的爱好和特长,全面培养自身能力,提高自身素质。整理想要学的知识:在大学期间,除了一些日常的课程以外,其实自己还可以利用空余的时间,多整理一些想要学的知识,扩展一些业余课程,这样也能够拓宽自己的知识面。加强日常实践:对于大学生来说,一定要学会把自己日常学习的知识运用到实践中去,只有加强个人的实践经验提升,这样才能更好地丰富自己的知识。借鉴别人的学习经验:对于大学生来说,在日常学习的时候,高效的学习方法,也是让自己的知识丰富的基础,只有找对学习方法,这样才能够储备更多的知识。善于利用校园资源:学校里面有很多优秀的师资,以及免费的教科书,可以通过利用校园资源,这样让自己的知识储备也会更加方便。整理有效的知识笔记:对于一些个人认为比较有效的知识,可以整理成文档或者笔记,这样在进入社会的时候,也可以有很好的作用。

2. 自我"解剖"的公关意识

除了让用人单位更好地了解你的学历、成绩、特长外,还需要通过提供文字材料、言谈和当场展示才能。现今的社会竞争激烈,人才辈出,千里马常有而伯乐不常有。伯乐很难拿出大量的时间去考察千里马,给千里马更多施展才华的空间,因此大学生在求职期间常常需要突出自己的亮点,让别人第一时间记住自己。

简洁的着装、流畅的话语、大方的态度或淡然的自信都有可能让你脱颖而出。对大学毕业生来说,求职既是一种人生的自我选择和自我推销,也是对个人能力及素质的考验,需要积极的策略应对才能心想事成,如愿以偿。求职前需要精心准备、主动出击、善抓机遇、以智取胜。

3. 自我"创意"的公关意识

大学生群体中,能称得上"出类拔萃"的毕竟是少数,大多数人成绩平平。求职时更应该想办法把对方从档案材料的一般印象中拉出来,引导对方向鲜活的自己看,这就需要在自我推销时精心"创意"才行。只要你善于亮出自身的优点和潜质,往往可以在录取的天平上增加一个很有分量的砝码。

4. 自我"借名"的公关意识

有一个大学生,在用人单位面试时,对方向他递烟,他谢绝了。递烟者问:"现在很多大学生都抽烟,你怎么不会呢?"他回答:"我没有学会,因为学校管得严,禁止抽烟。"简短的回答立即产生了意想不到的效果:对方不仅觉得这个学生诚实,更感到这所学校不错,而由这样的学校教育出来的学生自然也不会差,因而当场录用了他。这说明,适当的宣传自己的学校(包括自己的老师),有时比单纯介绍自己效果更好。

(二) 认真学习就业政策

为了避免盲目行动影响择业成功率,增加烦恼,毕业生首先应当加强学习国家有关高校毕业生就业的方针、政策,以便在政策许可范围内合理择业。如果不了解政策,盲目行动,容易出现个人择业目标与国家政策相违背的局面,结果不仅白费精力,还会带来许多不必要的烦恼。其次,学生要有意识地进行深入细致的调查研究,了解和把握毕业生就业市场人才需求情况,只有迅速灵敏地掌握市场人才需求趋势和需求信息,才能正确确立自己的就业目标和择业期望值,才能及时与用人单位取得有效联系。相反,不了解就业行情、需求信息,只能是盲人骑瞎马,必然处处碰钉子,增加心理负担。

(三) 认真写好求职简历

简历是求职的必备材料。大学毕业生求职,首先就是要通过向用人单位呈送求职简历来介绍和推销自己。求职简历是用人单位了解毕业生有关情况的重要途径和方式。简历不在长,也不在于制作是否精美,关键在于是否有特色,能否吸引人的眼球。因此,求职简历是否有特色,对毕业生求职的成功与否起着十分关键的作用。那么,怎样才能让自己的求职简历更有特色呢?

1. 写出能表现自己人格和品质魅力的经历

是否具有特殊的经历、优秀的人格品质以及良好的性格,已经成为当今许多用人单位在录用人员时要考虑的一项重要条件和内容。毕业生如能在这方面进行挖掘,详细描述,无疑是会给自己的"双选"或应聘增添一些优势。

2. 写出自己对相关企业发展的看法和态度

现在的用人单位在录用员工时,已不是单单看他会不会干活,而且还要看他有没有思想,有没有头脑,有没有眼光,能不能为本单位的继续发展出点子、想办法。因此,毕业生在写求职简历时,如果能够自然地写出自己对一些与自己相关问题的认识和看法,也可以让用人单位对自己认识事物的能力和水平有所了解。

3. 学会进行横向比较

俗话说:"不怕不识货,就怕货比货。"因此,那些成绩特别优异和出众的毕业生,在写求职简历时,要善于突出和反映出自己的优势,把自己的成绩放在年级或专业的排位上来进行比较,这样才更能显示和表现出你不同寻常的优势和出类拔萃的成绩。如只写"成绩优异"不如量化为"自己的成绩排在年级或专业的前几名"这样更具体、更有分量。

4. 善于用事实说话

现在有不少毕业生在写求职简历时,大多存在着一种毛病,就是写得比较空泛笼统。如"要求上进、严守纪律、成绩优秀"等,缺少具体事例的支撑,显得内容过于单薄,很难令用人单位信服。因此,在写求职简历时,要善于让事实说话,用充分的事实来征服用人单位,取信于用人单位。

5. 写出自己的特长

用人单位都希望被录用者一专多能,或具有某种显著的特长。所以,毕业生在写求职简历时,一定要把自己最显著的特长写进去,这样可以使自己在应聘时多一些优势,也能够增加被录用的机会。值得指出的是,大学毕业生写简历必须实事求是,不能为了吸引人而故意拔高。现在不少大学生的求职简历存在"注水"现象,影响不好。实践证明,诚实才能铺实就业路,弄虚作假最终吃亏的还是自己。

(四)掌握面试技巧,做好临场准备

面试时如何给人留下良好的、深刻的第一印象,这是每一位毕业生都关心的问题。作为一名毕业生,你与用人单位初次见面将留下持久的第一印象,这或许就是你推销自己的唯一机会。因此,在准备面试时,你必须事先整理你的思想,设计你的言谈举止,考虑你的包装,才能在求职时留下良好的第一印象,同时也可避免因缺乏必要准备、心理压力过大,造成临阵怯场或发挥失常。

1. 着装艺术

研究表明,求职者的着装打扮对于求职的成功与否有着直接影响。因为你的形象将不仅代表你自己,更重要的是还将代表单位。这种以貌取人的做法似乎很肤浅,但毕竟这也是不可否认的现实。我们生活在一个高度竞争的社会中,每个单位都在力争上游。也正因如此,多数单位都力求找到能够提高本单位形象的候选人,这些候选人不仅应能胜任工作,而且还应具有良好的个人形象。

知识链接

男性面试着装及修饰建议

总体要求:干净整洁。具体表现为:口气——清新;头发——干净,发型能衬托脸型,发间及肩上无头皮屑;手——光洁不粗糙;指甲——干净,甲型良好;鞋——不变形,干净,光亮。

1. 事先计划好所要穿的衣服,要试穿,还应在镜前坐下试一试。合体是最重要的。

2. 要注重全套衣饰、颜色及样式的和谐。

3. 穿套服或夹克——深色套服是最佳选择。颜色为单色海蓝或炭灰较为适宜。忌穿大方格图案或绿色套服,这样会产生与预期相反的效果。

4. 所选服装样式避免过于时尚,选穿传统样式或基本样式为佳。

5. 衬衫宜选用白色或淡蓝色长袖衬衫。

6. 注意鞋与服装的搭配。应穿着与西服搭配的皮鞋,面试时避免穿便鞋、网球鞋、白色皮鞋或牛仔靴。

7. 衬衣兜勿插钢笔或铅笔。

女性面试妆容及服饰建议

1. 事先决定你所要穿的衣服。试穿,走几步活动一下,看看走动是否方便,并在镜前坐下试试,确定衣服是否合体。

2. 给人的整体感觉应干净整洁。

3. 头发必须干净,发型适宜。发中、肩上无头皮屑。

4. 手部应光洁润滑。

5. 指甲要注意修好甲型。若指甲涂有指甲油,切忌有剥落的地方。

6. 鞋须干净、光亮,保养好。

7. 香水,切忌过于浓烈。

8. 职业套装最为适宜。选择能衬托肤色、头发、眼睛的颜色,纯色海军蓝、灰及黑色为最佳选择。

9. 注意无论站或坐时内衣切勿露出。

10. 穿露趾鞋时一定要穿袜子,肉色丝袜为最佳选择。切勿选择色彩过艳的袜子,即使式样十分时髦,也会影响到面试的效果。

11. 鞋跟不要过高,以舒适为宜。勿穿过于随便或过于时髦的鞋子,一般来说,浅口无带皮鞋比系带皮鞋看上去更保守一些。

12. 选择较职业化的饰物,最忌饰物叮当作响。

---

2. 行为举止

一位就业指导专家说,求职者从开门进入面试室到落座这几秒钟内,求职是否成功就已决定了两三成。香港领带大王曾宪梓先生招聘人才时,故意在门口放一把倒了的扫帚,面试者入室时,多数人对这一细节没有反应,只有极少数人把倒了的扫帚扶好,而被录用的正是后者。为什么?没有反应者,不是缺乏观察力,没有看见倒了的扫帚,就是看到了,但认为这是小事,不屑去扶。而这两种人均不是理想的雇员。只有动手扶起扫把者,才是理想的应聘者,他不但观察细致,而且有干好每一件小事的责任意识。这说明面试不可忽视一切细节,要特别注意自己的行为举止。事实上,人们在交往过程中,既能用自己身体的各种姿态来显示风度和表情达意,同时也会从对方的动作姿态中衡量一个人的教养和价值。一般来说,人们都喜欢行为稳定、举止大方的人。坐、立、行的姿势正确雅观不仅可以反映出个人的特有气质,而且能给人以有教养、懂礼貌的印象。反之,带有粗俗习气的行为举止,不仅反映个人气质上的缺陷,也是对他人的一种不尊重的表现。通常,面试进门时要敲门,得到允许才能进入面试室。关门时手脚要轻,在得到主考官的许可后方能坐下。衣服要整洁,不能不修边幅。面试时眼睛要注视考官,不要左顾右盼。面试时双手自然放在膝盖上,不能不停地做出各种动作。双脚要自然放平,不能抖动,更不能双脚交叉甚至远远伸出。无论男女,身上不要洒许多香水。离开时,要将椅子放正,有礼貌地道别,这些细节从一个侧面反映了一个人的素质和修养,有时会对面试带来意想不到的效果。

3. 语言谈吐

面试的谈话内容,大概要占招聘考试总分的六成左右。谈话也要掌握节奏和分寸。面试的谈话当然是由主考官发问,求职者回答的节奏要掌握得当,讲话的语速不能太快。语速如同开机关枪,会给人留下不够稳重的感觉;但也不能太慢,否则会令考官感觉面试者思维不够活跃。一般宜保持平稳的速度,给人稳重的感觉。另外,声调要平缓,使人不至于感到情绪有较大波动。当主考官的问话结束时,方可由求职者提问。提问时不要过多地谈及待遇、讨论薪资(这些可在正式被录用后再讨论)。由于求职者的语言、语调、节奏也会或多或少地影响到主考官的情绪,故而,求职者可在面试前进行练习,以求获得最佳效果。面试要使用适当的语言表达过多的俚语可能会使人生厌,也不能太过于口语化,唠唠叨叨,如同叙家常,而应当用较为正式的语言,言简意赅地介绍和回答主考官的问题。但也不能太过于"专业化",出现大量难懂的术语,使主考官丈二和尚摸不着头脑。过多的专业术语,可能使人感到有"卖弄"之嫌。

4. 表情眼神

表情和眼神可以反映一个人的修养。面试谈话时,不管自己是否意识到,表情总是在做出相应的呼应。面试时,要始终面带笑容,谦虚和气。表情要与对方的神情和语言相呼应。当别人说笑话时,自己的笑声会增添其兴致;当对方说到紧张事情时,自己屏住呼吸则可加强气氛。表情反应要自然坦率,切不可故意做作。扭捏作态,故作老成或故作天真,都是求职成功的天敌。人的眼睛是心灵的"窗口",面试时眼睛凝视对方,表明你对他的话感兴趣;东张西望则显得心不在焉、情绪不稳定和缺乏自信。情绪稳定的人,自然会有沉着的眼神。有些人下意识地看表,可能意味着听得无聊。面试时,应试者的眼光应落在考官的胸前和鼻子高度,特别是上了年纪的考官,一般讨厌求职者应答时直直盯着自己的眼睛。看人时,上身要稍稍前倾,不要一直转眼珠、斜眼看人。

总之全面掌握应试技巧,树立良好的第一印象,是求职成功的第一道门槛。

第四节　心理知识拓展

一、电影"心"赏——《跳出我天地》

你是否有这样的难题,你找的工作不是你喜欢的,或者与你大学辛辛苦苦所学的专业完全不对口,完全提不起你的兴趣,那么你会妥协吗?《跳出我天地》讲述的是一个 11 岁小男孩破除重重阻碍,追求梦想的芭蕾之路的故事。11 岁的矿工之子比利,在面对家里的男孩一定要训练拳击的传统时,他勇于挑战,坚持训练自己喜爱的芭蕾舞,最终他的努力和热情感化了顽固的父亲,在家人的支持和鼓励下,顺利考入英国伦敦专业的芭蕾舞校,梦想成真。对梦想的执着追求,也许正是现在人所缺少的,比利的执着、努力和坚持,正是我们需要学习的品质。

图 9.1　电影《跳出我天地》

二、心理训练营

(一) 游戏名称:理想、专业知多少

游戏目的:帮助学生在活动中更加清楚地了解自己关于未来职业理想的演变过程,更加全面地认识自己所学专业的就业方向。

游戏材料:"理想卡"和"专业卡"。"理想卡"包含 5 个问题:1. 小学三年级时,我的职业理想是什么? 2. 初中一年级时,我的职业理想是什么? 3. 高中一年级时,我的职业理想是什么? 4. 现在,我的职业理想是什么? 5. 我的职业理想有没有发生变化? 是什么因素影响它发生了变化? "专业卡"也包含 5 个问题:1. 我的专业是怎样选择的? 2. 我对专业的了解情况有多少? 3. 我对专业的总体感觉怎么样? 4. 我的专业今后的就业方向是什么? 5. 如果有机会重新选择专业,我会如何选择?

游戏规则:

(1) 领导老师将学生进行随机分组,每组为同专业或相近专业的学生 6—12 人。

(2) 领导老师依次发放"理想卡"和"专业卡",给出 5—10 分钟时间每人完整填写两张卡片。

(3) 随后给出10—20分钟时间，小组内学生轮流进行分享和讨论。

(4) 最后，每小组派出一名代表在大组内进行总结交流，将本小组成员面对问题的共同性和差异性进行汇报，并总结小组内讨论过后的启发，提出相应的意见和建议。

(5) 领导老师总结陈词。

(二) 游戏名称：穿越生死线

游戏目的：帮助学生打破受社会舆论而形成的固定思维和偏见，激励学生克服阻碍，突破创新，增强就业的勇气和信心。

游戏材料：绳子一条、盛放水的容器一个、眼罩4个、蓝牙耳机4个。

游戏规则：

(1) 领导老师选拔2名助手和4名学生参与活动。

(2) 两名助手在距离黑板3米的位置拉一根距离地面1米的绳子，即"生死线"，并且"生死线"的下方放上盛水的容器，代表深1米，宽2米的"河水"。

(3) 领导者告诉学生可以以任何姿势依次穿越"生死线"，但身体所有部位都不能碰到"生死线"。

(4) 助手用眼罩为选手蒙上眼睛，并协助戴上播放音乐的蓝牙耳机。

(5) 游戏开始后耳机里面播放背景音乐，渲染惊险氛围。助手悄悄撤走绳子和盛水的容器。

(6) 游戏结束后，请参与活动的学生发表参与活动的感想和经验。领导者总结发言，为学生成功择业和就业加油打气。

第十章 大学生心理素质拓展训练

第一节 心理素质拓展概述

一、心理素质拓展训练的基本内涵

素质,一般指人的身心性格中那些基本的、恒稳的、自然表现出来的品格。它是先天因素、社会影响和自我修炼的产物。它表现为种种身心方面的优点或性格方面的优势。

21世纪社会所需要的人才素质结构包括独立的人格意识,合理的知识结构,顽强的意志,良好的道德品质,勤奋踏实、积极进取的学习态度,团结协作的精神与协调指挥的能力,优秀的创造思维品质等20个方面。这些也是具备综合素质高技能人才的主要特征,是高校对于学生的培养目标,而这些也正是素质拓展训练的努力方向。

所谓"拓展",即指能够强烈影响着人的素质成长的四个互动的过程:激发、调整、升华和增强。素质拓展活动就是要拓展大学生所需要的各种心理和身体素质。

大学生心理素质拓展是通过精心创设特殊情境中的一系列融合运动、趣味和心理等元素的活动,使学员在创新能力、沟通能力、团队协作能力、应变能力、学习能力、创新能力、领导能力、激励能力8种基本能力得到提高。具体说来即是将使参训者个人达到如下目标:① 树立责任意识、自强意识、学习意识、创新意识、成才意识、创业意识,人生目标明确;② 以理想信念教育为核心,感受人性的美好,树立正确的世界观、人生观和价值观,助人为乐、关爱生命和自然;③ 树立自信心和自尊心,增强团结合作的团队意识,提高团队工作效率,情感沟通和表达能力增强,建立合作双赢的意识,人际关系趋向和谐,营造和谐工作环境;④ 树立明确的生涯目标、敢于挑战自我极限,具有克服困难的毅力,果断、主动、自制力强;⑤ 增强自我控制与决断能力,以适应不断变化的外部环境,培养健康的心理素质和积极进取的人生态度和服务社会的精神,克服心理压力,建立挑战困难的自信心与勇气,重新审视个人能力,不轻言失败;⑥ 突破思维定式,学习创造性思考问题的能力,引导学生勤于学习、善于创造、甘于奉献,从书本走向"现实",进入虚拟的自然的社会、组织、团队,为未来走向社会做积极的人生和工作设计。

二、心理素质拓展训练的发展历程

拓展培训源于西方英文 outward—bound。二战时,大西洋上有很多船只由于受到攻击而沉没,大批船员落水,由于海水冰冷,又远离大陆,绝大多数的船员不幸牺牲了,但仍有极少数的人在经历了长时间的磨难后终于得以生还。令人震惊的是,少数幸存者竟不是人们想象中的小伙子,而大多数是些年老体弱的人。人们发现生存与否的关键在于这些人有良好的心理素质。当时德国人库尔特·汉恩提议,利用一些自然条件和人工设施,让那些年轻的海员做一些具有心理挑战的活动和项目,以训练和提高他们的心理素质。后其好友劳伦斯在1942年成立了一所阿德伯威海上训练学校,以年轻海员为训练对象,这是拓展培训最早的一个雏形。

二战以后,在英国出现了一种叫作 outward—bound 的管理培训,这种训练利用户外活动的形式,模拟真实管理情境,对管理者和企业家进行心理和管理两方面的培训。由于拓展培训这种非常新颖的培训形式和良好的培训效果,很快就风靡了整个欧洲的教育培训领域并在其后的半个世纪中发展到全世界。

心理素质拓展是德国哈恩博士于20世纪第二次世界大战前建立的一种心理训练方法,其目的是给儿童在学校教育课程之外一个自由表现自己的场所。第二次世界大战开始后,素质拓展被广泛运用于军队士兵的训练并产生了良好的效果。

20世纪70年代,美国马萨诸塞州哈密尔顿韦恩哈姆高中校长皮赫将素质拓展引进了学校教育,并制订了素质拓展计划,最后发展为体育课程大纲在学校实施。与此同时,素质拓展也被引入其他课程中,现在已经成了美国学校教育的一个重要组成部分。心理素质拓展引入我国是20世纪90年代中期,目前多作为商务公司的团队精神及个人能力的提升训练而被广泛使用,由一些专门的人力资源培训公司在运作。随着素质拓展训练作用的不断发挥,从20世纪90年代末开始,心理素质拓展基地如雨后般冒出来。目前全国大大小小的素质拓展基地不下千家,近几年众多学校教育工作者意识到这种心理素质拓展训练对于素质能力提升的良好效果,他们将素质拓展引入校园特别是高校,作为大学生素质能力提升的实训课程,为越来越多人的素质能力提升起到积极作用。

三、心理素质拓展训练的基本特征

心理素质拓展训练具有综合活动性、群体性与个体性的统一、趣味性、反思性、生成性和普及性六大特征。

(一) 综合活动性

心理素质拓展训练的所有项目都以体能活动为引导,引发出认知活动、情感活动、意志活动和交往活动,有明确的操作过程,要求学员全身心的投入。没有活动就没有训练。

活动的综合性体现在两个方面:一个完整的素质拓展训练,是涵盖开发潜能、认识自我、熔铸团队精神、增强意志力等几方面内容,是由一系列的项目有机组合而成的;二是有时一个项目可能包含好几方面的训练内容,比如穿越电网,可以培养团队精神,也可以磨炼学员的意志、激发潜能等。

(二) 群体性与个体性的统一

心理素质拓展训练以团队为活动对象,一般活动人数在10人以上60人以下,一般是要分成若干个小组,小组成员在10—20人之间。在培训师之间的团队配合下,也可以组织大型的团队训练,人数可达到几百人。

图 10.1 素质拓展活动

在关注群体的同时,并没有忽视个体。反而更能在非特殊性的情况下,关注个体。在项目类型上,可分为个人挑战项目、双人协作项目、团队合作项目。在这种群体性的活动中,个人的参与机会是均等的。有些有心理问题的学员,可能会羞于表现,这时,可以充分利用个体均等参与的原则,以群体的力量支持和鼓励这类学员参与。

(三) 趣味性

心理素质拓展训练活动的一个明显的特征是具有趣味性。很多活动带有游戏的色彩。素质拓展中有很多幽默趣味的项目,使参与者在训练中产生愉快感,如同返璞归真的孩童一样,在追逐和嬉戏中充分释放和排解积压已久的心理压力,并且这些游戏几乎都是需要团队成员有身体接触,在相互协助中完成的。这从另一方面也加强了参与者之间的相互联系。

心理素质拓展很多项目是从幼儿游戏中延伸出来的。与游戏相比,其相同点在于都有活动过程中的快乐体验,所不同的是,素质拓展训练重在反思和总结。

(四) 反思性

心理素质拓展训练注重对活动的反思和总结。没有反思的活动是游戏,不能称之为拓展训练。在每个活动或整场活动结束后,培训师会组织学员进行总结和交流。把在进行拓展项目过程中的体验进行反思,获得某种感悟。这种总结和交流打破了传统的教育模式,培训师并不灌输你某种知识或者训练某种技巧,而是充分尊重学员的主体地位和主观能动性,让学员自己来讲,培训师只是做一些启发或点到为止。这种教育也达到了学员自我教育的目的,让学员印象更深刻。

(五) 生成性

素质拓展训练的活动具有生成性。很多活动都是简便易行,是从幼儿游戏和日常生活中提炼出来的。活动不是一成不变的,活动中的收获和对活动的反思也是生成性的。不同的培训个体,对相同的活动可能有不同的反思。例如,企业职员与学生可能对同一个活动有不同的感悟。

活动的生成性还表现在:一个既定的活动,稍微修改下,可以有不同的训练目的,可以有不同的规则和玩法。很多活动,可以变成一种趣味活动在日常生活中进行。

(六) 普及性

心理素质拓展训练具有很强的普及性。首先项目内容丰富多彩,很多项目无须借助器材,简便易行;在活动对象上,老少皆宜,各个行业的成员均可以参加;在活动场所上,有室内室外之分,可以根据场地选择不同的项目,灵活便利;参与人数多,一次活动可以由十几、几十人甚至上百人参加;训练的时间短,一次培训,短则可以只举行一两个活动项目,系统的培训一般也不会超过6天。可以在短时间内让更多的大学生得到身心方面的锻炼。

四、心理素质拓展训练对大学生的作用模式

素质拓展训练的理论依据主要是:"努力/放弃"(积极/消极)的心理力学模型以及"体验、了解、控制、超越"的心理适应规律。其基本原理为:通过拓展训练项目中的情景设置,使参加者充分体验所经历的各种情绪,尤其是负面情绪,从而深入了解自身(或团队)面临某一种外界刺激时的心理反应与后果,进而学会控制、实现超越。

这一过程主要是通过体验式学习获得的:体验式学习由既独立又密切关联的五个环节组成,即体验—分享—交流—整合—应用(循环往复)。

(1) 体验:这是作用过程的开端。参加者投入一项活动,并以观察、表达和行动的形式进行。这种初始的体验是整个过程的基础。

(2) 分享:有了体验以后,很重要的就是,参加者要与其他体验过或观察过相同活动的人分享他们的感受或观察结果。

(3) 交流:分享个人的感受只是第一步。循环的关键部分则是把这些分享的东西结合起来。与其他参加者探讨、交流以及反映自己的内在生活模式。

(4) 整合:按逻辑的程序,下一步是要从经历中总结出原则或归纳提取出精华。并用某种方式去整合,以帮助参加者进一步定义和认清体验中得出的成果。

(5) 应用:最后一步是策划如何将这些体验应用在工作及生活中。而应用本身也成为一种体验,有了新的体验,循环又开始了。因此参加者可以不断进步。

五、心理素质拓展的意义

心理素质拓展训练并非体育加娱乐,而是对传统教育的一次全面提炼和综合补充。日常一提起高素质很多人马上就想到MBA,就想到各种证书和文凭,其实知识和技能还只是有形的资本,意志和精神则是无形的力量。在何种情况下能使有限的知识和技能释放出最大的能量,如何开发出那些一直潜伏在个体身上,而个体自己却从未真正了解的力量,怎样才能弄清,自己与他人的沟通和信任到底能深入到什么程度,这就是素质拓展的目的和意义所在。

第二节 心理素质拓展训练实施过程

一、素质拓展训练人员构成

进行一次心理素质拓展训练,要有拓展项目培训师、裁判员和参训学员的共同参与。

(一) 培训师

培训师为整个素质拓展训练的领导者,在拓展训练中负责进行项目引入、解说规则、发出指令并控制现场气氛。

1. 培训师需要具备的素质:
(1) 优秀的策划能力;
(2) 善于组织人员开展活动及调动活动气氛;
(3) 应变能力强,能够有效解决突发事件;
(4) 口齿清晰,普通话标准,指令明确。

2. 培训师的基本任务:
(1) 设计整合拓展训练项目,并确定分享点;
(2) 训练中负责解说规则、发出指令并控制现场气氛,尤其注意事件的掌握。

(二) 裁判员

裁判员负责协助培训师准备活动道具,维持现场纪律,监督学员犯规行为,记录各参赛组的成绩,并将各项成绩及时反馈给培训师。裁判员需对整个拓展项目和流程熟悉,尤其是项目规则。

(三) 学员

学员是心理素质拓展训练的直接参与者。在拓展训练过程中,学员应该认真听从指挥,积极参与拓展项目和分享,在团队中发挥自己的作用。

二、素质拓展实施过程

一次完整的心理素质拓展训练一般包含热身游戏、团队组建、破冰项目、主项拓展项目和团队分享五个步骤。

(一) 热身游戏

热身游戏环节是让参训学员放松身心,通过一些集体小游戏来带动活动现场气氛,调动学员的参与度,让大家的注意力集中在正在进行的活动上,同时也调动大家的进取精神及竞争性,为进行接下来的拓展项目做铺垫。一般采用用时较短、操作简单、集体参与度高的项目。

(二) 团队组建

将所有培训学员分成人数均等的若干队伍。促进个体融入团队,感受团队文化的建设过程,形成归属感和团队意识。激发和强化学员运用和发挥集体智慧,推动团队建设进程。使团队成员体验团队工作的方式并感受团队凝聚力。

团队组建一般在规定的时间内让各队成员集体讨论选出自己队伍的队长、画出带有团队 LOGO 的队旗,想出一个能振奋士气集中凝聚力的口号,设计一个队形,并选择一首不低于四句歌词的队歌。在规定的讨论时间结束后,让各队进行展示。团队展示的过程中要求所有队员全部参与,并做到整支队伍整齐一致,铿锵有力。

(三) 破冰项目

团队组建好后,为了激励各团队之间的竞争意识,也为了团队成员之间能彼此熟悉,默契配合,打破团队成员之间由于人际陌生而导致的沟通不畅,让团队成员及团队领导者有机会观察自己团队的成员结构,一般在正式进行拓展项目前,培训师会组织各队以竞争的方式进行一个或几个简单项目。破冰又称融冰,是打破人际交往间怀疑、猜忌,就像打破严冬厚厚的冰层。选择破冰项目要注意项目的难度,破冰项目不宜选择难度过大的项目,否则会打击到参训学员的信心,影响参训学员对接下来拓展项目的热情。但是破冰项目也不宜过于容易,否则很难调动团队成员的积极性,也不易建立竞争意识;破冰项目的选择还要注意把握时间,一般而言,破冰项目的体验时间不应该比主体拓展项目所需的时间长,只要达到团队成员积极参与、彼此沟通的效果,就可以进行主体拓展项目了。经过破冰项目后,团队凝聚力会显著增长,团队成员间会进一步熟悉,为接下来以团队为单位进行拓展培训奠定基础。

(四) 主体拓展项目

主体拓展项目要选择挑战性强的训练项目。素质拓展项目种类众多,有的需要专业的道具设备,有的则可以就地取材,有的属于团队合作项目,有的属于个人挑战项目,有的可以

图10.2 拓展项目——穿越电网

培养和锻炼团队成员的人际交往技能,有的可以促进学员的创新意识……总体而言,素质拓展项目大多都是需要学员智力与体力并行,通过团队成员彼此沟通,达到相互配合彼此鼓励,进而克服困难,寻找到解决问题的方法,齐心协力完成挑战项目。

素质拓展主体项目的选择依据:

1. 项目的具体选择要依据培训目的,比如要培养学员的团队合作能力,可以选择"有轨电车""无敌风火轮"等所有队员都要齐心协力的项目;要培养学员挑战自我,勇往直前的勇气,可以选择"信任背摔""踊跃硫酸池""高台演讲"等要求成员突破恐惧,战胜自我的项目。

2. 项目的选择还要依据参训学员的特点。比如如果参训的都是体能较差的女生,就不应该选择"穿越电网""重走人生路""毕业墙"等体能要求高的训练项目;如果参训学员之间彼此熟悉、人际融洽,选择拓展项目时就没有必要再选择那些以促进沟通为主要目的的培训项目。

(五)团队分享

团队分享即总结、分享、反馈。在每个训练项目完成后,队员总结在参训项目中全员的协作、沟通、信任情况,分享每个人在活动中的不同心理感受,反思在活动中的资源整合利用程度。通过整合和分享活动本身,会反馈给每位队员坚信不移的信念及真理,并将在项目中获得的所有感悟联系应用到学习、生活和工作中,达到促进自我成长的目的。团队分享是素质拓展训练中一个非常重要的环节,是素质拓展训练区别于一般游戏的根本特征。

三、心理素质拓展训练实施注意事项

心理素质拓展训练大多为户外项目,要求参训学员听从培训师的指挥。学员要穿宽松舒适的服装,在进行高空等危险项目时要做好安全保护措施,素质拓展器材要定期检修保证安全,学员不能在培训师不在场的情况下进行危险动作。在进行"毕业墙"等体能消耗较大、身体运动幅度较大的项目前,要进行热身运动,拉伸韧带和肌肉,避免在拓展训练中受伤。根据特定的项目,还有各种不同的注意事项。

第三节 素质拓展项目汇编

项目一:雷区取水

项目类型:团队合作项目。

项目引入:二战期间,一队人员到了德军后方的一座山上侦察敌情,非常缺水,前方发现一个水井,经过探查,周围布满地雷。有队员受伤,急需补充水分。请队员在不触雷的情况下,在最短的时间内取出尽量多的水。

项目描述:将短绳在地上围成一个圈,模拟一个雷区,将矿泉水瓶放在雷区正中间充当水源,长绳索用作队员取水的工具,要求每个队员在规定的时间里按照团队商讨的方案到雷区去取一次水,取水队员和旁边队员在取水过程中不能触到雷区地面,否则将视作阵亡,每次只能取一瓶,要使用五种不同的方式。

活动目的:

1. 提高学生互助和协作能力,感受在特殊情况下完成任务的分工与合作方式;锻炼分析、策划、操作能力,合理安排人力资源;

2. 鼓励全体学生各尽其能、群策群力寻找解决问题的科学方法;

3. 培养学生默默为团队奉献的精神及共同努力完成任务的能力。

项目道具:长绳一根、短绳一根、矿泉水。

适合人数:15—20 人。

项目规则:在团队成员的配合下利用长绳取到水,每次只能取一瓶水,每次取水的方式不能相同,取水的过程中不能触碰"雷区"。

注意事项:注意活动过程中的安全保护。

讨论与分享:

1. 为了取到水,都需要做哪些准备?

2. 在失败的时候,如何做到不放弃?

项目二:突破雷阵

项目类型:团队合作项目。

项目引入:一队人员要输送急救物品给前线,在必经之路中有一片雷区,必须穿过。请队员竭尽所能通过这片雷区到达前线。

项目描述:要求所有成员在最短的时间内,在不断自我牺牲的情况下,按照顺序排完所有的雷,为后续队员打开一条通过雷区的道路。

活动目的:

1. 培养学生有组织、有纪律地进行活动;

2. 培养学生的创新意识,突破平时的定向思维定式,并鼓励学生勇于尝试不断探索,对于无法预测的事件进行有效的处理。

项目道具:6 米乘以 6 米画有雷阵的场地。

适合人数:15 人左右。

项目规则:雷区每次只能进入一人,触雷一次,单脚跳跃,触雷两次则需同伴背到对岸,所有人员必须全部通过。

注意事项:场地平整,不能有障碍物;提醒学员在单脚跳跃和背人时注意安全;禁止危险动作。

项目三:有轨电车

项目类型:团队合作项目。

项目引入:现在我们面前是一片充满瘴气的沼泽地,沼泽地里有许多剧毒的虫子,我们身体的任何一个部位都不能触碰到这片沼泽地,否则就会受伤,并且如果在沼泽地滞留久了,也会被瘴气所伤。现在每个队伍有两块木板和若干绳子,我们要用这些木板和绳子快速

又安全地使我们的全部队员通过这片有毒沼泽地。

项目描述：学生站在有拉绳的两块木板上，从起点走到终点，在行进的过程中强调站在木板上的学生必须步调一致共同完成。

活动目的：培养学生相互合作的能力、获取胜利的信心；培养学生指挥协调的能力。

项目道具：木板、绳子。

适合人数：14人以上。

项目规则：该项目可以分环节进行，比如第一环节身体的任何一个部位不得触碰"沼泽地"，第二环节在第一环节的基础上不准说话，还可以有更多环节，逐渐增加任务难度。

注意事项：当发生紧急状况，比如有人跌倒时，要及时停住，保证安全；参加人员要穿舒适利落的服装。

讨论与分享：

1. 在这个项目中，什么时候是最难的？
2. 在不能说话的时候，大家如何做到协调一致？如何运用非言语信息？
3. 当总是有队员步调不一致时应该怎么做？
4. 在这个项目完成的过程中，谁发挥的作用最大？有没有哪些人发挥的作用很小？

项目四：穿越电网

项目类型：团队合作项目。

项目引入：二战期间，在德国的西南部的一个纳粹集中营中，十几位盟军战士决定趁着夜色突围逃生，他们万分小心地连续穿越了两道封锁线，当他们到达最后一道封锁线时，后方突然响起了激烈的枪声，追兵到了。此时横在他们面前的一张漫天大网，上面的万伏高压电闪着火花，他们已经没有了退路，唯一逃生的方法就是从电网中穿过。关键时刻，他们依靠军人的团队合作精神高度配合，成功地穿越了电网，当追兵追到时，他们已成功逃生。现在，全体队员面对的就是这样一个电网，在这样的生死关头，大家怎样做才能顺利穿越电网？

项目描述：在全体队员面前悬挂一张"电网"，网上的洞口大小不一，要求队员在规定时间内，从网的一边依次通过到达另一边。

活动目的：

1. 培养同学组织协调、合理利用资源的能力；
2. 让同学们体会面对困难时，应有的态度和做事方式；
3. 了解个人在一个团队中应该起到的作用。

项目道具：电网、枪战音乐、标志夹。

适合人数：10—20人。

项目规则：每个网洞只能使用1人/次；在穿越"电网"的过程中，任何人（包括保护学员）身体的任何部位及其附属物（衣服、鞋子、头发等）都不能触网。否则，正在穿越"电网"的人必须退回原处，同时，这个网洞也将被封死并不再使用；任何人不得绕过电网到另一侧帮忙；不允许做空翻、鱼跃等危险动作。

注意事项：当培训师发现学员的动作有危险，或者自己难以把握的问题时，应果断叫停；在被抬学员已经安全通过"电网"后，提醒学员，先放脚，再放头，在该名学员还没有安全站立在地上之前，任何人不得松手。

讨论与分享：
1. 活动开始前看到这张"电网"你觉得能全员通过吗？
2. 这大小不一的网孔，你们是怎么分配的呢？
3. 在你们通过网孔的过程中都有谁帮助了你？
4. 这个项目除了需要体力还需要哪些能力？
5. 在生死面前，你们有没有珍惜时间、最大限度地减少伤亡？
6. 有没有给最后一个队员留"生路"？
7. 在日常生活中，做事情时你有没有只追求速度不追求质量，或者只追求质量而忽略了速度呢？

项目五：信任背摔

项目类型： 团队合作项目。

项目引入： 一艘轮船行驶在大海上，遇到了风浪，船底遭到重创，前往救助的救生艇的绳子在运送几个人员后，出现了断裂，轮船和救生艇的落差在2米左右，直接跳下来，很可能使救生艇侧翻。如何在最短的时间内使大家都能安全到达救生艇？

项目描述： 学生依次站到1.5米的小平台上，背向后倒在下面学生用胳膊交叉的网上。

图10.3 拓展项目——信任背摔

活动目的：

挑战自我、培养责任意识；真正信任你身边的人，培养团队间的相互信任；学会换位思考；学会包容，在相互信任的同时提升内涵，加强学生的社会责任心。

项目道具： 背摔台、绑带、眼罩。

适合人数： 20人以上。

项目规则： 背摔者和接人者都必须严格按照教练要求的姿势。

注意事项： 要求地面平整，周围没有障碍物，以保证学员的安全；地面放置垫子一套，做好充分保护；队员进行练习，熟练之后才能尝试；第一次尝试时尽量挑选比较勇敢、身材匀称、体重偏小的学员；尽量避免在暑天烈日下或其他恶劣天气下完成任务。

讨论与分享： 鼓励每一位学员谈一下摔下时的感受，引导大家思考如何才能有效减少冲击力，使伤害降到最小。引导学员考虑责任和信任之间的关系。

项目六：高台演讲

项目类型： 个人成长与团队合作项目。

活动引入： 在西方国家，有这么一个有名的故事：希腊的斗兽场上，一个角斗士与一头狮子在决斗。当角斗士筋疲力尽地败倒在地上，凶猛的狮子即将把他撕吞时，他对着狮子耳语了几句，张牙舞爪的狮子顿时夺门而逃。人们问他对狮子讲了什么，才保住自己的性命，他说："我只说这里有一条规定，若吃了我，它必须上台对大家讲几句感言。"可见高台演讲有多么可怕，这种恐惧心理都能吓跑凶猛的狮子，更何况人呢？在美国的调查统计中，人们把公众演讲列为仅次于死亡的第二种恐怖事情。很少有人在公众面前演讲而不感到恐慌，但在现实的人生中我们难免会遇到需要在台前表现自己的情境,所以需要大家克服这种恐惧。

项目描述:演讲设在高台上,面对台下的众人,按照既定的题目,利用规定的时间、方式进行演讲,以此来锻炼自己在特殊情境下的逻辑思维和语言表达能力。

活动目的:

1. 提高学生听说能力;

2. 培养学生在公众面前及时做出反应的心理调控能力;

3. 提高应对高压环境下的语言表达能力、对时间的掌控能力、对主题任务的全面掌握和分配能力、学习和倾听的能力;

4. 增强应对挫折和高压的容忍力和耐受力。

项目道具:高台。

适合人数:30人以上。

项目规则:所有队员必须依次到高台上演讲;每个队员演讲时间为6分钟,6分钟必须停下来,不得少于3分钟;培训师规定演讲主题;上面的同学演讲时,其他的同学要全神贯注地注视演讲同学,并且每分钟鼓掌一次;不限制演讲的体裁和动作。

注意事项:要保证演讲同学上下高台和演讲过程的安全;要注意观众对演讲者的关注,不能上面的同学演讲,下面的同学各做各事。

讨论与分享:

1. 还没上台前,你是什么心情? 准备说的话打好草稿了吗?

2. 上台之后,你目视台下的观众是一种什么样的心情? 有没有畏惧心理? 有没有影响你的发挥?

3. 上台之后,你是否有意回避观众的目光? 你是如何调整自己的视线的?

4. 你的表达流利吗? 有没有重复的话语出现?

5. 前面同学的表现对你造成影响了吗? 你如何保持自己的演讲特色?

6. 观众的掌声让你更加紧张还是有所放松?

7. 准备的内容说完了但时间没到怎么办?

项目七:踊跃硫酸池

项目类型:团队合作项目。

项目引入:有一队科考探险队员受伤被困山洞中,洞口被碎石堵住,现需我们队员携带能炸开山洞的"炸药"去营救,但是营救的过程中我们发现山洞外面有一个"硫酸池",我们只有通过"硫酸池"才能营救被困队员,"硫酸池"上有垂下来的树藤,我们要携带"炸药"利用树藤荡过"硫酸池"。每个队伍有五桶液体"炸药",由于"炸药"是易燃易爆品,所以在通过"硫酸池"的时候,"炸药"一定不能洒落,否则会引起爆炸。如果有队员中途撒落了"炸药",则全员牺牲,营救失败,要重新挑战。如果没有携带"炸药"的队员落入"硫酸池",则落地队员牺牲。用时最短、牺牲最少、携带"炸药"最多的队伍将赢得这次挑战。

项目描述:要求所有队员在规定时间内从"硫酸池"的一岸通过绳子荡到另一岸,如果中途落入池中则失败。绳子在"硫酸池"的中间,首先队员们要发挥自己的聪明才智取到绳子,依次荡过"硫酸池",在项目进行时可根据实际情况设置难度,比如让队员在规定时间内用水桶带水到对岸,中途如果水洒了就算失败,并且只能有五次带水机会,最后用时最短、牺牲最

少、带的水最多的队伍获胜。

活动目的：

培养学生冷静面对问题的能力；培养学生勇往直前、战胜恐惧、超越自我的精神；增强以小组为单位解决问题的能力，培养团队的合作精神；培养学生合理分配时间，合理使用人力、物力等资源的能力。

项目道具："硫酸池"、水、水桶、绳子。

适合人数：15人以上。

项目规则：在不掉进"硫酸池"的情况下取到在池中间的绳子，并携带一定的"炸药"依次通过硫酸池。

注意事项：

1. 要求所有队员身上不能携带手机、钥匙等容易掉落和容易伤到自己和他人的物品；
2. 参加活动的人员要穿舒适、利落的服装；
3. 不得在不做保护的情况下做危险的动作。

讨论与分享：

1. 怎样取到绳子的，还能不能想到其他取绳子的方法？
2. 如何排列队员通过的先后顺序？
3. 怎样选择带"炸药"的队员？为什么？
4. 怎样把握时间的？
5. 活动的过程有哪些地方没有安排好？再给一次机会的话，会做得更好吗？

项目八：孤岛求生

项目类型：团队合作项目。

项目引入：大家在同一艘航船上，船在海上遭遇了暴风雨，被冲向三个不同的岛屿。有一个岛屿上的人因为误食了岛上有毒的野果，全部都失明了。有一个岛上的人因为误食岛上的野果，全部都失声了。还有一个岛上的人没有遇到更加糟糕的情况。现在我们逃生的这个岛屿也不是全部都是安全的，每个岛屿上都有一张任务卡，任务卡上会有岛屿的信息和我们要完成的任务，只有我们三个岛屿上的幸存者相互配合全部完成任务，大家才能获得真正的安全。

项目描述：培训师将学生分成相对平均的三组（不要在"孤岛"旁边分组，保持神秘感）；带一组学生入哑巴岛，告知该组所扮演角色和岛屿周边环境，提醒不要说话；带一组学生入盲人岛，让学生戴上眼罩，并告知该组所扮演角色和岛屿周边环境，提醒该项目过程中不要偷看；带一组学生入珍珠岛，告知该组所扮演角色，发放鸡蛋、筷子、A4纸、胶带；发放盲人岛、哑巴岛、珍珠岛的任务书（发放任务书原则：先发给盲人岛的人，再发给哑巴岛的人，最后发给珍珠岛的人），要求在规定时间内完成各自的任务并集合在一处安全的地方。

活动目的：

此项目强调人与人之间的沟通、信息共享的重要性，尤其是体现了主管者运用资源和决策的重要性，在游戏的过程中某些特殊的人群要有牺牲和奉献的精神，牺牲小我成就团队，完成看似不可能完成的任务。

项目道具：三个岛屿的任务书各一张，两块木板，2个鸡蛋，1段缠绕在筷子上的胶带，2

张 A4 纸裁成的废纸,网球或羽毛球 1 个,纸篓或小桶一个。

适合人数:20 人以上。

项目规则:对盲人岛的人确保他们完全看不到;确保哑人岛的人不发出声音。

注意事项:要求参加训练的人员穿舒适利落的服装;项目道具要舒适安全;场地平坦,"孤岛"摆放平稳;提醒盲人岛的人摘掉眼罩后,先闭上眼睛适应一会再睁开眼睛。

讨论与分享:

1. 不同岛屿上的人怎么有效沟通?
2. 团队中谁在这次活动中发挥的作用最大?
3. 如何规避风险和有选择性的牺牲?
4. 如何合理充分地分配时间?
5. 完成任务后的感想?

项目九:十人九足

项目类型:团队合作项目。

项目引入:二战期间,一队伤员遭到了纳粹的围捕,他们腿部都有伤,只能相互搀扶前进,还要逃出纳粹的追捕。

项目描述:每队十人,排成一横排,相邻的人把腿系在一起,一起跑向终点,用时最短的胜出。抽签决定比赛次序。

活动目的:"十人九足"项目体现的是团队队员之间的配合和信任,本游戏主要为锻炼大家的团队合作能力及协调能力。

项目道具:绑腿的绳子。

适合人数:10—20 人。

注意事项:

1. 场地光滑平整,没有障碍物。
2. 队员可以借助绳子。
3. 注意前进时队员的安全。
4. 教练随时给予安全提醒。

讨论与分享:

1. 这个活动中最大的感受是什么?
2. 我们成功(失败)的原因是什么?
3. 你们以后在工作学习中会怎么做?

项目十:人体拼图

项目类型:团队合作项目。

活动导入:拼图游戏是广受欢迎的一种智力游戏,它的变化多端,难度不一,让人百玩不厌。个性化的拼图,拼凑的不仅仅是一张照片,而是一个故事,一段回忆,一缕温情。每一片的单片都有它自己的位置,就像每段回忆都有它的故事,你要将它放在专属的地方,放对了就慢慢丰富起来,放错了就无法完整。如果,让你和队友把一小块一小块的图,拼成大型的美丽画卷,你能做到吗? 又如果,让你作为拼图中的一部分呢? 看看大家齐心协作的结果吧。

项目描述：在规定的时间内，所有队员用身体拼出指定的图案，比如自己队伍的LOGO、学校的校徽等。

活动目的：

1. 培养团队成员主动沟通的意识，体验有效的沟通渠道和沟通方法；
2. 体会团队之间加强合作的重要性，合理处理同学关系，实现良性循环；
3. 培养创新意识；
4. 树立团队成员的全局意识和全局观念；
5. 使团队从"纸上谈兵"到现实实操。

项目道具：开阔平坦的活动场地。

适合人数：12—20人。

项目规则：所有队员必须都参与到拼图中，并能形象地拼出自己所代表的部分；拼出的图片形象具体；拼图越形象，用时越短，成绩越好。

注意事项：培训师要避免因混乱导致踩踏。

讨论与分享：

你在拼图中起到什么作用？

时间上的限制对你的能力有何影响？

项目十一：你是我的眼

项目类型：团队合作项目。

项目引入：我们马上要行进一段征途，很不幸由于敌人使用了毒气弹，我们这支部队的全体官兵眼睛暂时都失明了。我们已经申请友军援助，他们会帮助我们走过这段征途。

项目描述：所有人关上手机，全体分成人数相等的两队，面对面站立，最好将男女各分成一队，指定一组戴上眼罩，扮演盲人角色，另一组为哑人，活动结束前盲人不得摘下眼罩，哑人不得发出任何声音，以免让盲人同伴辨认出自己的身份。扮演哑人的队员领着蒙眼者通过一段设有障碍的路，要求引路的同伴只用身体接触作为引导，采用走、绕、爬、钻、过等方式通过设定的障碍物，哑人按照不同障碍区的要求引导者采用不同方式来引导队友。

活动目的：

1. 通过"盲行"活动，使学生体验到信任是人际交往中最重要的因素，感受到责任的重要性；
2. 使学生认识到人际交往需要掌握一定的方法和技巧，在集体中学会彼此信任、互帮互助。

项目道具：眼罩、障碍路。

适合人数：10—30人。

项目规则：搭档要随机分配，不能让"盲人"选择搭档，在眼罩去下来前不能让他看到他的搭档是谁；"盲人"要按规定正确戴眼罩，保证自己确实看不到，"哑人"要保证自己不出声，不能让"盲人"分辨出来自己是谁。

注意事项：障碍物设置明显，不要设置尖锐的障碍物；"哑人"要起到保护作用，在遇到崎岖、障碍路段要注意保护"盲人"；项目结束时提醒学员摘下眼罩时先闭一会儿再慢慢睁开眼睛。

讨论与分享：

1. 首先请一位盲人队员；

2. 你想知道牵你手的人是谁吗？那么去那边把他找出来好吗？可以试着握一下每个人的手，那个人有什么特征？

3. 请牵这位队员手的哑人站出来一下，哑人谈一下自己感受吗？

4. 下面请所有的盲人朋友去找到牵过自己手的那位哑人朋友，然后你们坐在一起交流一下。

项目十二：齐头并进

项目类型：两两协作项目。

图 10.4 拓展项目——齐头并进

项目引入：一队登山爱好者在通往山顶的过程中，遇到山体断裂，路被阻断，在他们面前有一个万丈高崖。他们要想登顶就必须越过这个悬崖，庆幸的是他们有两根足够结实、足够长的安全绳。绳的一端有钩子，可以结实地勾住悬崖对面的石壁，他们就用了这两根绳子搭了一个简易的绳桥。一旦有人落崖，必定粉身碎骨。怎样才能让所有的队员安全通过这万丈高崖上的绳桥呢？

项目描述：队员两两一组相向而立站在钢索上，伸出手掌相向紧对，逐步向终点进发。

活动目的：此项目要求队员具有与他人配合的能力，在不断的磨合过程中，逐渐学会在力量和速度上相互配合，培养学生适应压力，在压力下调整自己的能力。

适合人数：20 人以上。

项目规则：两两相对，手掌紧贴，手掌不可以离开对方。

注意事项：要求队员穿宽松的服装、舒适的鞋子；注意防止摔倒、摔伤。

讨论与分享：

1. 一个人能在一根钢索上安全地走到终点吗？

2. 怎么才能和自己的搭档配合好？

3. 在两人中间空隙越来越宽的时候心里感觉如何？

4. 生活中有没有遇到需要别人十分配合才能完成的工作？

项目十三：搭桥过河

项目类型：团队合作项目。

项目描述："河"宽 20 米，每组队员都要一次性利用分到的 3 块"石垫"通过"河流"，这就要求队员全部集中到 3 块"石垫"上，把空出来的最后一块"石垫"传给最前面的人，不断循环最终到达对岸。

活动目的：

本活动旨在培养团队协作能力和战略战术，训练团队内部的协调能力。

项目道具：空旷的场地、起止点标记、地垫。

适合人数：18—20人。

项目规则：所有队员的脚必须均在"石垫"上，触地则为犯规，犯规最少、用时最短的队伍获胜。

注意事项：每块地垫的大小要保证能拥挤的容纳下5—6名队员。

讨论与分享：

1. 这次活动给了你什么启示？
2. 能成功过河，需要怎么做？

项目十四：盲人方阵

项目类型：团队合作项目。

项目引入：有一个建筑企业要建筑一栋大楼，所以进行招标，有两家盲人建筑公司都来竞标，这个建筑企业为了选出更优的合作伙伴，就给两家竞标的盲人建筑公司设置了一个竞争考察的机会。他们给两家竞标公司各发了一根20米长的绳子，让两家公司各出15名盲人员工来建造，大的正方形或等边三角形，哪家公司建的形状规则哪家公司就能中标。

项目描述：要求所有队员在戴上眼罩的情况下找到绳子，并利用绳子在最短的时间内按照培训师的要求制作相应的形状，把所有的队员尽量平均分配到形状的各边。

活动目的：

1. 锻炼同学们在信息不充分情况下的沟通技巧以及宽容、服从、冷静的心理品质；
2. 培养团队成员的沟通意识，提高沟通技巧和决策能力；
3. 感受特殊情境下完成任务的合作方式；
4. 了解团队领导人的领导风格对完成任务的影响和重要作用；
5. 使学员理解角色定位及尽职尽责地完成本职工作的重要性；

项目道具：绳子、眼罩、开阔平坦的场地。

适合人数：12—20人。

项目规则：必须充分利用绳子的长度，形状要符合标准，所有队员相对均匀地分布在这个形状的各边。

注意事项：培训师在队员们看不见的情况下要避免队员相互间的碰撞，避免队员被绳子绊倒。

讨论与分享：

1. 在刚才的项目中你发挥了怎样的作用？你自己的定位和角色是什么？（团队中的角色分析）
2. 点沟通与集中沟通的效率。可以通过图形的方式来演示项目过程中的散点沟通和集中沟通过程；
3. 团队的智慧。

项目十五：翻越王屋山

项目类型：团队合作项目。

项目引入：由于接收到一项特殊的任务，队员必须向前方运送药品，但是途中遇到了一座山脉——王屋山，山体陡峭，比较危险，队员只能通过合作翻越山脉，在最短的时间内将药品运送至前线。

项目描述:参与者手脚并用,沿绳网向上攀爬,至项目顶端后转身到另一端,面向(背向)绳网下至地面。

活动目的:
1. 训练同学们的臂力,攀爬能力;
2. 锻炼参训者克服困难的毅力;
3. 培养同学们勇往直前的勇气,训练同学们克服困难的信心。

项目道具:"王屋山"、保护垫。
*适合人数:*10—20人。
*项目规则:*翻越过程中保持安静,在最短的时间内全部成功翻越的一组为胜利。

图10.5 拓展项目——翻越王屋山

*注意事项:*攀爬过程中注意安全,队员翻越时注意拉开间距,网孔承受的人数有限,提醒学员注意某些区域不适合翻越。

讨论与分享:
1. 在最高点的时候你是否害怕?
2. 是什么让你克服了恐惧成功翻越?

项目十六:无敌风火轮
*项目类型:*团队合作项目。
*项目引入:*前面有一段沼泽地,沼泽地直接步入的话会陷下去发生危险,但是坦克车却可以顺利通过一般的沼泽地,因为坦克车有和地面接触面积很大的履带,我们的队员现在每人可以拿到一张报纸,运用所有队员的报纸制作一个类似坦克车履带的能容纳所有队员的"风火轮",要求所有队员运用这个"风火轮"一次性安全通过这段沼泽区域。

*项目描述:*队员集体用胶带把几张报纸粘成圆纸筒状的"风火轮",全体队员依次进入"风火轮"内行进到目的地。

活动目的:
1. 锻炼队员的沟通与合作能力,学会良性竞争,获得双赢;
2. 提高学生互助和协作能力,感受在特殊情况下完成任务的分工与合作方式;
3. 锻炼分析、策划、操作能力,合理安排人力资源;
4. 鼓励全体学生各尽其能、群策能力寻找解决问题的科学方法;
5. 培养他们默默为团队奉献的精神及共同努力完成任务的能力。

*项目道具:*胶带、报纸、空旷平坦的场地。
*适合人数:*10—15人。
*项目规则:*中途所有队员的脚必须踏在"风火轮"上,触地则为犯规,报纸破裂则重新开始,用时短犯规少的队伍为胜方。

讨论与分享:
1. 这个活动中最大的感受是什么?
2. 如何在保持速度的情况下,保证报纸的完整性?

3. 赢得比赛的因素有很多,最重要的是什么?

项目十七:盲目障碍

项目类型:团队合作项目。

项目引入:二战期间,我军一部分人被困在崇山峻岭中,大部队得到消息后立马来救援,可发现我军的眼睛被敌人的火炮熏得暂时睁不开,需要大部队人帮忙搀扶度过崇山峻岭。

项目描述:将队伍分为A、B两个组,项目开始A组将被视为盲人,戴上眼罩,A组在B组一对一的指挥下,穿越宽1米、长15米的障碍区。

活动目的:

1. 增强团队合作精神,培养人际信任感;
2. 培养队员自我挑战的精神和能力,增强胆量和勇气;
3. 锻炼队员身体协调、平衡及快速反应能力;
4. 培养受训学员认识到面临绝境的时候,沉着、冷静是化险为夷的制胜武器。

项目道具:眼罩、15米障碍区。

适合人数:20—30人。

项目规则:在穿越的过程中,指挥者与被指挥者不得有任何身体接触,通过一对一的绝对指挥系统,让整个团队顺利通过障碍。

注意事项:队员须除去眼镜、手表、挂件等硬物,穿着松紧适度的运动服装;本活动的危险性不高,实施时不需要使用专业的保护装置,但教练要及时制止一些危险动作,同时密切关注练习者,防止其不小心跌落受伤。

讨论与分享:

1. 当你作为盲人时你是什么想法;
2. 完成这个游戏你觉得最重要的是什么;
3. 当你作为另一组时有什么想法;
4. 你有什么启发。

项目十八:球行千里

项目类型:团队合作项目。

项目描述:每名队员手中拿一截1米长的水管,所有队员双手拿住水管两端三分之一处,将手中的水管连成直线,不允许重叠,手指不允许阻挡球前进或者后退,每名队员在球经过自己的水管后迅速跑到队尾继续接球,直至球到达终点的桶里。

活动目的:培养学生相互配合的能力,以及在紧张氛围中解决问题、完成任务的能力;培养同学们应对挫折的能力;培养同学们对团队成员的包容理解、换位思考能力。

项目道具:水管、小桶、乒乓球。

适合人数:10人以上。

项目规则:队员手持1米长的水管,将乒乓球连续传到(滚动)下一个队员的球槽中,最终到达终点,放入准备好的小桶中。球在运动的过程中,只能前进,不能停止或倒退。球只能在管道内运行,不能脱离至地面或接触身体部位。球通过该队员设置的管道时,该队员不能离开自己的位置,球体通过后,才可以离开。队员所持管道在接到球后,只能上下移动,不可左右横向移动。

注意事项：在跑动过程中不要跑得太快，注意脚下不要撞到其他队员。让队员把身上所有坚硬物品取出，宣布讨论十分钟，十分钟之后项目开始。

讨论与分享：
1. 如果再来一次，你们组会有怎样的创意？
2. 在小组合作过程中大家的协调程度如何？

项目十九：情绪太极拳

项目类型：团队合作项目。

项目引入：在古老的西藏，有一个叫爱地巴的人，每次生气和人起争执的时候，就以很快的速度跑回家去，绕着自己的房子和土地跑3圈，然后坐在田地边喘气。爱地巴工作非常努力，他的房子越来越大，土地也越来越广，但不管房地有多大，只要与人争论生气，他还是会绕着房子和土地绕3圈，爱地巴为何每次生气都绕着房子和土地绕3圈？所有认识他的人，心理都起疑惑，但是不管怎么问，爱地巴都不愿意说明。直到有一天，在孙子的恳求下他才说出隐藏在心中多年的秘密，他说："年轻时，我若和人吵架、争论、生气，就绕着房地跑3圈，边跑边想，我的房子这么小，土地这么小，我哪有时间，哪有资格去跟人家生气，一想到这里，气就消了，于是就把所有时间用来努力工作。"孙子问道："阿公，你年纪老，又变成最富有的人，为什么还要绕着房地跑？"爱地巴笑着说："我现在还是会生气，生气时绕着房地走3圈，边走边想，我的房子这么大，土地这么多，我又何必跟人计较？一想到这，气就消了。"那么，在现实生活中当你遭遇误解或不公，你能控制好自己的情绪吗？

项目描述：将成员随机分成若干组，每组5—6人。针对大学校园学习、生活中出现的种种矛盾问题设立情景，如：考试不及格、失恋、被同学误解等。然后，对每种情境均假设出以下三种反应，写在纸上，即过激的反应是什么，积极的反应是什么，消极的反应是什么。让三组分别表演一种反应，其他小组观看。

活动目的：这是让团队成员理解情绪的一个项目。通过这个项目同学们能够认识到对于同一件事情，可能有不同的情绪反应；认识到遇到困难、挫折或是其他不好的事件时何种情绪反应是合适的、积极的，从而帮助同学学会调控自己的情绪。

项目道具：纸、笔等。

适合人数：10人以上。

项目规则：每组成员必须根据假定的情景表演出自己的情绪反应，每组成员表达的情绪体验尽可能多样化，还原现实生活中遇到此情景时不同人群的情绪反应，进而让我们精心地体会何种情绪反应才是积极的，既能给别人开启一扇窗，也能让自己看到更完整的天空。

注意事项：各组成员之间要相互关注其所表达的情绪反应，组别之间的情绪反应要有差异，要保证组别之间对情景反应的多样化。

讨论和分享：
1. 你有情绪失控的时候吗？这个时候你是怎么处理的。
2. 生活中，面对不同的环境，你是如何保持好自己情绪的。

项目二十：毕业墙

项目类型：团队合作项目。

项目引入：在西点军校的历史上，第四十六期班上有这样一个故事。在第四十六期学员毕业的前一天晚上,四十六期的学员执行离校前的最后一次水上巡逻任务,因为是最后一次巡逻,学员们没有认真地驾驶,导致巡逻艇撞上了在海面上的油轮,因为是深夜,没人注意到这件事情。当时所有西点军校的学员都很着急,此时要想活命就只能爬上油轮高达4.2米的甲板。在艇上没有任何攀岩工具,学员们靠着搭人梯的方法爬上甲板。经过这次胜利逃生之后,整个团队的凝聚力、合作精神以及队员间的感情往往会空前高涨,团队协作能力大大增强。用队员自己的话说就是

图10.6 拓展项目——毕业墙

他们之间的关系成为"生死之交"。后来学员们把事件经过报告学校,西点军校也受此启发,在学校的训练场上搭起了高达4.2米的墙,每一期学院以60人为单位必须在15分钟内全部爬上高墙才能获得毕业证书,后来这面墙有了"毕业墙"的称号。

项目描述:

全队所有成员在规定的时间内翻越一面高4.2米的光滑墙面,在此过程中,大家不能借助任何外界的工具,包括衣服、皮带、绳子等。所能用的资源只有每个人的身体。

活动目的:

1. 培养同学们克服困难、突破极限的能力;
2. 培养同学们勇往直前的勇气与信心;
3. 培养同学们互相帮助、相互配合的能力与精神;
4. 让同学们体会前进过程中会遇到的挫折及取得进步的喜悦。
5. 项目道具:毕业墙、安全保护垫。
6. 适合人数:60—80人。

项目规则: 墙体高4.2米,要求在不借助任何道具的情况下,团队每一个成员都要攀越过墙体。已攀越过去的团队成员只留少数在墙体上方协助,其他的进行保护。不允许已攀越成员在下边协助攀越。如果采用搭人梯的方法,必须采用马步站桩式,不要将身体靠在墙上,注意腰部用力挺直,用手臂弯曲推墙固定以保持人梯牢固。要有人专门扶持人梯学员的腰,可以屈膝用腿支撑人梯学员的臀部,学员攀越时不可踩人梯学员的头、颈椎、脊椎,只可以踩肩和大腿。让学员将衣服扎进腰带,拉人时不可以拉衣服,拉手时要手腕相扣成老虎扣,不可直接拉手或手指,不可将被拉学员的胳膊搭在墙沿上,只能垂直上提,当肩部以上超过墙沿时可以靠在墙沿上,从侧面将腿上提以帮助上去。不得助跑起跳,上墙时不可采用蹬走上墙的动作。上去后翻越墙头要稳妥。攀爬中,承受不住的学员要大声叫喊并坚持一会,保护人员迅速解救。所有学员必须参与保护,弓步站立,双手举过头,肘略曲,掌心对着攀爬者,抬头密切关注攀爬者,随时准备接应和保护。当攀爬者或者人梯跌落,保护人员、保护自己的同时掌心对着攀爬者或者人梯将其按在墙上,切忌按头。当攀爬者在较高的地方倒落或者滑落的时候,保护人员应上前托住;当攀爬者在高空向外摔出时,保护人员应迅速顺势接住,轻放在垫子上。

231

注意事项：

1. 所有人都要摘去身上的一切硬物,如手表、门卡、眼镜、钥匙、戒指、发卡等,穿硬底鞋、胶钉底鞋必须脱掉鞋子。

2. 对攀爬者、搭人梯者、墙上提拉者、外围保护者的安全要求不断强调,做到安全事故防患于未然。

3. 监督墙上学员的安全,不准骑跨或者站立在墙头,注意墙后平台的范围,平台上不得超过30人。拓展教练监督的站位应该能控制住后面及右侧,左侧有安全人员保护。统计表明,向右侧倾斜的概率较大。

4. 地面学员少于3人时教练应该站在人梯后较近的位置适当辅以力量。重点关注前3名和最后3名学员的攀爬过程,其余学员的攀爬过程可以提拉与托举并用,人梯不用过高。

5. 在搭救最后一名学员时对下挂学员的安全要不断强调、监控,并要求学员讲出他们的安全措施,教练对此进行判断,可以否决或补充要求。

6. 最后一名学员离地,脚上举或者做其他动作,教练应站在学员侧后方,一方面避免头朝下坠落,另一方面避免脸或者头磕在墙上,如坠落顺势帮助调整姿势接住或者揽到垫子中间,必须休息一会再次尝试。

7. 有安全隐患时应果断鸣哨或者叫停。女学员未经特殊训练一般不做中间连接。提醒学员在被队友往上提拉时不要用脚蹬墙,以免磕伤腿及面部。

8. 教练不可参与项目中,如充当倒挂者或者最后一人。如学员身体原因不适合参加,可以不参加或者沿梯子上去。

9. 当学员要搭两组人梯的时候应制止,当被拉学员出现困难而滞留空中或者下滑时,应果断提示学员再搭上一层人梯,或者提示中间学员向一侧抬腿,上面学员抱腿。最后一人的时候无论采用什么方法都要听中间学员的感受,中间学员认为不行应立即停止,不可长时间尝试。

10. 采用倒挂时要问清学员方法和安全措施,面向墙壁倒挂时提醒学员,腰部以下不得伸出墙外,有专人拉他的双腿,注意监控。面向外倒挂时提示学员动作,如将小腿压在墙头,膝关节内侧卡在外沿,大腿压在墙面上,腿下不得放右手臂,后倒动作要慢,压腿的学员不得去拉最后一名被救者。

11. 活动中不得逗乐玩笑,不得在墙面后的平台蹦跳打闹,完成后注意照顾相等的距离边角站着的学员的安全。

讨论与分享：

1. 在这个项目里面你们是怎么做资源分配的?
2. 第一位上去的人有何感觉?谈谈先锋的作用与榜样的力量对他人的激励。
3. 决策与及时执行对应对危机有何价值?我们在这类活动中是否需要赶早不赶晚?
4. 谁最具有奉献精神,危急时刻你们的心真正团结在一起了吗?
5. 留到最后的人,你是否害怕了,危急时刻,你真的也有这样的牺牲精神吗?
6. 最后一个人尝试各种方法的时候都遇到困难,你们是否想过放弃?
7. 项目完成之后,你们最大的感受是什么?

图书在版编目(CIP)数据

大学生心理健康教育与指导/刘卫锋主编. —南京：南京大学出版社,2021.8
ISBN 978-7-305-24767-5

Ⅰ.①大… Ⅱ.①刘… Ⅲ.①大学生－心理健康－健康教育－高等职业教育－教材 Ⅳ.①G444

中国版本图书馆 CIP 数据核字(2021)第 147486 号

出版发行	南京大学出版社		
社 址	南京市汉口路 22 号	邮 编	210093
出 版 人	金鑫荣		

书　　名　大学生心理健康教育与指导
主　　编　刘卫锋
责任编辑　刁晓静　　　　　　　　　编辑热线　025-83592123
照　　排　南京开卷文化传媒有限公司
印　　刷　南京人文印务有限公司
开　　本　787×1092　1/16　印张 15　字数 460 千
版　　次　2021 年 8 月第 1 版　2021 年 8 月第 1 次印刷
ISBN　978-7-305-24767-5
定　　价　42.00 元

网　　址：http://www.njupco.com
官方微博：http://weibo.com/njupco
微信服务号：njuyuexue
销售咨询热线：(025)83594756

＊版权所有,侵权必究
＊凡购买南大版图书,如有印装质量问题,请与所购
　图书销售部门联系调换